众望同归
丝绸之路的前世今生
The Silk Roads: Before and After Richthofen

主编 赵丰

商务印书馆
The Commercial Press

主办单位
国家文物局、浙江省人民政府

承办单位
中国丝绸博物馆

参展单位/个人
大同市博物馆、敦煌研究院、甘肃省博物馆、
甘肃简牍博物馆、国际古迹遗址理事会西安国际保护中心、
汉景帝阳陵博物院、吉林省博物院、旅顺博物馆、
南京博物院、内蒙古博物院、平山郁夫丝绸之路美术馆、
陕西历史博物馆、新疆师范大学黄文弼中心、浙江大学图书馆、
浙江省博物馆、浙江图书馆、中国建筑设计院建筑历史研究所、中国国家图书馆
陈同滨、项金国

总策展人
赵丰

策展助理
陆芳芳、罗铁家、周娅鹃

学术团队
荣新江、杭侃、罗帅、刘进宝、朱玉麒、汪海岚（Helen Wang，英国）

展览文字写作
张信刚、赵丰、张德芳、张国刚、闫华军、李慧奉、武高明、张磊、邵彦、
徐铮、荣新江、罗帅、韦陀、陆芳芳、张总、王振芬、费泳、薛琴琴、黎毓馨、赵青、
葛承雍、罗华庆、杨军凯、毕波、雷闻、汪汉利、张世民、付宁、孙晶、李军、
潘桑柔、龚缨晏、莫小也、阙维民、汪海岚、杭侃、项金国、吴凤鸣、肖灵轩、
罗铁家、张九宸、王冀青、王乐、朱玉麒、陆庆夫、刘进宝、平山东子、巴莫曲布嫫、
徐苹芳、丹尼（Ahmad Hasan Dani）、刘迎胜、景峰、郭旃、陈同滨、冯健、吕舟

众望同归
丝绸之路的前世今生
The Silk Roads: Before and After Richthofen

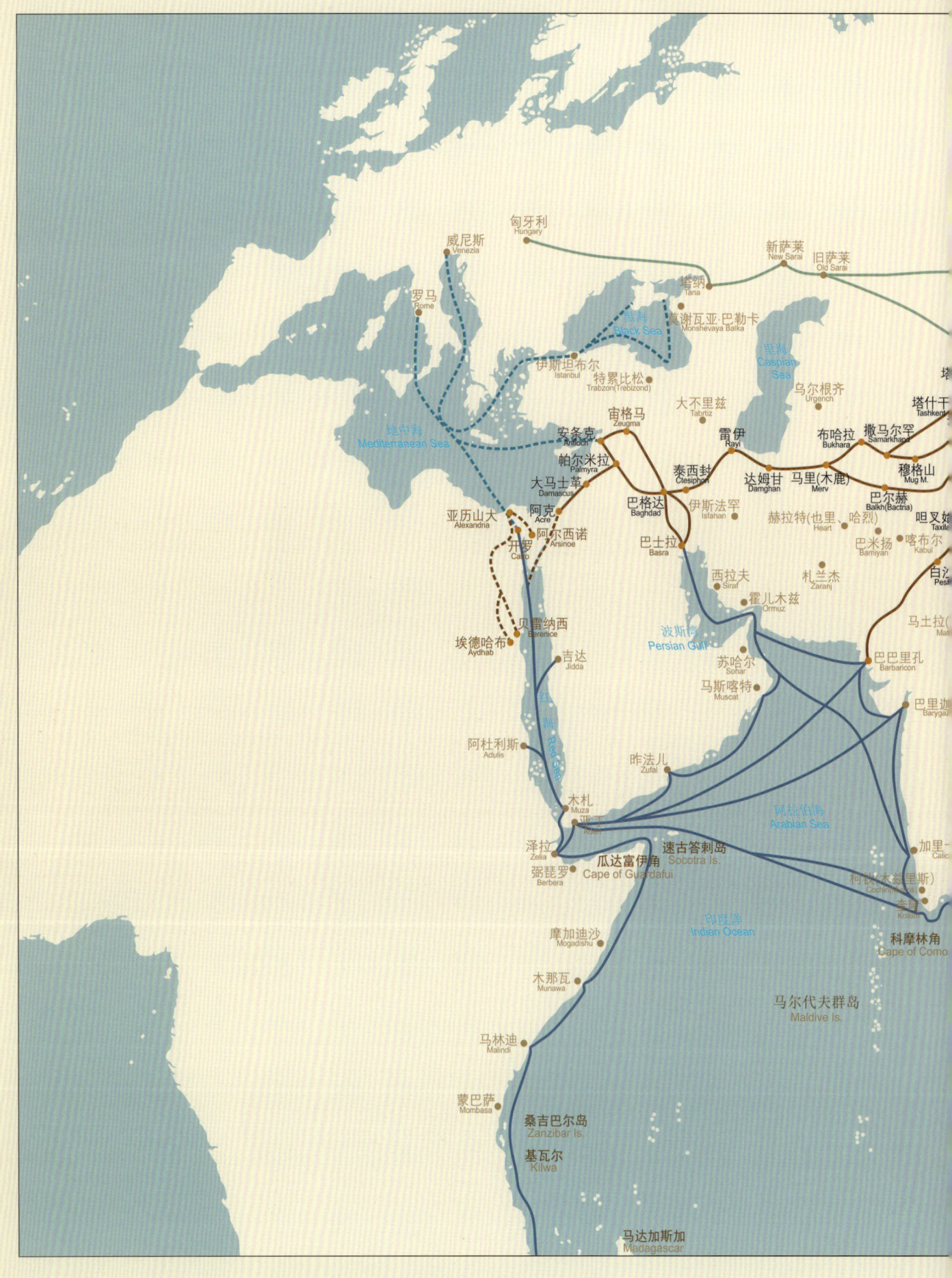

丝绸之路地图全览

丝绸之路地图（黄时鉴绘制）

认识黄时鉴先生是在1991年。那年我还是筹建中的中国丝绸博物馆的副馆长，正主持全馆的陈列布展工作，特别是布置一进门的博物馆序厅。当时我们决定在序厅里布置三个展项，居中的一台宋代提花罗织机表明中国丝绸的工艺高度，左侧的大事年表代表中国丝绸的时间走向，而右侧的丝绸之路地图则代表中国丝绸的空间定位。

那应该是6月夏日的某一天，陈桥驿先生的高足阙维民带我去见黄时鉴先生。淡淡的记忆中，他住在体育场路上的杭大新村（现在称为御跸社区），小小的巷子，低矮的房子，家里排满了书，而黄先生高高的个子，白晰的肤色，儒雅的风度，一下子就让我产生仰视的感觉。说实话，我提出的要求令他为难，因为我想要一幅包括草原、绿洲、海洋三大丝绸之路的总图，到那时为止，这样的地图一直未有过。虽然这是我们从科普的角度提出的要求，但对一个严谨的学者来说，每个历史时期的丝绸之路的起点和走向不同，所涉历史地名也不尽相同，这种图例和格式，都令他多少有些为难。

一段时间之后，黄先生给我看了他收集的一些丝绸之路的相关地图，特别是夏鼐先生的地图。他与我商量了用现代地名标注地点，没有现代地名的点则括注古代地名。草原、绿洲、海洋三条路线，分别用绿、蓝、红三种色彩表示，主线和辅线之间，又有粗细之分。就这样，大约花了一两个月的时间，黄先生在A3大小的纸上，为我们画出了这幅完整的丝绸之路图。据我所知，这应该是第一幅把不同时代的所有路线画在一张图上的完整版丝绸之路地图。2005年5月14日，站在这幅地图前，我为时任浙江省委书记的习近平讲解了丝绸之路。2020年6月22日，经国家地图信息测绘局审定后的这幅丝绸之路地图正式由中国丝绸博物馆国际丝绸之路与跨文化交流中心和北京大学中国古代史研究中心共同发布。与后来我们在其他展览中看到的丝绸之路图相比，这是唯一一幅明确由学者绘制的丝绸之路全图。（赵丰）

序

张信刚

小学四年级时，我从课本上读到班超投笔从戎的故事。中学时代知道了张骞凿空，也听说了丝绸之路这个名词。家父当时告诉我，欧洲人和日本人对蒙古、新疆和中亚地区很感兴趣，不少学者都实地考察过丝绸之路，发现了不少古迹和文物。从那时起，我便对丝绸之路抱有一种浪漫的情怀。最近三十年来，我将这种浪漫理想充分实践，沿着古代丝绸之路反复旅行观察，成了一名十足的"丝路行者"。

2017年，我参观了老友赵丰馆长领导下的中国丝绸博物馆。在赵馆长的介绍中，我意识到了他那独特而宏大的建馆哲学——丝绸博物馆不仅要展览丝绸，还要立足于对丝绸的学术研究，更要对丝绸之路的探讨做出贡献。

众所周知，欧亚大陆上早期的道路都是古人一步步开拓出来的，其动机可能只是为了求生存，或是被好奇心所驱使。另一方面，没有人怀疑丝绸原产自欧亚大陆的东端——中国。路乃人开，丝自茧来，其中饱含了中华文明先辈们的勇气与智慧。

然而把丝绸和道路这两个概念结合起来，成为古代欧亚大陆上文明交往过程的代名词，却是欧洲人学术兴趣和扩张企图的混合产物——1877年李希霍芬（Ferdinand von Richthofen，1833—1905）首次将欧亚大陆上的文明交往之路以两千年来的重要商贸物品丝绸命名，创造出一个令人憧憬的新术语Seidenstrasse，这就是我们今天所说的丝绸之路。

2020年的"众望同归"展览范畴广阔，内容精彩，意义非凡。其中一项重点就是直观地告诉人们，今日中国境内的许多历史遗迹都见证了我们的先人为人类文明交往曾经做出的贡献，许多事迹却没有得到应有的重视，甚至一度被遗忘在历史的尘埃中。直到19世纪下半叶，以丝绸商贸为代表的文明交流通道引发欧洲人的兴趣，才在丝绸的故乡逐渐进入国人的视野。对于丝绸之路的探讨，中国学者有得天独厚的有利条件，但遗憾的是，长期以来丝路研究的主力军都是欧洲人或日本人，一直到20世纪30年代，中国学者才真正开始自己的研究。

转眼到了2014年，这时中国学者的研究成就以及中国在世界上的政治经济地位已经使得丝绸之路不可能不在它的起点重新发出耀眼光芒。这一年，一个很重要的因素是"一带一路"倡议的提出，另一个里程碑则是联合国教科文组织将丝绸之路认证为世界文化遗产。赵馆长提议把上面提到的几个元素合在一起，策划一场谓之"众望同归"的展览，确实别具创意。虽然我未能目睹新的布展和许多重要实物，但能够阅览其中的文字和图片已经开怀异常。因此我非常乐意且荣幸地写下自己对"众望同归"展览的主办者和参与者的敬意和谢意。

目 录

2　前言　从一家之言到人类共识：众望同归展览策展思路

第一单元　前世：历史上的东西交通路线

12　**第一章　使节的路线**
13　　　第一节　张骞凿空与三通三绝
23　　　第二节　昭君出塞与汉代和亲
38　　　第三节　驿站和使节
46　　　第四节　敦煌之外的西域
53　　　第五节　从边关到异域的记录

56　**第二章　朝圣的路线**
57　　　第一节　僧侣的路线
66　　　第二节　敦煌文献所见丝绸之路
74　　　第三节　犍陀罗
77　　　第四节　长江沿线的出土佛像

85　**第三章　商人的路线**
88　　　第一节　唐代胡商形象俑
95　　　第二节　入华粟特人及贸易网络
108　　　第三节　唐朝与阿拉伯的海上丝路

114　**第四章　传教士的路线**
115　　　第一节　草原上发现的景教遗存
124　　　第二节　马可·波罗的路线和意义
134　　　第三节　利玛窦入华与东西交流

第二单元　丝路命名：李希霍芬和他的时代

146　**第五章　李希霍芬和他的时代**
147　　　第一节　全球探索的时代
152　　　第二节　李希霍芬的中国之行和丝绸之路
164　　　第三节　李希霍芬的丝绸之路

Content

169　第六章　丝绸之路上的西方探险家
- 170　第一节　斯文·赫定与丝绸之路
- 177　第二节　斯坦因与丝绸之路的再发现
- 183　第三节　中国西北地区的外国探险队

191　第七章　丝绸之路上的中国学者
- 192　第一节　西北科考团里的中国学者
- 203　第二节　丝绸之路考古的奠基者
- 210　第三节　常书鸿和敦煌学

第三单元　丝路申遗：成为世界遗产

218　第八章　丝绸之路概念的普及
- 219　第一节　从"丝路"到"丝绸之路"
- 221　第二节　从政府到学界
- 224　第三节　从日本到欧洲
- 227　第四节　平山郁夫与丝绸之路

230　第九章　UNESCO 的五次考察
- 231　第一节　对话之路："丝绸之路"作为一种方法
- 236　第二节　从西安到喀什的沙漠丝绸之路
- 244　第三节　威尼斯到日本的海上丝绸之路
- 252　第四节　中亚草原丝绸之路
- 256　第五节　阿尔泰游牧丝绸之路

259　第十章　丝绸之路走向世界遗产
- 260　第一节　丝绸之路跨境申遗的相关政策
- 263　第二节　丝绸之路概念研究和主题研究
- 266　第三节　丝绸之路的跨国申遗

275　**结语：丝绸之路世界遗产的当代意义**
279　**丝绸之路大事年表**

前　言

从一家之言到人类共识：众望同归展览策展思路

赵　丰

从 2015 年开始举办"丝路之绸：起源、传播与交流"开始，中国丝绸博物馆（以下简称"国丝"）每年都推出一场以丝绸之路为主题的重大展览：2016 年是"锦绣世界：国际丝绸艺术展"，2017 年是"古道新知：丝绸之路文化遗产保护与研究成果展"，2018 年是"神机妙算：世界织机与织造艺术展"，2019 年是"丝路岁月：大时代下的小故事"；其中三场展览由国家文物局和浙江省人民政府联合主办。但后面的丝路展览如何选题、怎样做，一直是我们的难点。2019 年 5 月 4 日，山西大学杭侃教授给了我一则建议："其实可以策划一个李希霍芬眼中的丝绸之路，整个展览都用李希霍芬的原文，因为很多人谈丝绸之路，但并没有读过李希霍芬的原文。"于是，李希霍芬进入了我们 2020 年丝绸之路主题展览的选项。此后，我们在 7 月 26 日举办了"2020 年丝绸之路主题展览"座谈会，秉承"讲好丝路故事，弘扬丝绸文化"的理念，向专家寻求对展览主题的建议，并邀请同行开展更广阔深入的合作。会上，北京大学荣新江教授建议展览应该从丝绸之路的前世讲起，浙江大学刘进宝教授则对李希霍芬之后的情况做了介绍。最后，我们商定先从三个板块入手，即丝绸之路的前世、李希霍芬的丝绸之路以及丝绸之路走向联合国教科文组织（UNESCO）世界遗产，讲述丝绸之路从一个历史事实存在经由一位学者提出概念、最后成为人类共识的过程。我把展览名称最后定为"众望同归：丝绸之路的前世今生"（以下简称"众望同归"），这其实就是一部丝绸之路的学术史。这里将从展览框架、活动设计和工作亮点三个方面回顾和小结整个策展思路。

一、"众望同归"展览框架

1. 丝绸之路的前世

"丝绸之路的前世"是由荣新江提出来的。他的理由是，丝绸之路的名称虽迟有，但这条东西方交通的路在李希霍芬之前就已经实实在在存在了，所以应该介绍东西方交流通道的实际情况，特别是梳理不同历史时期人们对当时东西方交通的记载。

根据荣新江的建议，我们收集了丝绸之路在正史中的记录以及在个人行纪中的描写，再参考其他的丝绸之路相关著作来进行梳理。但手上的相关著作实在太多，大多内容丰富，叙事宏大，并不适合作为展览的参考。最后我选中了戴仁（Jean Pierre Drège）的《丝绸之路》[①]作为第一单元展览框架的参考。此书在国际上非常普及，图文并茂，用不同身份的人定义历史上不同时期的交通路线，将丝路的历史分为

① 戴仁:《丝绸之路：东方和西方的交流传奇》，吴岳添译，上海书店出版社，1998年。

② 荣新江:《北朝隋唐粟特人之迁徙及其聚落》，《中古中国与外来文明》，生活·读书·新知三联书店，2001年。

使节、僧侣、商人、传教士等时代。我也以人物身份为主要依据，再按年代以及可能的展品，把第一单元又分成了四个子单元。

一是使节的路线。丝绸之路世界遗产明确的开始年代是公元前138年张骞出使西域。张骞是汉武帝的使者，丝绸之路的开拓就是因为国家派出使节同周边国家和部落开展联络。不过，这里的使者也有不同的类型，除了张骞凿空，还有著名的苏武牧羊，以及昭君出塞和文姬归汉等同类故事，所以我们选择了极为著名的吉林省博物院藏《文姬归汉图》作为重要展品。此外，敦煌悬泉置出土汉简中的大量地名和史实，也是当时使者路线的真实记载。

二是僧侣朝圣的路线。主要从汉晋到唐宋，既包括沙漠丝路也包括海上丝路，如著名的法显、惠生、玄奘的路线。敦煌出土文书《沙州图经》和《伊州图经》中也有关于僧侣们行走路线的记载，加上出土的佛教文物，就可以连成两条路线：一从中原经甘肃、新疆到犍陀罗地区，乃至印度恒河流域；二从海上丝路连接到南亚佛国。

三是商人的路线。沙漠丝绸之路上的商人以粟特人为主，荣新江早就画出了粟特商人从撒马尔干（也作撒马尔罕）到长安的基本路线②。我们采用了丝路沿途出土的胡人俑、胡王锦和牵驼砖等造型和图像，更为重要的是使用了一系列的粟特墓志或碑铭，连接了当时粟特人在丝路沿途迁徙、经商、定居和生活的重要节点。而当时的海上贸易路线则多由波斯、

■ "众望同归"展厅

阿拉伯人主导,我们引用了阿拉伯商人苏莱曼《中国印度见闻录》(851年)中所记的路线以及唐代杨良瑶出使黑衣大食(785年)的史实,他所走的路线也应就是阿拉伯商人的路线。

四是传教士的路线。从13世纪开始,欧亚大陆空前连通,东西方交流出现了另一种景象。许多西方传教士来到东方,早期包括柏朗嘉宾(Jean-du Plan Carpin,1180—1252)和鲁布鲁克(Rubrouck,约1220—1293)直接去了蒙古高原。而无法回避的马可·波罗也被我们归入这一单元,不只是由于年代的关系,也是因为他随父叔携带了教皇书信来到中国,之后再由海路返回家乡。入明之后另一位重要人物是利玛窦(1552—1610),他于1583年来到中国,从南行到北,最后逝于北京。他们的足迹,也是当时东西方文化交流的重要线路。我们借展的南京博物院藏利玛窦《坤舆万国全图》,算是第四子单元的结束。至此,历史刚刚走过了丝绸之路的前世,走到了地理大发现的年代。

2. 李希霍芬和他的丝绸之路

伴随近代地理学和地质学的兴起,以及人类对探索自然和异地的兴趣日趋浓厚,当时出现了以李希霍芬为代表的一批地理学家。丝绸之路的概念,在全球视野下被提出,并逐渐为西方一批探险家在西域考察中所证实,也逐渐为中国学界所了解。展览介绍了李希霍芬身处的时代背景。1868—1872年间,李希霍芬在中国进行了七次地质考察,特别是在其1877年出版的《中国:亲身旅行的成果和以之为根据的研究》①第一卷中,首次把汉代中国和中亚南部、西部以及印度之间的以丝绸贸易为主的交通路线称作"丝绸之路"。在杭侃教授的指导下,展览首次对李希霍芬这一段关于丝绸之路的描述,进行了较为完整的中文翻译。

自李希霍芬提出丝绸之路后,许多西方探险家来到中国西部进行探险和考古。较早的就是李希霍芬的学生斯文·赫定(Sven Hedin,1865—1952),他自1890年起多次进入中国西部,到1927—1935年担任由中瑞科学家组成的西北科学考察团瑞典方面团长,1936年出版第一部以"丝绸之路"为名的著作。同时在展览中介绍的还有英国斯坦因、法国伯希和、德国格伦威德尔和勒柯克、俄罗斯科兹洛夫和鄂登堡、日本大谷探险队等。但展览花了更多空间对这一时期中国学者进行的丝绸之路考古、保护与研究进行介绍,最为重要的是西北科学考察团,参与其中的徐炳昶、黄文弼、袁复礼、刘衍淮等学者成为了中国第一批丝绸之路上的考古学家和科学家②。此外,随着敦煌藏经洞的打开和敦煌艺术品及文书的发现,以常书鸿为代表的敦煌学者也成为丝绸之路文化遗产保护的重要人物。也就是从此时开始,"丝绸之路"和"丝路"的中文名开始在学界和民众中传播③。

3. 成为世界遗产的丝绸之路

"二战"之后,丝绸之路的概念在学界、政界、艺术界、民间传播越来越广。中国领导人如刘少奇、周恩来、陈毅等在对外友好交往中频繁提及丝绸之路,历史考古学者如夏鼐、季羡林、朱杰勤等也在学术界较多使用丝绸之路的概念。国际上,特别是在日本,丝绸之路的名字也越来越响亮。日本广播协会(NHK)与中国中央电视台联合拍摄了大型电视纪录片《丝绸之路》,喜多郎为之创作了背景音乐《丝绸之路》,平山郁夫先生沿丝绸之路进行旅行、写生和创作,也推动了丝绸之路概念在全世界的普及。

从全球文化遗产保护战略出发,联合国教科文组织(UNESCO)于1988年启动了"文化发展十年计划",丝绸之路被看成是其中最能牵动世界各国交流合作的文化课题,项目被命名为"对话之路:丝绸之路整体性研究"。在1990—1995年间,联合国教科文组织开展了五次国际性考察,考察内容包括西安到喀什的沙漠丝绸之路、威尼斯到日本的海上丝绸

---

① Ferdinand von Richthofen, *China: Ergebnisse eigener Reisen und darauf gegründeter Studien*, Berlin: D. Reimer, 1877-1912.

② 荣新江、朱玉麒主编:《黄文弼与中瑞西北科学考察团国际学术研讨会论文集》,科学出版社,2014年。

③ 刘进宝:《"丝绸之路"概念的形成及其在中国的传播》,《中国社会科学》,2018年第11期。

① 景峰:《丝绸之路文化线路系列跨境申遗研究》，科学出版社，2015年。

之路、中亚草原丝绸之路、蒙古游牧丝绸之路，以及尼泊尔的佛教丝绸之路。这是国际层面对丝绸之路前所未有的考察，也是对丝绸之路空前的宣传和传播。

考察结束之后，教科文组织充分认识到丝绸之路对于人类文明发展、东西文明对话具有无法替代的作用，开始策划和组织"丝绸之路"跨国申遗①。经过26年的努力，最后在2014年6月22日，中国、哈萨克斯坦、吉尔吉斯斯坦三国联合申报的陆上丝绸之路的东段"丝绸之路：长安－天山廊道的路网"成功获选为世界文化遗产，丝绸之路成为全人类的共同财富。

二、配套展览与活动设计

"众望同归"是展览的主脉络，但对于整个项目来说，我们还设计了更多的配套展览和活动，以使展览取得更好更大的效果。

1."一花一世界"文物展

为了更好地阐述丝绸之路对人类文明产生的巨大影响，我们设计了较为立体的配套展览。"众望同归：丝绸之路的前世今生"是一个以时间为轴来进行纵向叙述的展览，而"一花一世界：丝绸之路上的互学互鉴"则是横向展开的展览，分丝路、互学、互鉴三个单元，用20件文物来讲述习近平总书记在阐述丝绸之路互学互鉴精神时提到的葡萄、石榴、香料、丝绸、瓷器、生铁、金器、玻璃、养蚕、四大发明、佛教、伊斯兰教、基督教等物质文明、科学技术和宗教文化方面的交流。

■ "一花一世界"展厅

UNESCO 丝路考察 30 年纪念会和文献展

2. 丝路考察 30 年周年纪念会和文献展

"众望同归"展览的特点是文献相当丰富，而且一边展览，一边又有所增长，特别是涉及 UNESCO 五次丝路考察的部分。7 月 20 日恰逢丝路考察启程 30 周年纪念日，我们和 UNESCO 世界遗产中心、丝绸之路项目以及中国联合国教科文组织全委会一起召开了网上纪念会。当年的领队杜杜迪安和一些参与者同时在巴黎、北京、西安、泉州、曼谷等地参会，启动了丝绸之路数字档案项目（DAS），推出了丝绸之路文献展，使得"众望同归"展出于保护目的而归还借展文物之后，还能够以文献展的形式持续到 9 月 20 日。

3. "出塞与归汉"文献展和学术活动

"众望同归"的第一部分就是使者的路线，不仅张骞和苏武是使者，细君、昭君也都是使者，蔡文姬的故事更是为人熟知。所以，这次展览特别展出了《文姬归汉图》和《胡笳十八拍》，引起了广大观众的极大兴趣。为此，我们又举办了"出塞与归汉：中国古代绘画中的丝绸之路"文献展和同名学术研讨会。此次展出了大都会艺术博物馆、波士顿艺术博物馆、台北故宫博物院等机构收藏多幅相关主题绘画的数字作品，又邀请了来自吉林省博物院和南京博物院两家收藏单位的专家以及凌利中、扬之水等学者，围绕文姬归汉和昭君出塞的主题绘画作品作专题研讨，得到了众多学者和爱好者的关注。

■ "出塞与归汉"文献展和学术活动

4. 丝绸之路策展人研修班

自2019年起，我们把丝路展览作为长期的一个研究方向。"丝路岁月"展开幕期间，我们就邀请了国内外二十多位曾经策划过丝绸之路相关主题展览的策展人来到国丝馆举行报告会，但人多时短，交流和学习的效果难免有限。所以，我们决定从2020年起连续举办丝绸之路策展人研修班。研修班包括"众望同归"和"一花一世界"的策展介绍，也邀请了美国、英国策展人在线上以及国内策展人来现场进行交流，历时三天，人少时长，效果得到了改善。

5. 线上展览和线上活动

由于新冠疫情，博物馆的同行都在2020年大力开展线上云展览。我们也制作了"众望同归"和"一花一世界"的虚拟展厅，并多次进行直

■ 一花一世界：丝绸之路文物海报接力展

播。同时，我们也在线上推出"一花一世界：丝绸之路文物海报接力"活动，收集了327幅来自世界各地博物馆的文物海报，采用两种形式同时推出：一是在"一花一世界"的展厅大屏上轮流播出；二是在整个国丝馆区布置，一直持续到9月20日之后。

三、"众望同归"展览的亮点

"国丝"办馆宗旨是以研究为基础，目前以打造研究型博物馆为目标推进各项工作。在策划这类高度学术性的展览时，自然也会特别注重"研究"这一点。

1. 强大的学术支撑

这一展览学术性强，可以说就是一种学术史的展览。为了保证整个展览的学术水准，我们邀请了强大的学术支撑团队，在策展过程中给予指导，为展览内容进行写作，同时还参与配套的科普活动。总学术指导包括北京大学荣新江、山西大学杭侃、浙江大学刘进宝和UNESCO世界遗产中心景峰博士，具体策展人员除了馆里陆芳芳、罗铁家、周娅娟之外，还特别邀请了浙江大学罗帅博士加盟策展团队。此外，我们又拜访和邀请了一系列专家为我们写作专题文章，在"众望同归"和"一花一世界"两个展览中共有近40篇的专业学术文章。由于借展文物涉及全国20多家博物馆和学术机构，所以还有不少专家学者提供了详尽的展品研究和说明资料。

2. 立体的活动策划

"众望同归"展最大的背景是"丝绸之路周"活动。丝绸之路周是由国际丝路之绸研究联盟和中国博物馆协会丝绸之路专业委员会于2019年共同提出的，旨在打造一个从人类历史文化的已有成果出发，由中国文化遗产界开创和主导、社会各界参与和实施、与丝绸之路沿线国家和地区形成互动、在国际社会中发出中国声音并产生良性影响的长久性年度国际人文交流活动。2020年，首届丝绸之路周由国家文物局和浙江省人民政府共同主办，主场设在中国丝绸博物馆，时间为6月19—24日，

其中6月22日为丝绸之路申遗成功的纪念日。首届丝绸之路周主要活动包括在主场举办的各种展览、论坛、发布会和研修班，以及在世界各地线下及线上举办的联动和互动项目。这一系列展览和活动包括核心展、配套展、文献展、报告或讲座、微信公众号发布、多媒体传播等（其结构图见下图）。

3. 宏大的联动传播

为了达到广泛传播效果，我们让"众望同归"展借着丝绸之路周的平台同时传播。从5月13日起，我们就开始推出配套活动，包括"丝路百馆百物"短视频接力、"发现丝路之美"高校大学生短视频大赛、"一花一世界"丝路文物海报接力、"发现浙江丝路之美"海报接力、"遗产点亮丝路"直播接力等线上活动。据我们的不完全统计，丝绸之路周包括配套展览和活动吸引了全球来自14个国家的200余家文化机构参与，其话题在国内社交媒体上的阅读和点击量突破5.6亿，在海外社交媒体上的相关阅读量超过1200万。时任浙江省委书记车俊和浙江省省长袁家军均到"众望同归"现场参观，并做出"依托中国丝绸博物馆、打造丝绸之路文化研究大平台"的指示。

习近平总书记2017年在"一带一路"国际合作高峰论坛开幕式上说："古丝绸之路绵亘万里，延续千年，积淀了以和平合作、开放包容、互学互鉴、互利共赢为核心的丝路精神。"我们的丝绸之路展览以及相应的配套展览和活动，从本质上来说都是围绕着"一带一路"建设开展的。丝绸之路系列展览以及相应的学术研究和传播活动会是中国丝绸博物馆的长期任务，我们也期待，这些形式创新、内容精彩的展览和活动能将丝绸之路文化知识更广泛地传达到民众中，让丝路精神更加深入人心。

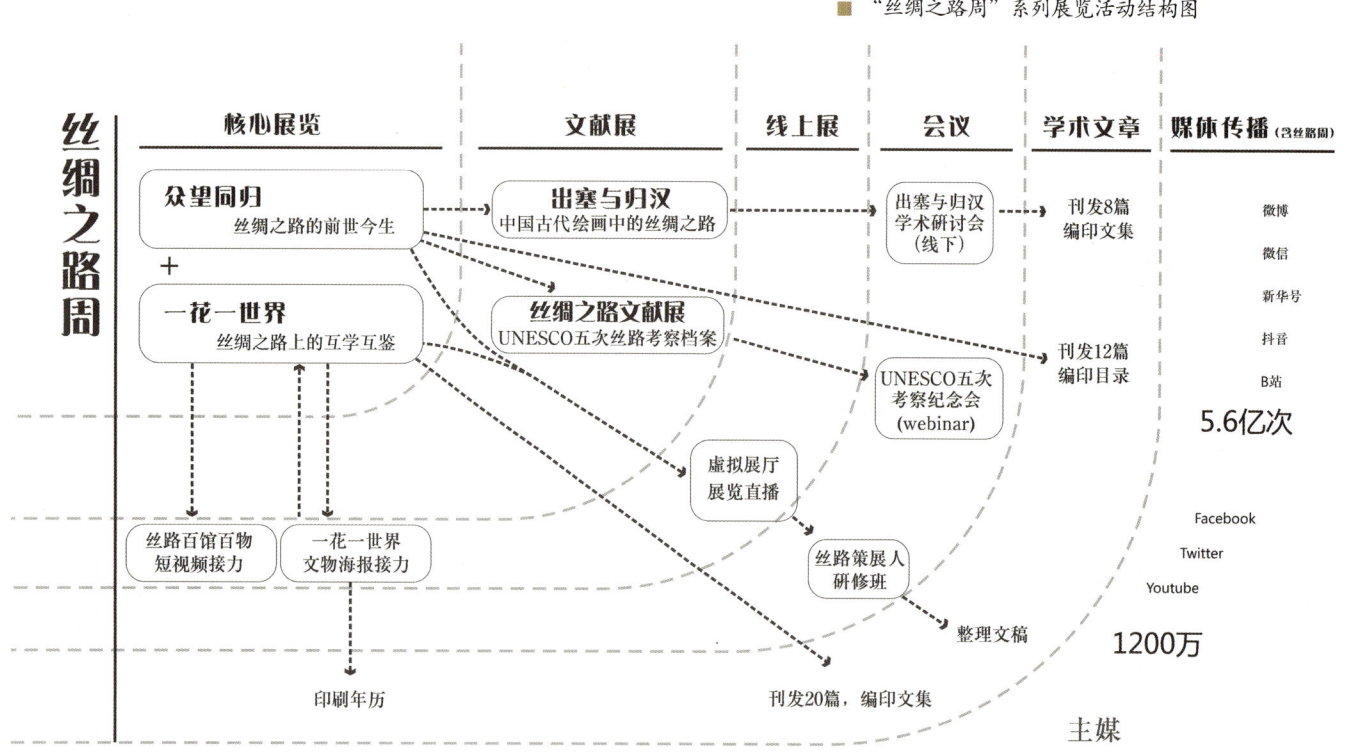

■ "丝绸之路周"系列展览活动结构图

第一单元
前世：历史上的东西交通路线

　　丝绸之路陆路和海路均正式开通于汉武帝时期。然而，在此之前数百年，秦、古波斯、马其顿、孔雀王朝等强国不断向远方开拓，通过斯基泰人等草原游牧民族作中介，东西方之间已存在一定规模的民间往来。丝路开通后并非一直畅通无阻。受战争、政权更迭、气候变迁等因素影响，东西方交通时断时续，历经高潮低谷，路线屡有兴衰变动，流通的人员、思想、物资在各个时期各具特点。海路与陆路的利用，或并举，或互补，或有所侧重偏废。总体而言，往来于丝绸之路上的人群，以使节、商人、宗教人士等三类为主。他们的规模不一，有数千百人之庞大使团与商队，亦有长途漫道上独孤求法的坚强身影。他们每个人的行迹汇聚成一条条不同的路线，所有路线交织在一起，构成错综复杂的丝绸之路路网。

第一章
使节的路线

  初,汉使至安息,安息王令将二万骑迎于东界。东界去王都数千里。行比至,过数十城,人民相属甚多。汉使还,而后发使随汉使来观汉广大,以大鸟卵及黎轩善眩人献于汉。及宛西小国驩潜、大益,宛东姑师、扞罙、苏薤之属,皆随汉使献见天子。天子大悦。

  ……

  西北外国使,更来更去。宛以西,皆自以远,尚骄恣晏然,未可诎以礼羁縻而使也。自乌孙以西至安息,以近匈奴,匈奴困月氏也,匈奴使持单于一信,则国国传送食,不敢留苦;及至汉使,非出币帛不得食,不市畜不得骑用。所以然者,远汉,而汉多财物,故必市乃得所欲,然以畏匈奴于汉使焉。宛左右以蒲陶为酒,富人藏酒至万余石,久者数十岁不败。俗嗜酒,马嗜苜蓿。

《史记·大宛列传》

第一节
张骞凿空与三通三绝

张国刚

两汉是丝绸之路的开拓时期。自西汉张骞"凿空"西域后,两汉政府对丝绸之路的开拓与经营都不遗余力,这不仅仅是出于商业目的,也不仅仅是为了炫耀国威,更与此时期两汉政府抵御匈奴入侵这一政治兼军事目的密切相关。张骞通西域是历史上的一件大事,它标志着中西交流史上一个新时代的开始,并对后来东西方文明的发展有着深远意义。西汉初年因国困民贫,对匈奴的入侵大都采取防御政策。经过几十年休养生息,汉武帝开始考虑对匈奴反击。汉武帝获悉,有一个曾居于敦煌、祁连山之间,但已被匈奴驱逐至西方的大月氏部族与匈奴有世仇,故而想寻找大月氏,欲与之携手夹击匈奴。因此,时任郎官的张骞应汉武帝招募,第一次出使西域。

汉武帝建元三年(前138年),张骞带领一百多人的出使队伍离开长安,经陇西向西进发,但不久就被匈奴俘虏。匈奴单于长期监禁张骞,并为之娶妻成家冀其投降。张骞却始终等待时机准备逃脱,并在11年之后乘防备疏松,终于和随从人员逃出匈奴。张骞一行向西越过葱岭,经过几十天长途跋涉后抵达大宛(今中亚费尔干纳盆地)。随后大宛王派人护送张骞前去康居(中亚阿姆河与锡尔河之间),再由康居到达大月氏。然而大月氏已立新王,并越过阿姆河吞并了希腊化国家大夏之故地,已然安居乐业,无心再向匈奴寻仇。张骞在此住了一年多,不得已而东返。为了避免匈奴拦截,张骞未走原路而沿塔里木盆地南缘进入柴达木盆地,绕道青海归国,但不幸又被匈奴捕获。所幸一年以后,匈奴因单于去世而发生内乱,张骞得以逃脱,终于在元朔三年(前126年)回到长安。张骞第一次出使西域历时13年,虽然没有达到同大月氏结成联盟的政治目的,却了解到有关西域地区的政治、经济、地理、文化、风俗等情况,为以后中原加强同西域的联系奠定了基础。不久,张骞就利用他对西域的知识参与卫青出击匈奴的战争,因知水草所处,为此次军事行动的胜利立下大功,被封博望侯。张骞第一次出使西域的同时,西汉王朝也对匈奴展开一系列打击,经过公元前127年、前121年和前119年的三次大规模反击,西汉在对匈奴的斗争中已经掌握了主动,前往西域的道路也基本畅通,这为张骞第二次出使西域、此后丝绸之路的安全畅通以及西域诸国同西汉王朝的友好往来,创造出必要条件。

为了彻底铲除匈奴势力,也为了开疆拓土的雄心大略,汉武帝在对匈奴展开第三次打击的同年再度派遣张骞出使西域,目的是设法联络乌孙等西域各国,"断匈奴右臂"。这一次出使队伍浩大,随员三百,牛羊万头,携钱币、绢帛"数千巨万"。但这次张骞仍然没能达到预期目的。当他们到达乌孙（伊犁河、楚河流域）时，正值乌孙因王位之争而政局不稳，国内贵族又惧怕匈奴，故西汉欲同乌孙结盟攻打匈奴的政治目的再次落空。但在乌孙期间，张骞分别派遣副使到中亚、西亚和南亚各国，广加联络。公元前115年，张骞回国，乌孙遣导译相送，并派使者来长安。使者见到汉朝人众财富，回去广加宣扬，汉朝的威望在西域大大提高。不久，张骞所派副使也纷纷回国，并带回许多所到国的使者。从此，中西之间的交通正式开启，西汉政府与西域及中亚、西亚、南亚地区的友好往来迅速发展，西来使者相望于途。与使团相得益彰的是一群群商胡贩客，"日款于塞下"。

张骞出使西域本来是为了联合西北各部族共同抗击匈奴，客观上却起到了开拓长期被匈奴阻塞之东西陆路交通的作用，沟通了东西方的经济与文化往来，也建立起中原与西北边疆各地区的友好联系，开辟出中国与西方各国直接交流的新纪元，如此重大的历史意义使张骞出使西域在史上被誉为"凿空"。

西汉乘着对匈奴战争的一系列胜利而于公元前121年和前111年先后在河西走廊设立武威、酒泉、张掖、敦煌等河西四郡，割断匈奴与羌族之间的联系，保证丝绸之路咽喉地带的畅通。此后匈奴势力只好向西发展，开始了同西汉王朝争夺西域的长期斗争，最终西汉王朝取得重大胜利。宣帝神爵二年（前60年），匈奴发生内讧，西边日逐王先贤掸降汉，自此匈奴势力全部退出西域。

西汉王朝在西域设置官吏，始于贰师将军李广利讨伐大宛胜利之后。当时所设称为"西域使者校尉"，其任务是率领士卒在车师、楼兰等地屯田，以供给和保护来往于丝绸之路上的各国使节。宣帝元康二年（前64年），又命郑吉为卫司马，"使护鄯善以西南道"，也称之为"护

■ a.《汉书》，清光绪二十九年五洲同文局石印本，浙江图书馆藏

■ b.《史记》，清同治、光绪年间金陵书局刻本第20册，浙江图书馆藏

■ c.《汉书》，清光绪二十九年五洲同文局石印本，浙江图书馆藏

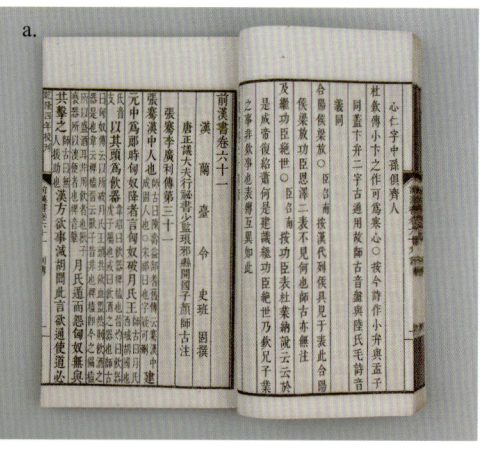

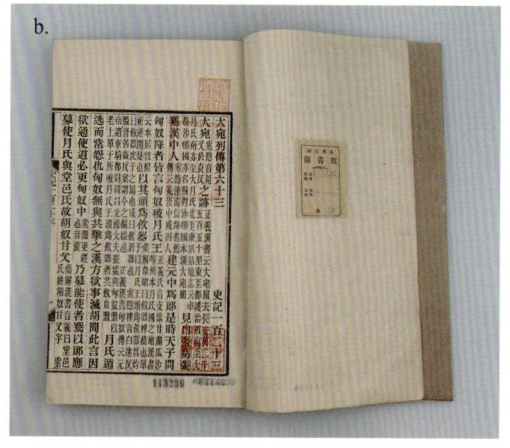

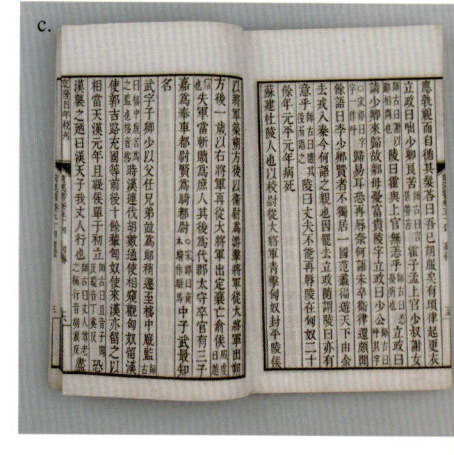

■ 阳关博物馆的张骞雕像

鄯善以西使者"。至神爵二年匈奴日逐王来降后,以郑吉"并护车师以西北道",这就是"都护"一名的由来。自此西域都护府正式出现,其治所在乌垒城(今新疆轮台东北之策大雅),所管理的范围大体为今天敦煌以西,巴尔喀什湖、费尔干纳盆地和帕米尔高原以东,喀喇昆仑山以北,阿尔泰山以南的广大地区。西域都护的主要任务是统领西域诸国联合起来共同抗击匈奴的侵扰,特别是保护西域南北两道的安全和畅通,这也是"都护"一词的原意。西域都护的设立,是西域地区统一在西汉中央王朝管辖之下的标志,这无疑对丝绸之路的繁荣与畅通意义非凡。汉朝一方面不收赋税,一方面为了管理西域还要承担大量军政费用,只能借由驻军耕战结合、大力发展屯垦而实现自足,由此也推进了塔里木绿洲地区农耕文化的发展。

东汉丝绸之路的"三通三绝"

西汉在开通丝绸之路后的一百多年间同西域各国保持了和平友好关

系，中西陆路交通因此畅通无阻。但在公元一世纪初，王莽篡汉之后一反西汉对西北少数民族的优待政策，致使国内各民族间的矛盾加剧，匈奴势力乘机进入，西域与内地王朝遂关系阻绝。东汉时期，随着国内政治形势的变化，丝绸之路通绝频繁，史称"三通三绝"。

公元13年，西域焉耆地区首领起兵反对王莽，杀西域都护但钦，西域各地先后响应。接着河西、陇西地区的地方官员也纷纷反对王莽，长安以西交通中断，西域地区再次为匈奴所控。东汉明帝即位后，意识到中原王朝若不控制西域，匈奴就会乘虚而入，进而利用西域的人力物力，不断侵扰河西和东汉北部边境。于是，明帝于公元73年派军队从河西进入巴里坤、哈密一带屯田，同时派班超先后到鄯善、于阗、疏勒等地，帮助西域各地驱逐匈奴的势力，东汉政府遂又在西域设立都护等官职，恢复中原与西域的政治和经济联系。

此后不久，焉耆、龟兹等地首领在匈奴贵族的支持和教唆下，杀害了西域都护陈睦，抢掠西域其他地区，丝路安全又受到很大威胁。在这种形势下，东汉政府担心负担不起庞大的军费开支，便准备停闭中原与西域的交通，命令当时坚守在疏勒地区的班超撤回中原。但西域各地人民坚决要求班超留在西域，以帮助继续开通丝路。班超于是决意留守西域，并力陈保守西域对中原地区的重要作用。在班超的坚持下，东汉政府同意了他的要求，同时派兵支援。在西域各地共同支持之下，经过十几年的努力，匈奴势力又被赶出西域。公元91年，东汉政府再次恢复西域都护之职，并由班超担任，东西交往的大干线再度通畅。

公元107年，东汉朝廷中一些官员认为，西域路途遥远，管理费用太巨，得不偿失。汉安帝听信这些言论，于是下令撤销西域都护。匈奴立刻南下占据西域，并鼓动河西、陇西等地羌人反对东汉政府，使东汉对陇山以东地区一度失去控制，丝绸之路再次中断。匈奴占据西域之后经常借西域诸国之力骚扰河西一带，东汉政府中有些官员因此又认识到西域的重要性。在当时执政的邓太后支持下，班超之子班勇在公元123年被东汉政府任命为西域长史，前往西域。此后他组织和统领鄯善、龟兹、姑墨、温宿等地军队，又一次帮助西域各国将占据西域的匈奴赶走，丝绸之路第三次开通。东汉末年，国内混乱，再无力西顾，西域也就逐渐脱离了东汉王朝的控制。

彩绘木马

东汉 | 松木
长 72，高 87（单位：厘米）
1972 年武威市磨嘴子汉墓出土
甘肃省博物馆藏

马的头、颈、身体、四腿和尾巴分别以松木雕成后粘合而成。形体高大，张嘴嘶鸣，四足直立。通体涂黑，用刀刻出眼、鼻、唇。马鞍和障泥同马背联雕在一起，以白粉涂底，其上以黑色勾画出云气纹。整体造型雄浑质朴、生动传神。

彩绘木马出土于武威磨嘴子汉墓 M49。该墓为带斜坡墓道的长方形单室土洞墓，由墓道、墓门、墓室三部分组成。墓门、墓顶为人字坡形，墓室内刷一层白灰面。墓主人为男性，单人葬，黑漆棺，东西斜放。棺用柏木制，保存完好。墓主人头戴漆䍐菱孔纹的冠，可能为进贤冠。墓中随葬陶器、木器、漆器、铜器及草编织物等随葬品，壶、罐等成组陶器置于墓室前右角，木俑置于墓室左角，棺前置漆器，陶仓及木器放置在棺两侧，棺上有粮囊、草箧和鞋。墓门有木镇墓兽和石灯一个，还有铭旌残迹。棺内放置弩机、毛笔、砚台、印章及钱币等。木质印章为双面印，正面白文"□森（？）私印"，背面印文"臣森（？）"。墓中出土"白马作"毛笔和漆匣石砚以及木印，表明墓主人可能是小吏或文人。根据墓中出土釉陶器和五铢钱等遗物判断，该墓时代可定在东汉中期。（李慧奉）

彩绘骑兵俑

西汉 | 陶

长约 35，宽约 12，高约 35（单位：厘米）

汉景帝阳陵博物院藏

此组骑兵俑为公安破案所移交，属于国家二级文物，出土于汉高祖长陵陵区。其造型特征与杨家湾兵马俑极为相似，时代相近，应为汉代初期。

此批骑兵俑系西汉随葬明器，泥质灰陶。马通体施红褐彩，马首上仰，双耳直立，鬃毛竖起，马尾飘扬，马腿粗壮，造型似仰头欲奔之势。鼻小嘴阔，耳鼻嘴内施红彩，马肚底部中央有一圆形透气孔。马背上绘有一个红彩绘植物纹的圆形或方形坐垫，武士俑手持缰绳，头戴黑色武弁，额际裹有红色陌额，面部施粉红彩，耳眼刻画模糊，鼻子清晰，凸起小嘴，身着白领红襦黑甲，双腿施白彩，下垂紧贴马背，脚穿黑色战靴。头顶中央有一圆形透气孔，腹腔中空。此组骑兵俑综合运用塑、绘、刻技法，成功地刻画骑兵服饰、冠饰，是了解汉代服饰材质、造型及仪制的重要载体。

骑兵俑出土时多以编队群体出现，排列整齐，以彰显威武雄壮之赫赫军威。骑兵约于春秋战国之际出现，各国连年征战，军备竞争异常激烈，骑兵以其灵活性强、杀伤力大、速度快的优势应时而兴，各国竞相豢养良马并组建骑兵，赵武灵王"胡服骑射"成为骑兵发展史上的标志性事件。孙膑曾指出："夫骑者，能离能合，能散能集。百里为期，千里而赴，出入无间，故名离合之兵也。"骑兵在古代战争中发挥了极为重要的作用，良马亦成为贤君能臣追逐的目标，秦始皇之追风、吕布之赤兔、唐太宗之六骏均名噪一时。

汉代帝王陵园多设置兵马俑坑，由骑兵、步兵、车兵等不同兵种共同构成军阵，以象征戍卫部队，捍卫君王的地下王国。汉阳陵东南、西北两处外藏坑即为此类，考古发现大量兵马俑，其中就有相当数量的骑兵俑，着战袍，披铠甲，骑战马。部分骑兵颧骨突起，造型夸张，应为北方少数民族的形象，是汉代骑兵人员构成的真实反映，成为了解汉代军事装备、军种配置以及人员组成的重要实物资料。

（闫华军）

张骞出使西域图（敦煌壁画）

莫高窟第323窟，初唐

敦煌莫高窟第323窟主室南北两壁绘制有八幅佛教史迹画，其北壁西侧为绘于初唐的《张骞出使西域图》。全图以山峦分隔故事情节，由三个画面组成。内容据《魏书·释老志》绘制。

右上第一幅画面为汉武帝在甘泉宫拜金像。一座挂着"甘泉宫"匾额的宫殿内，立着两尊佛像。殿前汉武帝跪拜金人，六臣僚捧绮拱手躬身立于两侧。帝王下方的榜题上写着："汉武帝将其部众讨凶（匈）奴并获得二金（人），长丈余，列之于甘泉宫。帝为大神常行拜谒时。"元狩二年（前121年），霍去病击破匈奴休屠王时获得了祭天金人。

底部第二幅画是张骞辞别汉武帝。画中汉武帝骑着高头大马，身后一干侍从僚属。帝王的对面，持笏板跪拜者就是张骞，其后有侍从数人牵马持节。他们之间的榜题写着："前汉中宗既获金人，不知名号，乃使博望侯张骞往西域大夏国问名号时。"汉武帝不知祭天金人的名号，于是就遣张骞出使大夏国求金人名号。根据获得金人的时间线，画中所绘应是张骞第二次出使西域。

左上角第三幅是张骞经过万水千山最终到达大夏国。画面中张骞带着两位持旌节的侍从经行山间，向一座城池进发。城内中心为一座佛塔，城门口站着两名僧人，僧人旁的榜题写着"□大夏时"。这个画面表现了张骞最后到了大夏国，见到佛塔，知道了金人实际上是佛像。

由此我们可以看出这一故事被演绎的版本是：汉武帝打匈奴时，缴获了金人（佛像），却不知其名号，因而遣张骞出使西域，到大夏国问佛的名号，得知为佛像，便供奉于甘泉宫。撰写《魏书》的魏收生活在佛教兴盛的北齐，所以他应当是接受了佛教信徒改编后的版本。佛教信众借着张骞的名人效应，给张骞凿空的壮举来了一次历史错位，赋予其引入佛教的新含义。虽然此幅《张骞出使西域图》所描绘的是佛教版本的张骞出使西域故事，并不是基于历史事实的"张骞凿空"，但这是最早关于张骞的形象记录，依旧意义重大。（陆芳芳）

第一单元　前世：历史上的东西交通路线

■ 《张骞出使西域图》临摹画，中国丝绸博物馆

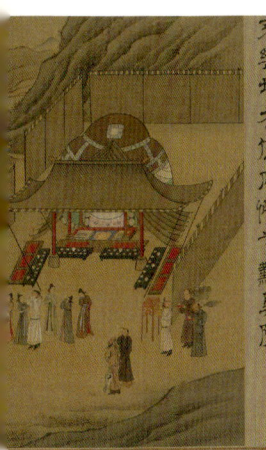

雁南征兮欲寄邊蒙雁北歸兮為得
漢音雁飛高兮邈難尋空斷腸兮思
愔愔攢眉向月兮撫雅琴五拍泠泠
兮意彌深

我非貪生而惡死不能捐身兮心有以
生仍冀得兮歸桑梓死當埋骨兮長已
矣日居月諸兮在戎壘胡人寵我兮有
二子鞠之育之兮不羞恥愍之念之兮
生長邊鄙十有一拍兮因茲
起哀響纏綿兮徹心髓

東風應津兮暖氣多知是漢家天子
兮布陽和羌胡蹈舞兮共謳歌兩國
交懽兮罷兵戈忽遇漢使兮稱近詔
遣千金兮贖妾身喜得生還兮逢聖
君嗟別稚子兮會無因十有二拍兮
哀樂均去住兩情兮難具陳

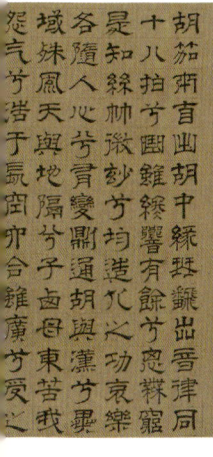

姚霜凜凜兮欲斷魂對冏酪兮不
能餐夜聞隴水兮聲嗚咽朝見長城
兮路杳漫追思往日兮行李難六拍
悲兮欲罷彈

十七拍兮心鼻酸關山阻修兮行路
難去時懷土兮心無緒來時別兒
兮思漫漫塞上黃蒿兮枝枯葉乾
沙場白骨兮刀痕箭瘢風霜凜凜兮
春夏寒人飢馬飢兮筋力單登高望
遠兮涕闌干

胡笳本自出胡中緣琴翻出音律同
十八拍兮曲雖終響有餘兮思無窮
是知絲竹微妙兮均造化之功哀樂
各隨人心兮有變則通胡與漢兮異
域殊風天與地隔兮子東母西苦我
怨氣兮浩於長空六合雖廣兮受之

打下了坚实基础，加快了中原与北方草原游牧民族的融合步伐。

据考古发现，今蒙古国等地的匈奴大型贵族墓葬和大型祭祀遗址的年代约为公元元年前后至公元一世纪早中期。这一时期与史料记载的王昭君出塞和亲及在匈奴生活的年代大致相符。墓葬是反映一个民族的政治、经济、文化、生活习俗各个方面的独特的空间缩影。从汉代匈奴贵族墓葬出土文物观察，匈奴墓葬形制及随葬木质棺椁、棺饰等都是反映匈奴单于及贵族崇尚汉代礼仪制度的重要实物佐证。这也与史料中提及的，"匈奴自单于以下皆亲汉，往来长城下"的记载相辅相成。凡此皆表明，匈奴墓葬中具有中原汉文化因素的墓葬建筑及装

■ 明·仇英临《宋人画册》之《昭君出塞图》，上海博物馆藏

胡笳十八拍
我生之初尚無為我生之後漢祚衰
天不仁兮降離亂地不仁兮使我逢
此時干戈日尋兮道路危民卒流亡
兮共哀悲煙塵蔽野兮胡虜盛志意
乖兮節義虧對殊俗兮非我宜遭惡
辱兮當告誰笳一會兮琴一拍心憤
怨兮無人知
戎羯逼我兮為室家將我行兮向天
涯雲山萬重兮歸路遐疾風千里兮
揚塵沙人多暴猛兮如虺蛇控弦被
甲兮為驕奢兩拍張弦兮弦欲絕志
摧心折兮自悲嗟
越漢國兮入胡城亡家失身兮不如
無生氈裘為裳兮骨肉震驚羯羶為
味兮枉遏我情鞞鼓叫兮從夜達明

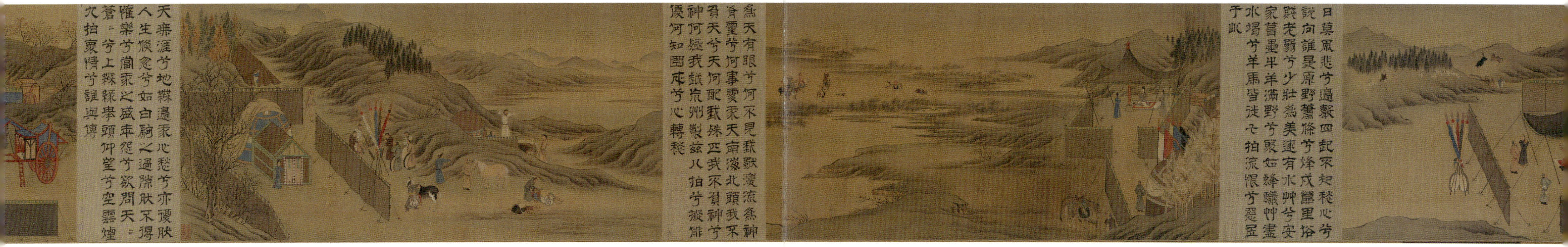
日暮風悲兮邊聲四起不知愁心兮
說向誰是原野蕭條兮烽戍萬里俗
賤老弱兮少壯為美逐有水草兮安
家葺壘牛羊滿野兮聚如蜂蟻草盡
水竭兮羊馬皆徙七拍流恨兮惡居
于此
為天有眼兮何不見我獨漂流為神
有靈兮何事處我天南海北頭我不
負天兮天何配我殊匹我不負神兮
神何殛我越荒州製茲八拍兮擬排
憂何知曲成兮心轉愁
天無涯兮地無邊我心愁兮亦復然
人生倏忽兮如白駒之過隙然不得
歡樂兮當我之盛年怨兮欲問天天
蒼蒼兮上無緣舉頭仰望兮空雲煙
九拍懷情兮誰與傳

不謂殘生兮卻得旋歸撫抱胡兒兮
泣下霑衣漢使迎我兮四牡騑騑號
失聲兮誰得知與我生死兮逢此時
愁為子兮日無光輝焉得羽翼兮將
女歸一步一遠兮足難移魂消影絕
兮恩愛遺十有三拍兮弦急調悲肝
腸攪刺兮人莫我知
身歸國兮兒莫之隨心懸懸兮長如
飢四時萬物兮有盛衰惟我愁苦兮
不暫移山高地闊兮見汝無期更深
夜闌兮夢汝來斯夢中執手兮一喜
一悲覺後痛吾心兮無休歇時十有
四拍兮涕淚交垂河水東流兮心自
思
十五拍兮節調促氣填胸兮誰識曲
處穹廬兮偶殊俗願得歸來兮天從
欲再還漢國兮歡心足心有懷兮愁
轉深日月無私兮曾不照臨子母分
離兮意難任同天隔越兮如商參生

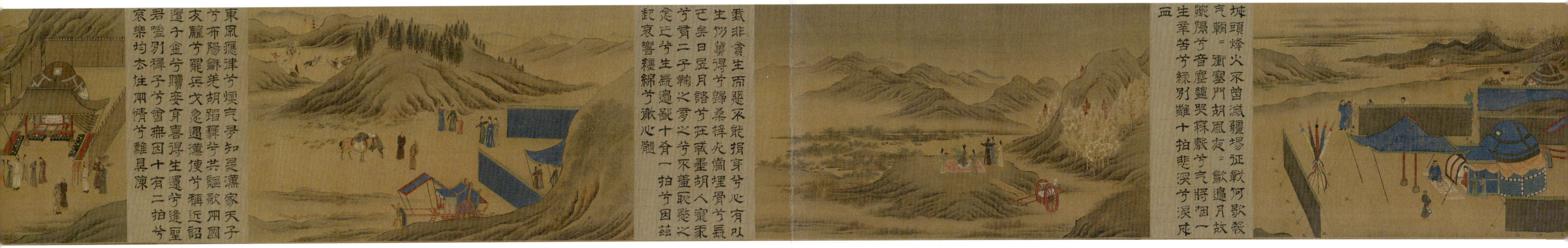

胡霜浩浩兮厲寒苦寒饑對肉酪兮不能餐夜聞隴水兮聲嗚咽朝見城南兮路縈紆欲羅彈悲羅彈兮欲羅彈第一拍

胡風浩浩兮暗塞營塋兮咸笛兮三拍哀弦悲兮何胡可平

城頭烽火不曾減疆場征戰何歌後氣將囚一生辛苦兮緣別離十拍悲深兮淚成血

雁南征兮欲寄邊聲雁北歸兮為得漢音雁飛高兮邈難尋願為遠兮弗雅班五拍冷

日暮風悲兮邊聲四起不知愁心兮誰與語今忽慙慙地兮孟樓楚

雁南征兮欲寄邊聲第五拍

我非貪生而惡死不能捐身兮心有以生仍冀得兮歸桑梓死當埋骨兮長已矣日居月諸兮在戎壘胡人寵我兮有二子鞠之育之兮不羞恥愍之念之兮生長邊鄙十有一拍兮因茲起哀響縈綿兮徹心髓

東風應律兮暖氣多知是漢家天子兮布陽和羌胡蹈舞兮共謳歌兩國交歡兮罷兵戈忽遇漢使兮稱近詔遣千金兮贖妾身喜得生兮還聖朝念別子兮歡欲無因十有二拍兮哀樂均泣盡繼之以血

十六拍兮思茫茫我與兒兮各一方日東月西兮徒相望不得相隨兮空斷腸對萱草兮憂不忘彈鳴琴兮情何傷今別子兮歸故鄉舊怨平兮新怨長泣血仰頭兮訴蒼蒼胡為生我兮獨罹此殃

胡笳南兮出漢關鐫路入兮出晉陽同十七拍兮心鼻酸關山阻修兮行路難十八拍兮曲雖終響有餘兮思無窮是知絲竹微妙兮均造化之功哀樂各隨人心兮有變則通胡與漢兮冥寒域氣兮蒼天興地隔兮子西母東苦我怨氣兮合廢廣東戾之

十七拍兮心裹憂憶昔裹土兮別故鄉舊土兮黃蒿瀰枯兵戰沙場白骨刀瘢箭痕鳳霜雪寒入飢馬疲兮筋力寡知重得兮入長關平

打下了坚实基础，加快了中原与北方草原游牧民族的融合步伐。

据考古发现，今蒙古国等地的匈奴大型贵族墓葬和大型祭祀遗址的年代约为公元元年前后至公元一世纪早中期。这一时期与史料记载的王昭君出塞和亲及在匈奴生活的年代大致相符。墓葬是反映一个民族的政治、经济、文化、生活习俗各个方面的独特的空间缩影。从汉代匈奴贵族墓葬出土文物观察，匈奴墓葬形制及随葬木质棺椁、棺饰等都是反映匈奴单于及贵族崇尚汉代礼仪制度的重要实物佐证。这也与史料中提及的，"匈奴自单于以下皆亲汉，往来长城下"的记载相辅相成。凡此皆表明，匈奴墓葬中具有中原汉文化因素的墓葬建筑及装

■ 明·仇英临《宋人画册》之《昭君出塞图》，上海博物馆藏

第二节
昭君出塞与汉代和亲

武高明

汉匈和亲政策在不同的历史时期有着不同的内涵。至汉元帝时期，以历史上著名的"昭君出塞"和亲事件为标志，汉匈和亲性质发生了变化。汉初和亲，基于汉朝所奉行的"甥舅关系""利动贪人""约为昆弟"。直至汉元帝时期，匈奴"愿婿汉氏以自亲"，汉王朝"宜待以不臣之礼，位在诸侯王上"。所以汉廷商议后，最后以高于诸侯王的礼仪相待呼韩邪单于，汉王朝所馈赠匈奴的物品也更具礼制性内涵，这也反映出汉匈关系的转变。正是在此种情形之下，昭君出塞和亲，不仅仅换来了汉匈和平友好六十余年，对维护汉匈关系至关重要，甚至被后世誉为民族友好团结的象征，现实意义深远。和亲政策为东汉时期南匈奴入塞

■ 昭君博物院的昭君雕像

第一单元　前世：历史上的东西交通路线　25

华秋岳明妃出塞图真迹 乙未九月其倬题籖

我本漢家子將適單于庭辭訣未及終荷驅
己抗旌旆御滯流離鞿馬悲且鳴哀鬱傷五內
沾淚霑珠纓行日已遠遂造匈奴城延我於穹
廬加我閼氏名珠頴非所榮父子見
陵厚對之慙且驚殺身良不易默默以苟生苟生
亦何聊積思常憤盈願假飛鴻翼棄之遐征飛
鴻不我顧佇立以屏營昔為匣中玉今為糞上
英朝華不足歡夕與秋草并傳語後世人遠
嫁難為情　新硎山人寫并錄石季倫句

清·华岩《昭君出塞图》

饰品反映了匈奴葬丧习俗的深切变化，代表着墓主人的社会地位与崇高的政治地位。

中原农耕文化与草原游牧文化的传播和交流是汉匈和亲关系的重要内容之一。匈奴墓葬中所表现出的多重文化重叠的现象，也多少反映了匈奴在这些地区的交流中所扮演的角色。这种广泛的交流则进一步活跃了草原丝绸之路。通过和亲，中原文化与北方文化在匈奴之地汇聚、融合、升华，最终匈奴以兼容并蓄之势创造了具有浓郁游牧特色的匈奴文化。通过观察匈奴单于及贵族墓地出土的汉代中原地区的遗物，尤其是苏珠克图M6内出土建平五年（前2年）九月铭文漆耳杯，M24出土双龙纹玉璜、车乘、丝织品、青铜镜等情况来看，匈奴社会内部逐渐形成了崇尚汉代礼仪文化的风尚。据《汉书·元帝纪》记载："竟宁元年春正月，匈奴呼韩邪单于来朝。诏曰：……乡慕礼仪，复修朝贺之礼。"这段记载则进一步说明了匈奴单于乡慕汉代礼仪文化的情况。这些充分体现了匈奴人的社会生活发生了深切的变化，这种变化在中华文明的发展过程中意义重大，奠定了多元一体的文化基础。

汉朝奉行的"和亲"政策在汉匈之间形成了某种意义上的关市贸易，而通过"和亲"关系输入匈奴的汉代物品，主要以"馈赠"与"关市"两种形式交织并行。这成为了匈奴获取汉代中原地区物品以及匈奴的商品输入中原地区的主要途径之一，也反映出汉匈双方在经济、文化上的相互依赖性。这在目前众多考古发现中得到印证，如：今蒙古国匈奴贵族墓葬中出土的汉代中原地区的器物，中国广西西林普驮铜鼓墓，山东章丘洛庄汉墓、江西南昌大塘坪乡观西村海昏侯墓等出土的匈奴艺术风格的鎏金铜当卢、银当卢马具等。

汉与乌孙的和亲实现了阻断匈奴向东发展和通西域的目的，这进一步加强和发展了各民族间的联系，促进了中原地区与西域诸国之间经济文化的交流和发展，奠定了我国统一多民族国家的基础。

汉代和亲年表

前 200 年	汉宗室女嫁匈奴冒顿单于	前 66 年	解忧公主之女弟史嫁龟兹王绛宾
前 192 年	汉宗室女嫁匈奴冒顿单于	前 60 年	汉宗室女嫁匈奴单于
前 176 年	汉宗室女嫁匈奴冒顿单于	前 60 年	解忧公主之妹相夫嫁乌孙昆弥翁归
前 174 年	汉诸侯王女嫁匈奴老上单于	前 45 年	康居王之女嫁匈奴郅支单于
前 162 年	汉宗室女嫁匈奴老上单于	前 45 年	匈奴郅支单于之女嫁康居王
前 160 年	汉宗室女嫁匈奴军臣单于	前 33 年	良家女王昭君嫁匈奴呼韩邪单于
前 156 年	汉宗室女嫁匈奴军臣单于	25 年	自称西平王的卢芳与西羌和亲
前 155 年	汉宗室女嫁匈奴军臣单于	25 年	自称西平王的卢芳与匈奴和亲
前 152 年	汉景帝女嫁匈奴军臣单于	27 年	自称燕王的彭宠所派美女嫁首领
前 140 年	汉武帝女嫁嫁匈奴军臣单于	60 年	东汉宗室女嫁北匈奴胡邪尸逐侯鞮于
前 134 年	邯郸摎氏女嫁越南王婴奇	60 年	莎车王贤女嫁于阗王广德
前 110 年	汉都王刘建女细君公主嫁乌孙王	90 年之前	大月氏嫁唐居
前 110 年	匈奴单于女嫁乌孙王	196 年	袁绍家人女嫁乌丸蹋顿
前 101 年	解忧公主嫁乌孙王岑陬翁归靡	196 年	袁绍家人女嫁乌丸峭王
前 96 年	匈奴单于女嫁乌禅幕王	196—220 年	公孙度女嫁夫余王
前 86—前 74 年	车师王乌贵女嫁匈奴单于	196—220 年	曹魏宗室女嫁夫余王
前 77 年	西汉宫女嫁鄯善国王		

文姬归汉图

金 | 绢本设色
纵 29，横 129（单位：厘米）
吉林省博物院藏

此图旧题为《宋人文姬归汉图》，经郭沫若先生考证为金代画家张瑀所作。张瑀，生平不详，画史无传，甚至其名是否作"瑀"字，至今争议颇多，然除此外亦并无更进一步令人信服的说法，因此权从其说。蔡琰，字文姬，东汉文学家蔡邕之女，博学多才，后为匈奴左贤王所掳，生二子，曹操统一北方后，念蔡邕旧谊，花重金将其赎回，此图所描绘的即是蔡文姬返回汉地的场景。画卷前端第四位骑黑色骏马、衣饰华丽、容貌端庄者为蔡文姬。画面不作背景，通过刻画随从畏寒的神态以及遮挡风沙的动作来表现行进的艰难，同时蔡文姬神情凝重，传达出她毅然回归汉地的决心。卷尾左上方落款"祗应司"（按，"祗应司"为金章宗设立的职司，掌宫中诸事），故推知此画应作于章宗以后。此图有明代万历皇帝朱翊钧鉴藏印"万历之玺""皇帝图书"等玺印，可知曾入明代内府收藏；又钤有"蕉林居士""蕉林秘玩""蕉林玉立氏图书"等印，此为清代梁清标之鉴藏印。据传梁氏将斋名定为"蕉林"乃降清定居北京，即 1645 年之后的事，以此可推断此作当于 1645 年至 1690 年之间入于梁氏之手。此外，画卷上有清宫《石渠宝笈》二编诸印，可知此卷自明代宫廷流入民间后入梁清标手，后又被清宫收录于《石渠宝笈》。张伯驹先生曾记此卷："有人藏《宋人文姬归汉图》，特售于文化服务社，以售价稍廉，由文化部门访得原主，另行给予奖金。"（张磊）

胡笳十八拍

明 | 绢本设色
纵30，横1319（单位：厘米）
一级文物
南京博物院藏

在文学史上，叙写文姬归汉传奇的《胡笳十八拍》诗有两首，一首为骚体诗，第一拍首句是"我生之初尚无为"，传为东汉末蔡琰所作，虽然文学史上有所争议，但其产生于唐代以前应无疑义；一首为中唐刘商所作七言古诗，第一拍首句是"汉室将衰兮四夷不宾"，内容分段上受骚体诗影响，但整体属于"新乐府"风格。

在绘画史上，《文姬归汉图》或《胡笳十八拍》最早出现于两宋之交，有横式大册页残本四段保存于美国波士顿美术博物馆，有图无文字；另有立式册页十八幅完本保存于台北故宫博物院，下图上文，图像与波士顿残本几幅近似，所书文字为刘商诗。南宋还有一些文姬在胡或归汉题材绘画存世，无题写文字。

此类图像生产的另一个高潮在明代，主体是延续波士顿和台北两种宋本图像，或粗或精，或减或增，配文则以刘商七古诗为常见；另外出现了根据蔡琰骚体诗专门创作的另一种图像，数量极少且品质很差。

南京博物院藏有两件《胡笳十八拍》十八段长卷，分别编号为南京甲本和乙本。本次展览展出（本图录所载）的是甲本。甲本造型饱满，设色鲜亮，书法是隶书，书风端正饱满，水准较高，但书写的内容是蔡琰骚体诗，这是较为罕见的。

甲本与宋本图像关联度较高，准确地再现了原作的细节，曾经被认为是宋代摹本。但此本画风与明代仇英很接近，服饰车舆多用石青的设色法也符合仇英同时代传派特征，隶书笔画瘦硬，融入楷书笔法，而多异体字，根据这些特征可以判断为明代后期摹本。但在现知明摹本中，这一卷的水平和画面忠实度首屈一指；配写骚体诗，可能意味着它的底本有图无诗，或与波士顿本接近。

乙本是根据之前的宋本图像加刘商七古诗的传摹本再传摹的，辗转传摹不知凡几，其母本品质已经不良，其生产年代也可能晚于甲本。

十八段长卷画都以连环画的形式，根据十八拍诗"被捕""北行""原野""怀乡""炊食""观星""听乐""夜思""家书""产子""育儿""来使""惜别""送行""别后""归途""驻足""归乡"，表现蔡琰从被掳、生子到返回的整个过程。两首长诗的内容在各拍都有所对应，但是除了首尾几拍叙事性较强，中间较多篇幅都用于抒情，于诗并无不可，于绘画表现则颇为困难。所以中间多段的画面都是车马行列行进，显得重复累赘。相对而言，刘商七古诗中具体的意象较多，更适于图绘表现，这也应当是从宋本到大量明本都以刘商诗作为文本的原因。（邵彦）

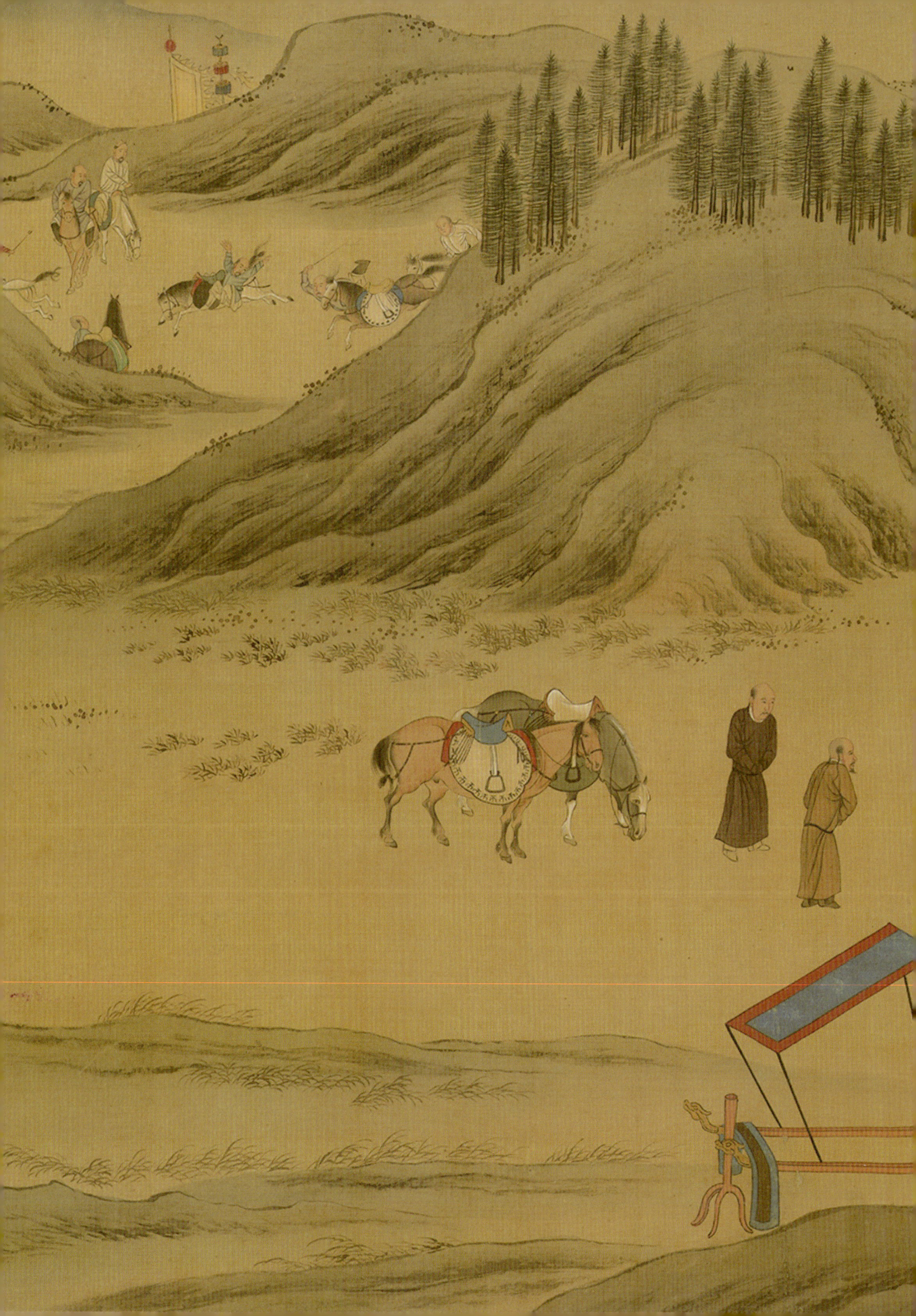

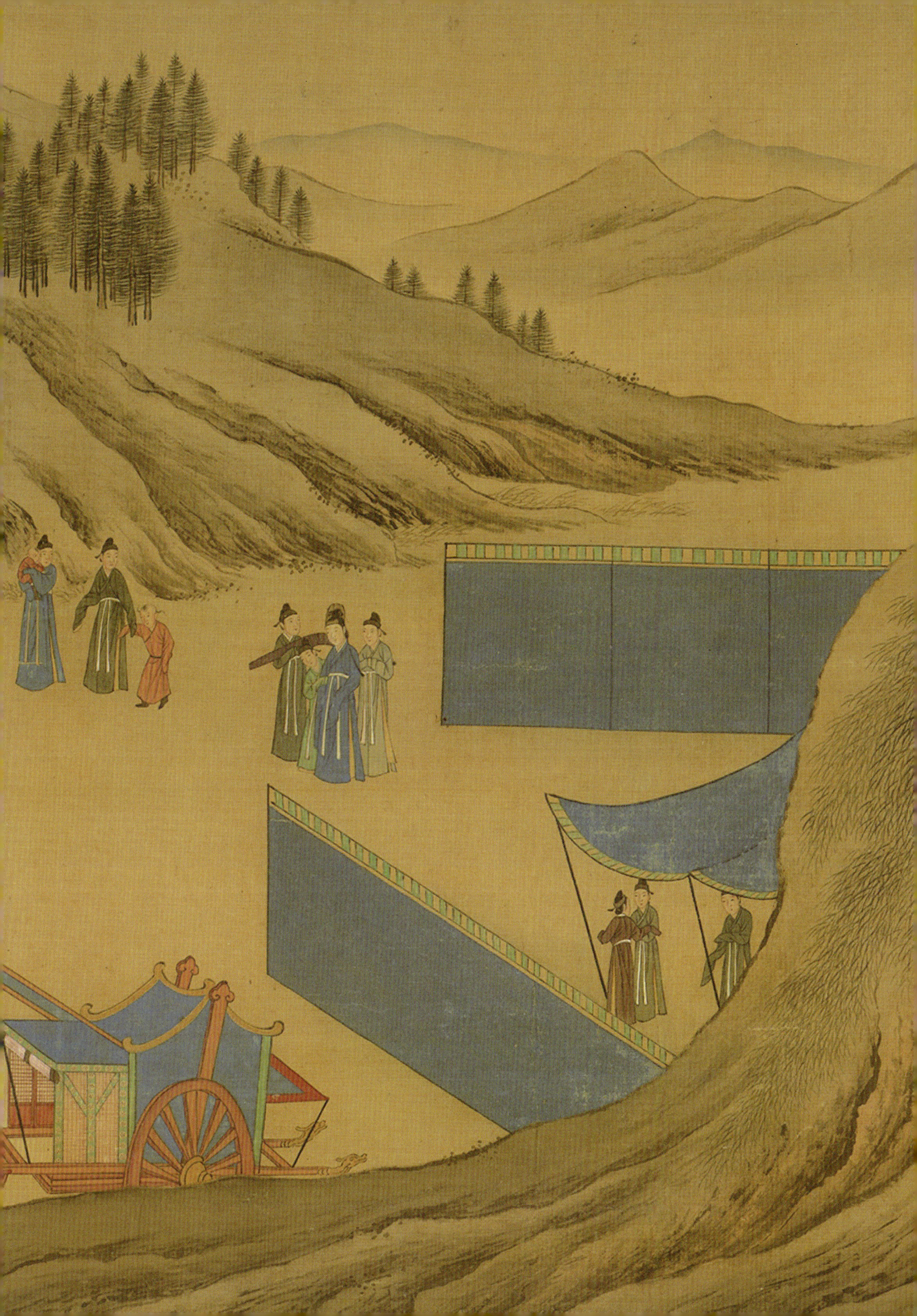

蔡琰《胡笳十八拍》诗录

我生之初尚无为，我生之后汉祚衰。天不仁兮降乱离，地不仁兮使我逢此时。干戈日寻兮道路危，民卒流亡兮共哀悲。烟尘蔽野兮胡虏盛，志意乖兮节义亏。对殊俗兮非我宜，遭忍辱兮当告谁？笳一会兮琴一拍，心愤怨兮无人知。

戎羯逼我兮为室家，将我行兮向天涯。云山万重兮归路遐，疾风千里兮扬尘沙。人多暴猛兮如虺蛇，控弦被甲兮为骄奢。两拍张弦兮弦欲绝，志摧心折兮自悲嗟！

越汉国兮入胡城，亡家失身兮不如无生。毡裘为裳兮骨肉震惊，羯膻为味兮枉遏我情。鼙鼓喧兮从夜达明，胡风浩浩兮暗塞营。伤今感昔兮三拍成，衔悲畜恨兮何时平？

无日无夜兮不思我乡土，禀气含生兮莫过我最苦。天灾国乱兮人无主，唯我薄命兮没戎虏。殊俗心异兮身难处，嗜欲不同兮谁可与语！寻思涉历兮多艰阻，四拍成兮益凄楚。

雁南征兮欲寄边声，雁北归兮为得汉音。雁飞高兮邈难寻，空断肠兮思愔愔。攒眉向月兮抚雅琴，五拍泠泠兮意弥深。

冰霜凛凛兮身苦寒，饥对肉酪兮不能餐。夜间陇水兮声呜咽，朝见长城兮路杳漫。追思往日兮行李难，六拍悲来兮欲罢弹。

日暮风悲兮边声四起，不知愁心兮说向谁是？原野萧条兮烽戍万里，俗贱老弱兮少壮为美。逐有水草兮安家茸垒，牛羊满野兮聚如蜂蚁。草尽水竭兮羊马皆徙，七拍流恨兮恶居于此。

为天有眼兮何不见我独漂流？为神有灵兮何事处我天南海北头？我不负天兮天何配我殊匹？我不负神兮神何殛我越荒州？制兹八拍兮拟俳忧，何知曲成兮心转愁？

天无涯兮地无边，我心愁兮亦复然。人生倏忽兮如白驹之过隙，然不得欢乐兮当我之盛年。怨兮欲问天，天苍苍兮上无缘。举头仰望兮空云烟，九拍怀情兮谁与传？

城头烽火不曾灭，疆场征战何时歇？杀气朝朝冲塞门，胡风夜夜吹边月。故乡隔兮音尘绝，哭无声兮气将咽。一生辛苦兮缘离别，十拍悲深兮泪成血。

我非贪生而恶死，不能捐身兮心有以。生仍冀得兮归桑梓，死当埋骨兮长已矣。日居月诸兮在戎垒，胡人宠我兮有二子。鞠之育之兮不羞耻，愍之念之兮生长边鄙。十有一拍兮因兹起，哀响缠绵兮彻心髓。

东风应律兮暖气多，知是汉家天子兮布阳和。羌胡蹈舞兮共讴歌，两国交欢兮罢兵戈。忽遇汉使兮称近诏，遣千金兮赎妾身。喜得生还兮逢圣君，嗟别稚子兮会无因。十有二拍兮哀乐均，去住两情兮难具陈。

不谓残生兮却得旋归，抚抱胡儿兮泣下沾衣。汉使迎我兮四牡骓骓，号失声兮谁得知？与我生死兮逢此时，愁为子兮日无光辉，焉得羽翼兮将汝归。一步一远兮足难移，魂消影绝兮恩爱遗。十有三拍兮弦急调悲，肝肠搅刺兮人莫我知。

身归国兮儿莫之随，心悬悬兮长如饥。四时万物兮有盛衰，唯我愁苦兮不暂移。山高地阔兮见汝无期，更深夜阑兮梦汝来斯。梦中执手兮一喜一悲，觉后痛我心兮无休歇时。十有四拍兮涕泪交垂，河水东流兮心是思。

十五拍兮节调促，气填胸兮谁识曲？处穹庐兮偶殊俗。愿得归来兮天从欲，再还汉国兮欢心足。心有怀兮愁转深，日月无私兮曾不照临。子母分离兮意难任，同天隔越兮如商参，生死不相知兮何处寻！

十六拍兮思茫茫，我与儿兮各一方。日东月西兮徒相望，不得相随兮空断肠。对萱草兮忧不忘，弹鸣琴兮情何伤！今别子兮归故乡，旧怨平兮新怨长！泣血仰头兮诉苍苍，胡为生兮独罹此殃！

十七拍兮心鼻酸，关山阻修兮行路难。去时怀土兮心无绪，来时别儿兮思漫漫。塞上黄蒿兮枝枯叶干，沙场白骨兮刀痕箭瘢。风霜凛凛兮春夏寒，人马饥豗兮筋骨单。岂知重得兮入长安，叹息欲绝兮泪阑干。

胡笳本自出胡中，缘琴翻出音律同。十八拍兮曲虽终，响有余兮思无穷。是知丝竹微妙兮均造化之功，哀乐各随人心兮有变则通。胡与汉兮异域殊风，天与地隔兮子西母东。苦我怨气兮浩于长空，六合虽广兮受之应不容！

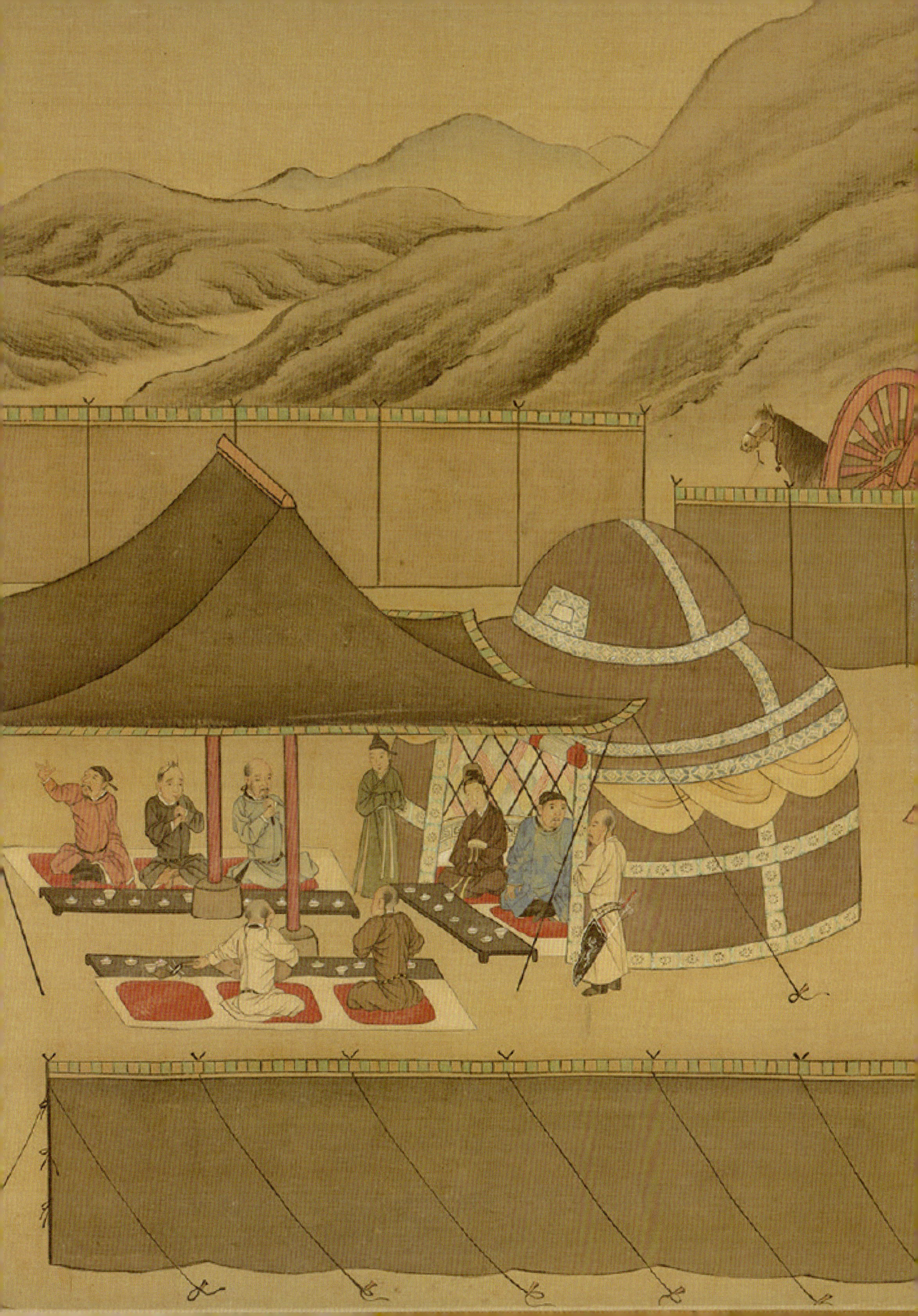

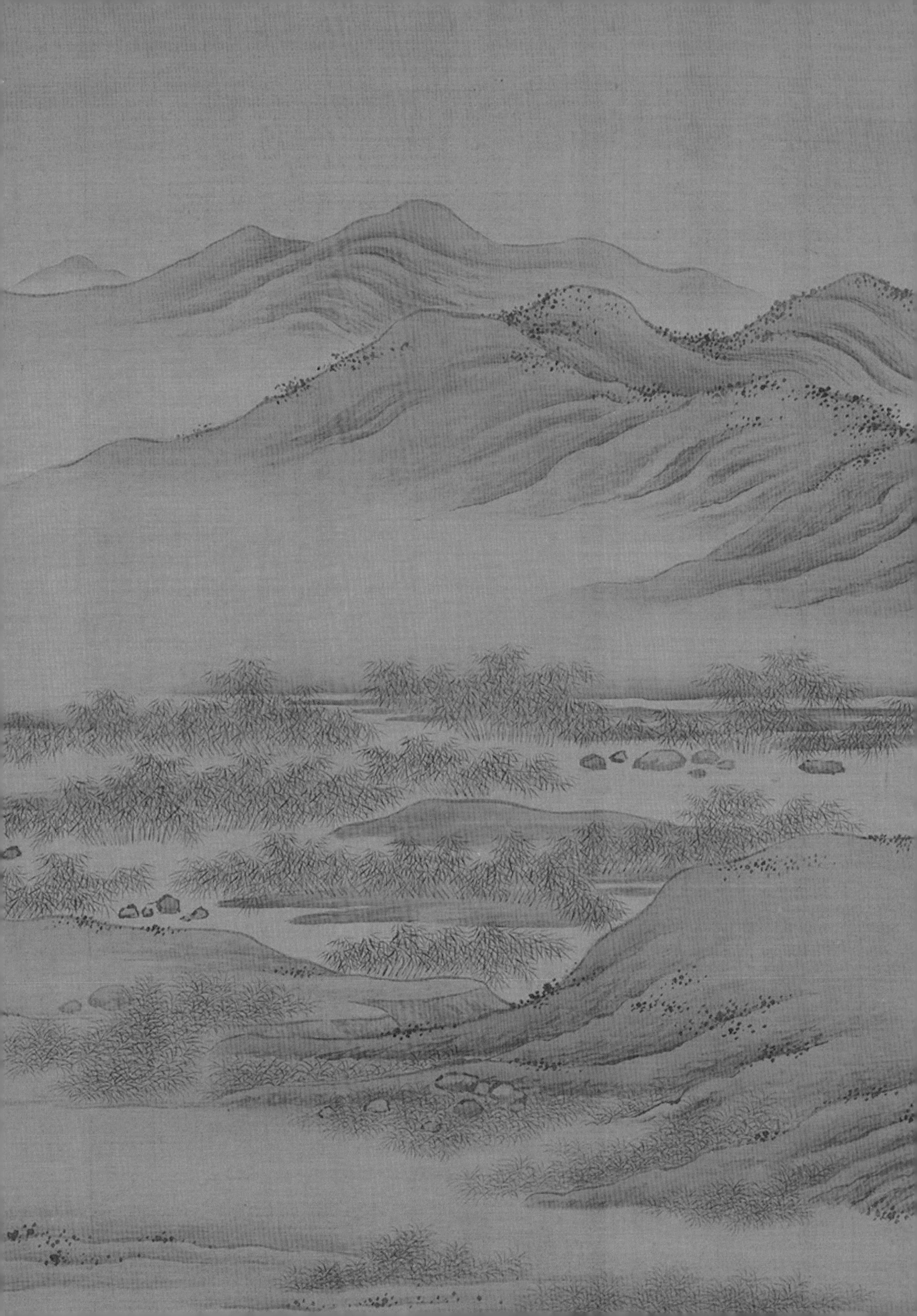

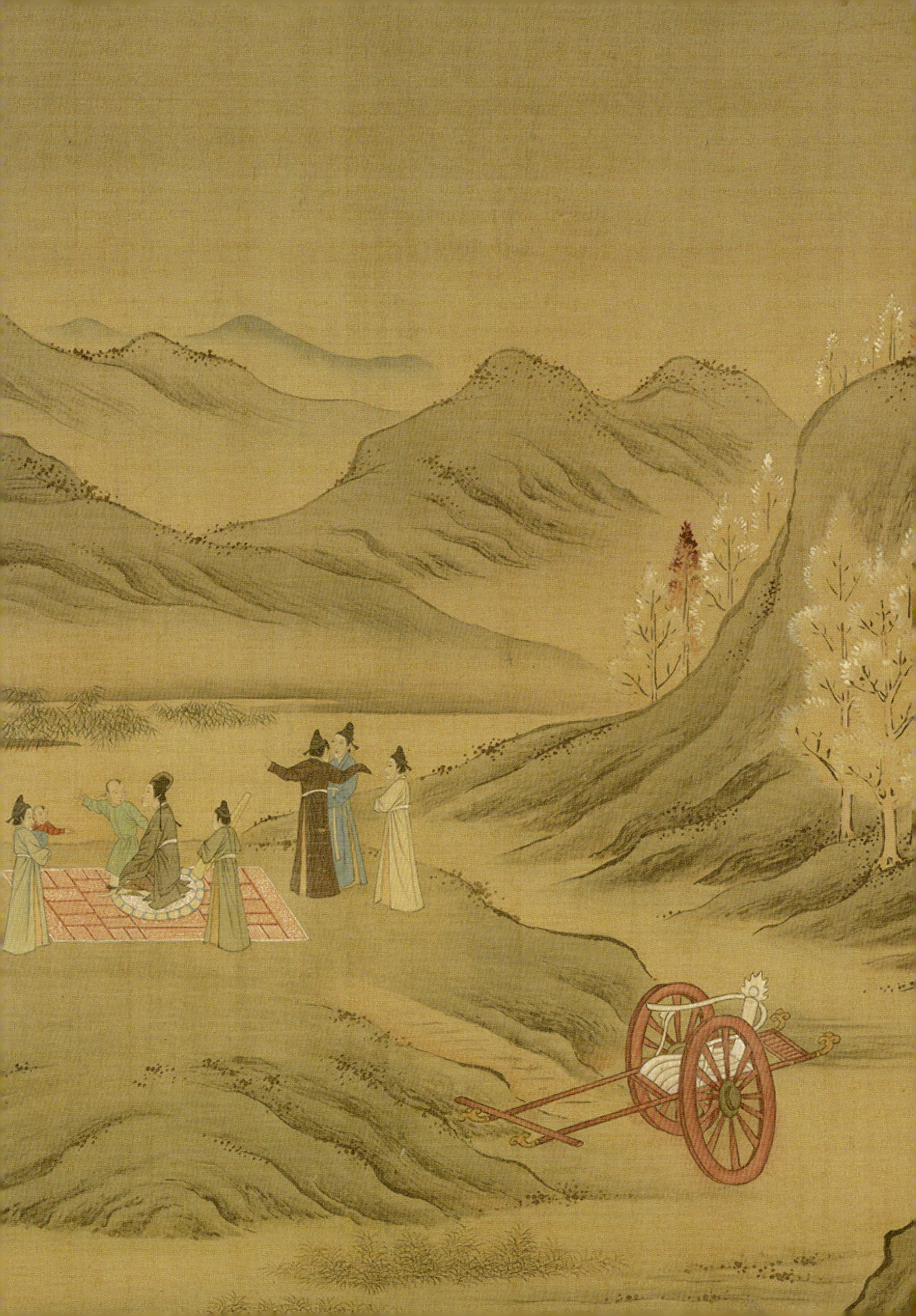

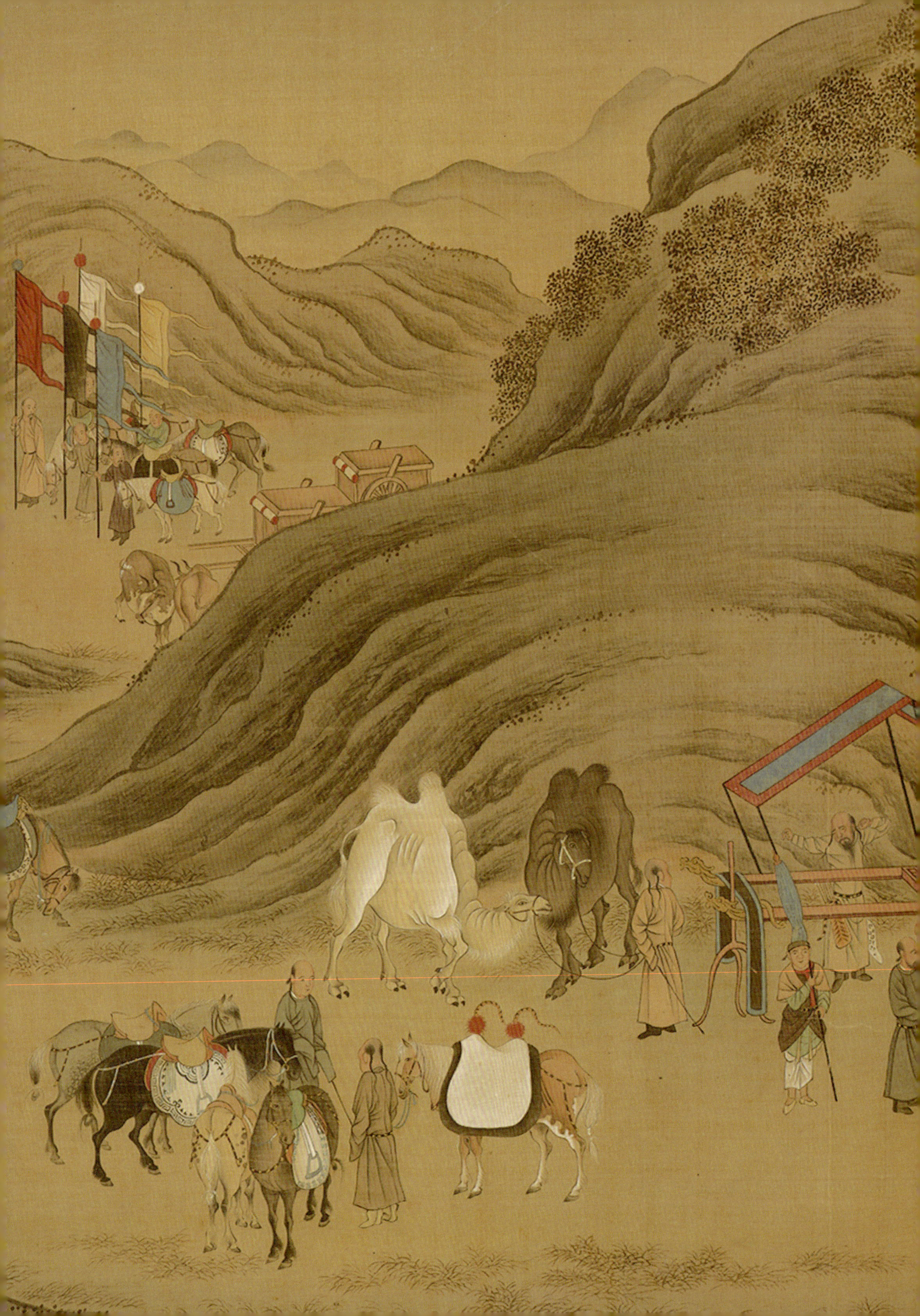

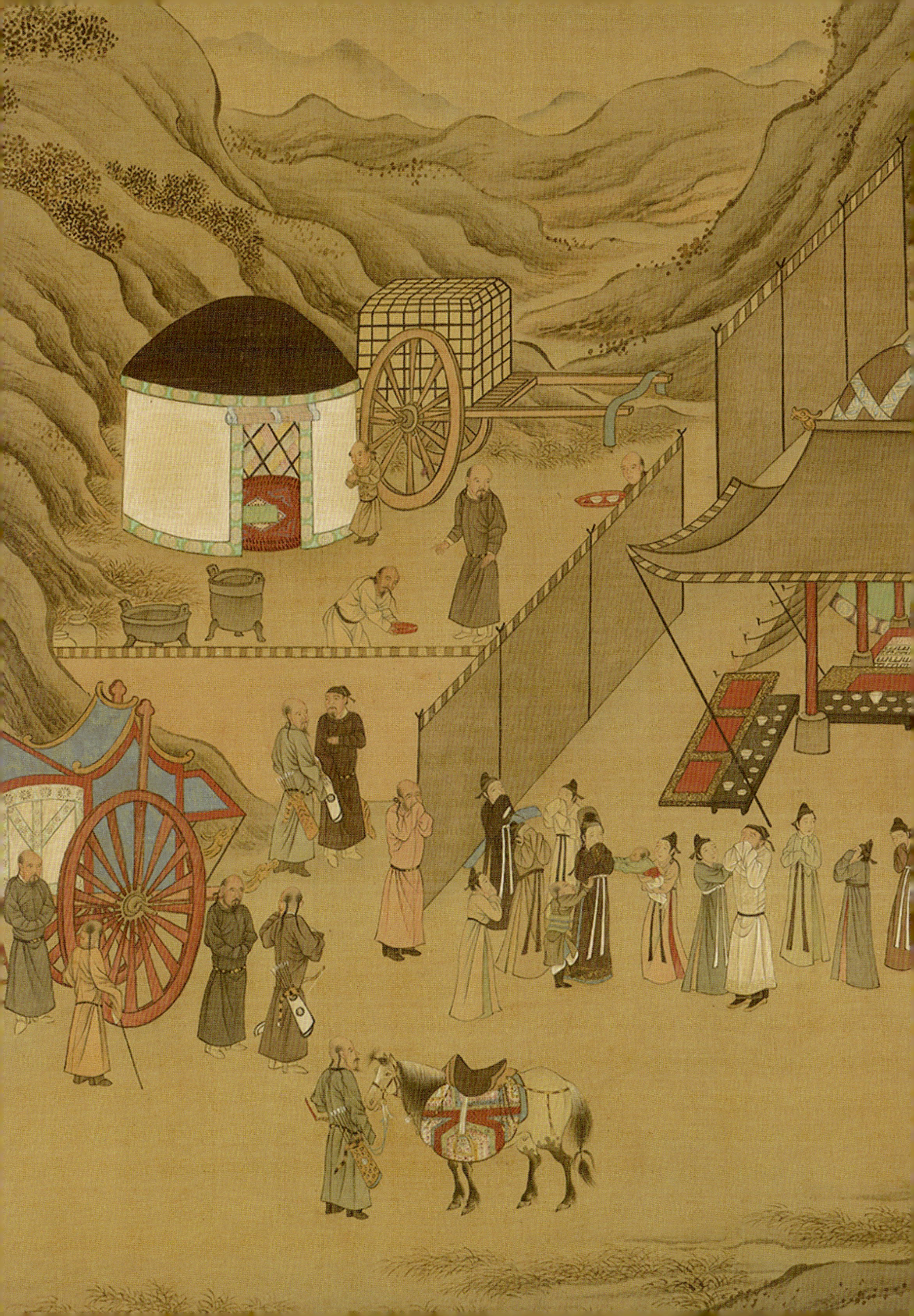

第三节
驿站和使节

张德芳

居延汉简和悬泉汉简中的道路里程简，给我们提供了从长安到敦煌的基本路线、走向、里程以及停靠站体系。这是两汉时期丝路东段的主干道。

第一段：京畿段。"长安至茂陵七十里，茂陵至茯置卅五里，茯置至好止（畤）七十五里，好止至义置七十五里。"这五个站点中，长安、茂陵、好畤是著名的历史地名，至今有遗址留存。好畤在今陕西乾县东郊的好畤村，茯置在茂陵与好畤之间，义置在今永寿县以北。这一段路程全长255汉里，合今106千米。也就是从长安出发，经今兴平县境之茂陵，过乾县、永寿、彬县进入泾水流域，而后经长武进入今甘肃东部的泾川、平凉。

■ 悬泉置遗址

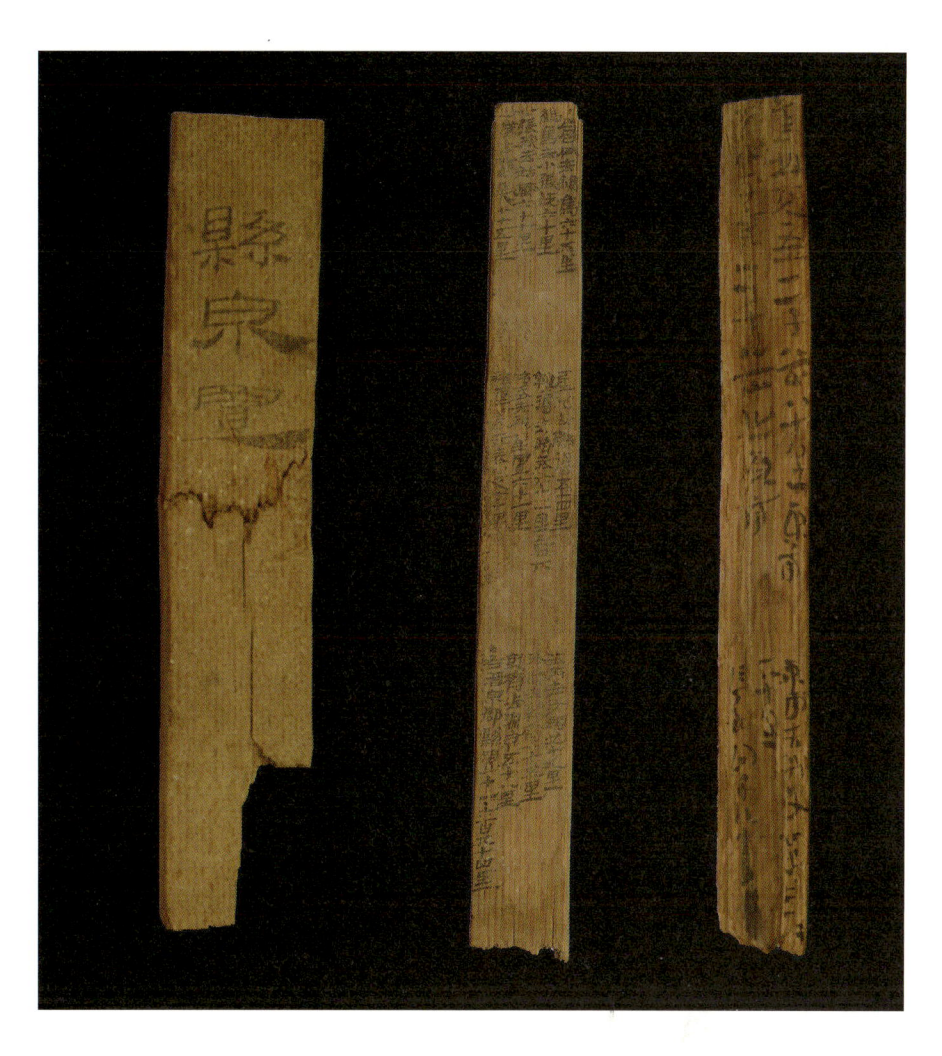

悬泉汉简

第二段：安定段。"月氏至乌氏五十里，乌氏至泾阳五十里，泾阳至平林置六十里，平林置至高平八十里。"这一段从月氏到乌氏、泾阳、平林、高平，240汉里，近100千米。高平是汉代安定郡首县，遗址在今固原市原州区。泾阳古城在今平凉市西北安国乡油坊庄村北，大体位置在东经106°30′41.17″，北纬35°39′15.66″左右。里程简所记从泾阳到高平140汉里，合58千米左右。中间有一个平林置，当是泾阳和高平之间的一个驿置，位置在中间偏南。泾阳县以南依次为乌氏和月氏，分别相隔20千米，因此按里程简的记载，乌氏的位置当在今崆峒区，月氏的位置当在今崆峒区以东四十里铺。总之，这一段路线是从平凉东部往西北到固原，然后绕过六盘山经靖远（北周曾置乌兰关）到甘肃景泰。

第三段：武威段。"媪围至居延置九十里，居延置至觻里九十里，觻里至揟次九十里，揟次至小张掖六十里，小张掖去姑臧六十七里，姑臧去显美七十五里。"媪围、居延置、觻里、揟次、小张掖、姑臧、显美 7 个站点，全长 472 汉里，合今 196 千米。这是横贯武威郡的路线。汉代的媪围，即今景泰县芦阳镇响水村北的鸾沟城遗址，位于东经 104°13′7.50″，北纬 37°7′37.51″。鲽里的大体位置在今古浪县大靖镇，揟次在今古浪县土门镇西 3 千米左右。小张掖在今凉州区以南二十多千米的武家寨子一带。小张掖即汉之张掖县，前面冠以"小"者，以示区别于同名的"张掖郡"。由于汉代先设张掖郡，后从中分离出武威郡（内辖张掖县），这就造成了张掖县不在张掖郡而在武威郡的状况。姑臧即今天的凉州区，显美在今天凉州区西北 32 千米的丰乐堡。

第四段：张掖段。"删丹至日勒八十七里，日勒至钧耆置五十里，钧耆置至屋兰五十里，屋兰至氐池五十里，氐池去鲽得五十四里，鲽得去昭武六十二里府下，昭武去祁连置六十一里，祁连置去表是七十里。"这一段有 9 个站点，484 汉里，合今 200 千米，是横贯张掖境内的东西大道。其中删丹、日勒、屋兰、氐池、鲽得、昭武、表是七地是当时的县城所在地，而钧耆置、祁连置是两个驿置。

第五段：酒泉段。"玉门去沙头九十九里，沙头去乾齐八十五里，乾齐去渊泉五十八里。右酒泉郡县置十一，六百九十四里。"这一段只有西半段 4 个地名玉门、沙头、乾齐、渊泉（属敦煌郡），而东面的 7 个站点尚不得而知。不过简文后面一句总括的记载"右酒泉郡县置十一，六百九十四里"，可知横跨酒泉停靠站点的数目和过境里程，总共 11 个站点，694 汉里，合今 288 千米，站点平均相距 28.8 千米。横跨酒泉郡的路段大致如此。

第六段：敦煌段。进入敦煌郡以后，再没有具体里程的记载。但敦煌郡六县在汉代的县城遗址基本确定，再加上悬泉置遗址中出土的大量汉简，敦煌郡境内从东面的渊泉到最西面的广武隧道，东西横跨 300 千米，汉简中有"郡当西域空道，案厩置九所，传马员三百六十匹"的记载。这九所厩置中，渊泉置、冥安置、广至置、龙勒置四置设在当时的县城。玉门置、鱼离置、悬泉置、遮要置是交通线上的驿站（还有一置尚不得而知）。进入敦煌后，通过这些县城和驿站专设的传舍邸店，行旅商客可以西南出阳关，西北出玉门。

这六段路线，从陕西彬县到甘肃泾川将近 90 千米、从宁夏固原到甘肃景泰 200 千米，因简牍残缺而有所中断，其余都是连在一起的。河西四郡有 35 个站点，安定和京畿有记载的站点有 10 个。从今天的西安到敦煌近 2000 千米的距离，除上述两段空白 300 千米外，其余 1700 千米的路段上，分布着 45 个停靠站点，平均每两个站点相距约 38 千米。这就是汉简给我们提供的丝绸之路东段明确具体的行程路线，也就是严耕望先生所考定的唐代丝路东段的北道，是两汉时期丝路东段的主干道。

驿使图壁画砖

魏晋
长35，宽17（单位：厘米）
嘉峪关市新城魏晋5号墓出土
甘肃省博物馆藏

砖面以白粉涂底，墨线勾勒，红黑色敷彩。画面正中绘一信使，头戴黑帻，着皂缘中衣，左手持棨传文书，跃马疾驰。马身涂黄色，上有红色的斑块，四足腾空，长尾平甩，生动形象地再现了当时西北边疆驿使驰送文书的情景。

嘉峪关市新城魏晋5号墓于1972年底发掘，1973年8月搬迁至甘肃省博物馆复原展示。该墓为长斜坡墓道多室壁画墓，由墓道、墓门、前室（二耳室）、后室组成，地面上有圆形封土堆。墓门上有五至七层砖砌拱券，拱券上端有砖建门楼，门楼上有彩绘纹饰和壁画。墓葬为双人合葬墓，木棺置于后室，黑漆木棺的棺板上原应有彩绘。由于被盗，墓中仅出土陶器、铜器、银器和竹木器等少量随葬品。门楼、墓室中均绘有壁画，共75幅。门楼上绘双虎和力士以及装饰性图案。前室四壁遍布壁画，以正对墓门的南壁为中心，向其余三壁展开，南壁西侧画有男、女墓主人宴饮图各一幅。前室墓门至后室过道以东有壁画30余幅，除一幅墓主人出行图外，其余都是反映墓主人庄园经济生活的壁画，内容有狩猎、采桑、畜牧、犁地、扬场，果木园、鸡群等，驿使图壁画砖也位于前室东壁。前室墓门至后室过道以西也有壁画30余幅，主要表现墓主人生活情况的壁画，内容有庖厨、进食、养猪、宰牛，守门犬、羊、骆驼等。后室南壁共有壁画10幅，绘绢帛、丝束以及麈尾、圆盒、刀等生活用具。（李慧奉）

河西道驿置道里簿简

西汉 | 木
长 13.5，宽 1.5，厚 0.5（单位：厘米）
甘肃敦煌悬泉置遗址出土
甘肃省博物馆藏

简文为：

仓松去鸾鸟六十五里
鸾鸟去小张掖六十里
小张掖去姑藏六十七里
姑藏去显美七十五里
（第一栏）

氏池去觻得五十里
觻得去昭武六十二里府下
昭武去祁连置六十一里
祁连置去表是七十里
（第二栏）

玉门去沙头九十九里
沙头去乾齐八十五里
乾齐去渊泉五十八里
右酒泉郡县置十一，六百九十四里
（第三栏）

悬泉置遗址是继居延遗址之后简牍出土数量最多、内容最为丰富的遗址。该遗址位于甘肃省敦煌市甜水井东南，因出土的汉简上书"悬泉置"三字而定名。甘肃省文物考古研究所于1990至1992年，分两个阶段进行了全面发掘。遗址由主体建筑坞堡和坞外附属建筑仓、厩构成。遗址内出土有简牍2.1万余枚，纪年简最早的是武帝太始三年（前94年），最晚为和帝永元十三年（101年），其中以宣、元、成帝时期的简牍最多。据出土的汉简，悬泉置遗址西汉武帝时称"悬泉亭"，昭帝时改称"悬泉置"，东汉后期又改称"悬泉邮"。除却简牍之外，遗址内还出土有漆器、木器、陶器及麻、皮毛、丝绸、纸张等众多遗物。

河西道驿置道里簿反映了西汉末年哀、成时期和王莽时期丝绸之路上武威、张掖、酒泉三郡部分驿置的名称、次第、里数等情况。木简第一栏记述武威郡沿途各县里程，向西延及张掖郡的显美；第二栏记述张掖郡沿途各县里程，向西延及酒泉郡的表是；第三栏记述酒泉郡沿途各县驿置里程，向西延及敦煌郡的渊泉。

南道道里集簿简

西汉 | 木
长 13，宽 1.5，厚 0.5（单位：厘米）
甘肃敦煌悬泉置遗址出土
甘肃简牍博物馆藏

简文为：

张掖［郡］，千二百七十五［里］。冥安，十百十七［里］。

武威［郡］，千七百二［里］。安定［郡］高平，三千一百五十一里。……

金城［郡］允吾，二千八百八十里，东南。

天水［郡］平襄，十千八百卅［里］，东南。

东南去刺史□三□……□八十里……长安，四千八十……

在西北地区发现的大量汉简中，出土过不少道里簿之类的简牍。现在最著名的是出自敦煌悬泉置的《河西道驿置道里簿》、出自内蒙古额济纳施破城子的《高平道驿置道里簿》，以及悬泉置《南道道里集簿简》。后者也属于《驿置道里簿》一类，但更为宏观。简中记载了从悬泉置到张掖、武威、安定、金城（兰州）、天水、刺史治所（应为陇，今陇城镇），再到长安的距离，相当于西汉稍晚些时候开通的南道（相对于固原而言），所以，我们在此称其为"南道道里集簿简"（初师宾）。根据专家的考证，这几枚简基本上记述了从长安出发，沿泾河北上到甘肃平凉，再北跨过六盘山到固原；从固原渡黄河进入景泰，越过乌鞘岭进入甘肃，再走河西走廊到武威、张掖、酒泉一直到敦煌的一条官道。该官道前一半称为高平道，后一半称为河西道。这是汉代丝绸之路从长安到敦煌最为常走的通道。

赤谷
贵山城
撒马尔
蓝氏城
疏
番兜城
折垣
华氏城

图例
→ 张骞所走路线
--→ 副使所走路线
—《南道道里集薄简》所载路线
—《河西道驿置道里薄》所载路线
—《高平道驿置道里薄》所载路线
● 张骞和副使所经过的地点
● 道里薄所记载的地点
● 所属汉简上出现的地点
⊙ 起点

汉简点位出处：根据此次展览中展出的汉简地名所标
张骞线路出处：根据黄时鉴主编的《插图解说中西关系史年表》中的
　　　　　　　张骞通西域示意略图所绘

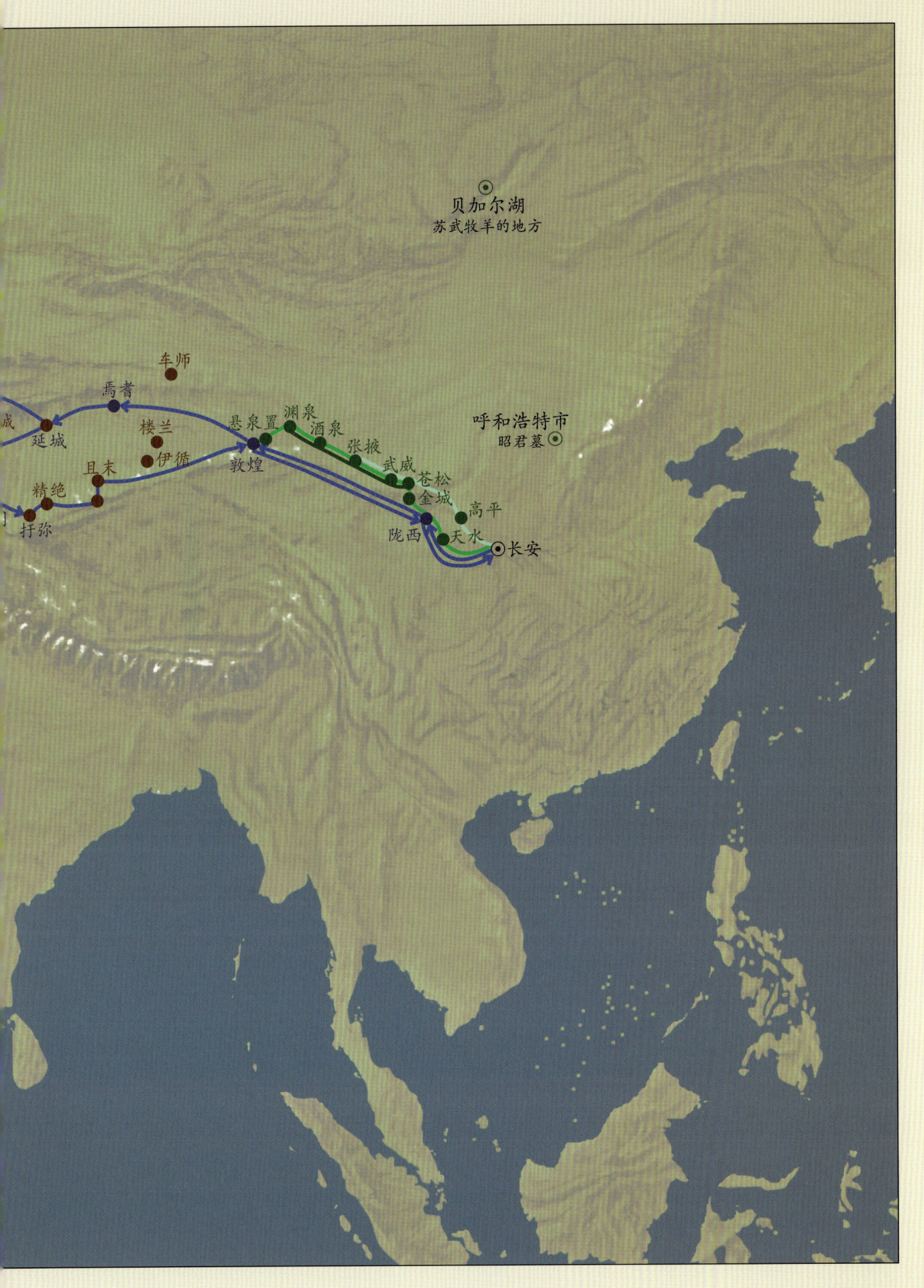

■ 使节的路线

第四节
敦煌之外的西域

张德芳

西汉末年，西域由早先的36国分为55国，除难兜、罽宾、乌弋山离、安息、大月氏、康居、奄蔡七国外，其余48国属西域都护府管辖，其中南道17国，中道15国，北道16国。南、中、北三道中诸国在丝绸之路上的来往活动情况，汉简都有具体生动的记载。

1. 西域南道

南道17国中，从东到西以楼兰（鄯善）、且末、小宛、精绝、扜弥、渠勒、于阗、皮山、莎车、蒲犁等10国为主，其中有些地处昆仑山山谷，不当道。沿途最重要者是楼兰（鄯善）、且末、精绝、扜弥、于阗、皮山、莎车。

悬泉汉简Ⅱ90DXT0115②：47记载"楼兰王以下二百六十人当东传车马皆当柱敦"，意思是楼兰王及其所属260人要东来汉地，人员和随行车马要经过敦煌或住宿在敦煌某地。而悬泉简Ⅱ90DXT0213③：122中记载的西域国家有鄯善、且末、精绝、渠勒、拘弥、于阗、皮山、莎车、疏勒以及可能漏写名字的国家。各国所派34人中，有质子、使者、副使、贵人。他们所到时间是甲午、乙未前后两天之内。从今天的公路里程来看，这些国家处在将近1500千米范围内的不同位置上，且在先后两天之中到达敦煌悬泉置，若没有平时的频繁交流和事先的统一组织是不可能实现的。

2. 西域中道

中道15国中，汉简记载其具体活动者有山国、危须、焉耆、尉犁、渠犁、龟兹、姑墨、温宿、尉头、疏勒等10国。这些小国都是分布在天山以南、塔里木盆地北缘的城郭之国。他们在丝绸之路上的活动情况，汉简中有具体生动的记载。比如：

"右使者到县置，共舍弟一传。大县异传舍如式。龟兹王夫人舍次使者传。堂上置八尺床卧一张，皁若青帷。内共上四卧，皆张帷床内传舍门内张帷，可为贵人坐者。吏二人道。"（悬泉简Ⅰ90DXT0114①：112）

此简文字残泐，但基本内容清楚。三栏文字，每栏两行。主要讲龟兹王夫人路过敦煌悬泉置的接待规格、居室摆设以及相关仪式。悬泉置地处戈壁，土房一院。来往客人就地将息，尊卑贵贱已难有上下。但是，贵为汉朝公主、龟兹王夫人路过此地，悬泉置尽其所能以示尊重，也不失汉地对王夫人的隆重礼遇。

"使送于阗王、渠犁、疎勒诸国客，为驾二封轺传，载从者一人。"（悬泉简Ⅰ91DXT0309③：19）

这是朝廷派官员护送渠犁等诸国客人开具的传信。根据《汉书·西域传》记载，渠犁有户130，有口1480人，胜兵50人。但此地地处西域中心，战略地位极为重要，是汉朝在丝路中道建立的一处重要的军事堡垒。

西域中道的畅通除了如汉简所记上述小国始终同汉朝保持密切关系外，还有一个重要原因就是西域都护的所在地就设在乌垒城（其地在今轮台县野云沟）。而西域都护府的设立是汉朝在西域对匈奴的决定性胜利，是丝路交通史上的划时代事件。汉简中关于匈奴日逐王降汉以及西域都护府的相关活动，都有准确而生动的记载（悬泉简Ⅰ91DXT0309③：167—168）："广至移十一月谷簿，出粟六斗三升。以食县（悬）泉厩佐广德所将助御、效谷广利里郭市等七人送日逐王，往来（167）三食，食三升。校广德所将御，故禀食县泉而出食，解何？（168）"此简是悬泉厩佐广德等七人迎送日逐王时，在广至吃饭一次，用粟六斗三升。按规定他们应在悬泉置就餐，为何要在广至吃饭，应做出解释。

天山南麓、塔里木盆地南缘的西域中道，地处西域中心，不仅"北道西逾葱岭则出大宛、康居、奄蔡焉"，就连去天山以北的乌孙赤谷城，西汉时都是走这条路。当年出使乌孙的使者都是从这条路西行到疏勒，再往北在今乌恰县的吐尔尕特山口翻越天山，到达伊塞克湖以西。汉朝公主和亲、常惠多次出使乌孙也是走的这条路。所以匈奴控制西域、汉朝选择都护府驻地，都是看中了这条通道的重要性。

3. 西域北道

西汉时期的北道16国，乌孙最为大国，游牧于伊犁河谷和天山北部草原。其他15国都是后来分割的一些小国，从东到西有：两蒲类（蒲类、蒲类后国）、四车师（车师前国、车师都尉国、车师后国、车师后城长国）、两卑陆（卑陆、卑陆后国）、两且弥（东且弥、西且弥）以及狐胡、郁立师、劫国、单桓、乌贪訾离。这些小国除车师前国和车师都尉国在今吐鲁番高昌故城一带外，其余都在东天山北部和东部，即乌鲁木齐以东到巴里坤。所以北新道从敦煌玉门关西北行，到高昌故城向西可并入天山以南中道，向北穿越车师古道到位于今吉木萨尔的车师后国，可前往乌孙，西达康居。

尽管西汉时期丝绸之路的重点在天山以南的中道，但西汉王朝始终未曾放弃对丝路北道的经营。其战略重点有两个：一是对车师的争夺和驻屯，二是同乌孙的频繁交往。

车师（即今吐鲁番地区）地处西域东部，是进入天山以南城郭诸国的门户，因而也是匈奴和汉朝掌控西域的必争之地。汉简中有大量车师屯田的记载，如悬泉简Ⅱ90DXT0115②：16："五月壬辰，敦煌大守强、长史章、丞敞下使都护西域骑都尉、将田车师戊己校尉、部都尉、小府、官县、承书从事下，当用者。书到白大扁书乡亭市里高显处，令亡人命者尽知之，上赦者人数，大守府别之，如诏书。"这是通过敦煌太守下发的一份大赦诏书，在发往西域都护骑都尉等部门的同时，还专门发往"将田车师戊己校尉"。另一件悬泉简Ⅴ 92DXT1812②：120："九月甲戌，效谷守长光、丞立，谓遮要、县泉置，写移书到，趣移车师戊己校尉以下乘传传副。会月三日。如丞相史府书律令。掾昌、啬夫辅。"这是效谷县廷发给悬泉置和遮要置的文件，要他们将车师戊己校尉路过所用车马的通行文件上报县廷。

乌孙在西域，东接匈奴，"最为强国"。与乌孙交好，是汉朝对抗匈奴，保障丝路通行的一贯战略。汉简中公主和亲、少主出塞、常惠使乌孙、辛武贤穿渠积谷以及大小昆弥来汉朝贡的材料都极为丰富。比如：悬泉简Ⅰ 90DXT0209⑤：17："入糜小石二石。本始五年二月乙卯，县泉厩佐广意受敦煌仓啬夫过，送长罗令史。"此简记载了敦煌仓啬夫过（人名）为悬泉置下拨糜子小石二石一事，悬泉厩佐广意为经手人。此事可能与接待长罗侯的属吏有关。再如悬泉简Ⅱ 90DXT0113④：65："上书二封。其一封长罗侯，一乌孙公主。甘露二年二月辛未日夕时，受平望译骑当富，县泉译骑朱定付万年译骑。"

总之，西汉时到达乌孙的道路尽管还是走天山以南，到疏勒后再北行翻越吐尔尕特山口到达乌孙王都赤谷城，但从乌孙到康居的道路是通达的。乌孙同西汉时汉帝国频繁来往，从盟国发展为属国，为后来天山北路的开通创造了条件，奠定了基础。

西域地名简一组

汉 | 木
敦煌悬泉置出土
甘肃简牍博物馆藏

录文如下：
悬泉置　　　　　　　　　　（Ⅰ90DXT0109②：2）
楼兰王以下二百六十人当东传车马皆当柱敦
　　　　　　　　　　　　　（Ⅱ90DXT0115②：47）
伊循城都尉大仓上书　　　　（Ⅱ90DXT0114④：349）
二月甲午以食质子一人鄯善使者二人且末使者二人莎车使者二人扜弥使者二人皮山使者一人疏勒使者二人渠勒使者一人精绝
　□斗六升使者一人使一人拘弥使者一人—乙未食渠勒副使二人扜弥副使二人贵人三人拘弥副使一人贵人一人莎车副使一人贵人
　一人皮山副使一人贵人一人精绝副使一人—乙未以食疏勒副使者一人贵三人凡卅四人
　　　　　　　　　　　　　（Ⅱ90DXT0213③：122）
　举案罢　候千人辅迎疏勒√于阗√渠勒√皮山√小宛□
　　　　　　　　　　　　　（Ⅰ90DXT0116②：106）
送精绝王诸国客凡四百七十人　（削衣）
出钱百廿买肉廿斤二六钱以食扜弥龟慈使者四人积八食二斤半斤　　　　　（Ⅱ90DXT0113②：39）
□□元年三月……侍谒者臣德承…………
为驾□□□□护御史守丞贺君为卫候王君副
使送于阗王渠犁疏勒诸国客为驾二封轺传载从者一人…………　　　　　　（Ⅰ91DXT0309③：19）

疏勒王使者二人积四食二四升半升
　　　　　　　　　　　　　（Ⅰ90DXT0208 S：35）
狐胡王使者一人□□使者一人龟兹王使者二人鄯善王使者一　　　　　　　（Ⅴ92DXT1410③：82）
姑墨王遣使者休靡奉献橐佗马橐佗马
　　　　　　　　　　　　　（Ⅰ90DXT0209⑤：8）
车师都尉乌卢丈君居敦煌入塞
　　　　　　　　　　　　　（Ⅱ90DXT0113④：200）
出粟六升以食守属高博送自来乌孙小昆弥使再食东
　　　　　　　　　　　　　（Ⅰ90DXT0110②：33）
大宛贵人乌莫塞献橐他一匹黄乘须两耳絜一丈死悬泉置
　　　　　　　　　　　　　（Ⅱ90DXT0214②：53）
传送康居诸国客卫侯臣弘副□池阳令臣忠上书一封黄龙元年　A
鸡鸣时时　B　　　　　　　（Ⅱ90DXT0214③：109）
六石八斗四升
出粟一斗八升以食守属周生广送自来大月氏使者积六食二三升
五石九斗四升　　　　　　　（Ⅱ90DXT0214①：126）
遮要第一传车为乌弋山离使者（Ⅱ90DXT0115②：95）
其一只以食折垣王一人师使者
只以食钩盾使者迎师子　　　（Ⅱ90DXT0214S：55）
□以食使者弋君

元康五年悬泉置过长罗侯费用簿简

汉
长约22，宽0.8（单位：厘米）
敦煌悬泉置出土
甘肃简牍博物馆藏（024660-024677）

  此册简牍共有18枚。内容为元康五年（前61年）长罗侯出使乌孙时，悬泉置招待其路过军吏的费用记录。长罗侯即常惠，是活跃在汉武帝、昭帝、宣帝时期的外交家，年轻时曾作为苏武的副使出使匈奴，被扣留十九年。汉昭帝时回国，封为光禄大夫，后因出使乌孙，击败匈奴，被封为长罗侯。汉宣帝元康五年即神爵元年正月十三日（前61年2月9日）立春日，长罗侯常惠率领部属384人出使乌孙，路经悬泉置，这384人中，有副县级（军侯）以下各类官员和戍卒84人、施刑士300人。这时正是冬末春初，寒意料峭，悬泉置主官啬夫弘主持操办了这次大型接待活动。在这次接待中，啬夫弘尽其所有，精心安排，为这些出征将士提供了丰盛的肴馔，光摆上餐桌的食品就有十多种：牛、羊、鸡、鱼、酒、米、粟、酱、豉、羹等，应有尽有。当然级别不同招待的规格也不同，这都有当时的规定。

  该册简牍的出土，不仅为研究悬泉置的功能和经费物品的收支提供了第一手资料，更重要的是为研究西汉王朝与西域关系，尤其是同乌孙的关系提供了重要资料，可补传世史籍之缺载。（徐铮改写）

简文为:

·县泉置元康五年正月过长罗侯费用簿县掾延年过

入五羊,其二羜(羔),三大羊,以过长罗侯军长吏具。

入鞠(曲)三石,受县。

出鞠(曲)三石,以治酒六酿。

入鱼十枚,受县。

入豉一石五斗,受县。

今豉三斗。

出鸡十只一枚,以过长罗侯军长吏二人,军候丞八人,司马丞二人,凡十二人。其九人再食,三人一食。

出牛肉百八十斤,以过长罗侯军长吏廿(二)人,候五十人,凡七十二人。

出鱼十枚,以过长罗侯军长吏具。

出粟四斗,以付都田佐宣,以治庚。

出豉一石二斗,以和酱,食施刑士。

入酒二石,受县。

出酒十八石,以过军吏廿,候五(十)人,凡七十人。

·凡酒廿,其二石受县,十八石置所自治酒。

凡出酒廿石。

出米廿八石八斗,以付亭长奉德、都田佐宣,以食施刑士三百人。

·凡出米卅八石。

神爵二年悬泉厩佐迎送匈奴日逐王廪食簿

汉

长约 22，宽 0.8（单位：厘米）

敦煌悬泉置出土

甘肃简牍博物馆藏（026244-026245）

　　1991 年出土于敦煌悬泉置遗址。木简共 2 枚，原为一册，两道编绳犹存，存字 63 个。汉宣帝神爵二年（前 60 年），统治西域的匈奴日逐王先贤掸与新任单于握衍朐鞮素有矛盾，关系不睦，带着数万人投降汉朝，被封为归德侯。车骑将军韩增下达朝廷公文，要求敦煌、酒泉沿途一路迎接来京城的匈奴日逐王。此简提到广至县发往悬泉置的谷簿上记载悬泉厩佐广德等七人，在迎送日逐王时，在广至县吃饭一次，用掉了粟六斗三升，但按规定他们应该在悬泉置用餐，为何要在广至县吃饭，要求广德等人做出解释。日逐王降汉后，汉朝于乌垒城（今轮台县境内）建立西域都护府，派西域都护骑都尉郑吉都护西域诸国，从此，汉朝在西域实施有效管理，西域版图归属中原。西域都护府的设立，不仅仅是汉宣帝乃至汉朝的大事，更是华夏历史的重大时刻，从此之后，东自车师、鄯善，西抵乌孙、大宛，西域诸国尽归汉朝版图。张骞之始，郑吉之终，汉武之愿，汉宣实现。此枚汉简可以说是日逐王降汉后，进入汉地一路上情况的真实反映，是研究中原与西域关系和汉朝大一统局面的形成的重要物证，具有重大的历史价值。（徐铮改写）

简文为：

　　广至移十一月谷簿，出粟六斗三升，以食县泉厩佐广德所将助御、效谷广利里郭市等七人送日逐王，往来

　　三食，食三升。校广德所将御故，廪食县泉而出食，解何？

第五节
从边关到异域的记录

荣新江

在中原王朝的直辖领地之外，比如汉代的玉门关、阳关之外，唐朝的西州以西地区的交通路线情况，中央官府也有所把握。官府掌握的文书，包括出使西域的使臣回来所写的报告，驻扎在西域地区的军政官员所写的记录，以及从外国、外族使臣咨询来的情况。这类官府文书保存下来的也不多，但其中有相当多的内容在编纂史书时，改写编入正史的《西域传》了。

东汉初班固所撰《汉书·西域传》利用了官府保存的文书，按照交通路线的顺序，首次明确记录了通往西域的道路，此即《西域传》开篇所述："自玉门、阳关出西域有两道。从鄯善傍南山北，波河西行至莎车，为南道；南道西逾葱岭则出大月氏、安息。自车师前王廷随北山，波河西行至疏勒，为北道；北道西逾葱岭则出大宛、康居、奄蔡焉。"可见，西汉时的道路，从玉门关、阳关开始，分南北两道，最远到安息（波斯帕提亚王朝）和奄蔡（高加索）。在这个提纲下面，《西域传》基本按照从东到西的原则，依次叙述每个国家的情况，首先是国名、都城、去阳关里数、去长安里数，然后是距西域都护府的里数，还有至紧邻国家的里数，如："鄯善国，本名楼兰，王治扜泥城，去阳关千六百里，去长安六千一百里。……西北去都护治所千七百八十五里，至山国千三百六十五里，西北至车师千八百九十里。"以下各国的记载基本一致。如果我们把这些东西相距的里程连接起来，就基本上可以得出汉朝通往西域的各条道路的具体里程，也包括这些西域国家之间的交通路线，这也就是汉代的"丝绸之路"了。

《汉书·西域传》中基本上按照交通路线来依次记述西域国家的方式，为此后的《后汉书·西域传》《魏略·西戎传》《晋书·西戎传》《魏书·西域传》《周书·异域传》所继承[1]。我们也可以用同样的方法，辑录出不同时代的"丝绸之路"，只不过因为各朝编纂西域、西戎、异域传时，材料已经不全，所以有些路线也是断断续续的；如果原本材料齐全，

[1] 余太山：《两汉魏晋南北朝正史"西域传"的体例》，收入余太山《两汉魏晋南北朝正史西域传研究》上册，商务印书馆，2013年。

路线都可以如此复原。

　　隋朝时记录西域情形的主要著作是裴矩的《西域图记》，可惜已经散佚，只有序言保留在《隋书》卷六七《裴矩传》中，里面记录隋朝通西域的三条主要道路的基本走向："发自敦煌，至于西海，凡为三道，各有襟带。北道从伊吾，经蒲类海铁勒部，突厥可汗庭，度北流河水，至拂菻国，达于西海。其中道从高昌，焉耆，龟兹，疏勒，度葱岭，又经钹汗，苏对萨那国，康国，曹国，何国，大、小安国，穆国，至波斯，达于西海。其南道从鄯善，于阗，朱俱波、喝盘陀，度葱岭，又经护密，吐火罗，挹怛，忛延，漕国，至北婆罗门，达于西海。其三道诸国，亦各自有路，南北交通。其东女国、南婆罗门国等，并随其所往，诸处得达。故知伊吾、高昌、鄯善，并西域之门户也。总凑敦煌，是其咽喉之地。"[①]。经过隋末动乱，到唐朝初年编纂《隋书·西域传》时，材料已经不够丰富，所存只有二十国的记录，比裴矩的四十四国，减少一半多。所记西域各国里程，也只有片段保留，如"龟兹国，都白山之南百七十里，东去焉耆九百里，南去于阗千四百里，西去疏勒千五百里，西北去突厥牙六百余里"，从中还是可以看出官府档案的原本样貌，也可以推断原本是有着系统的西域道里记录的。按照《西域图记

■ 和田文书中的神山路馆驿
柏林亚洲艺术博物馆藏.
长 34，宽 27.5（单位：厘米）

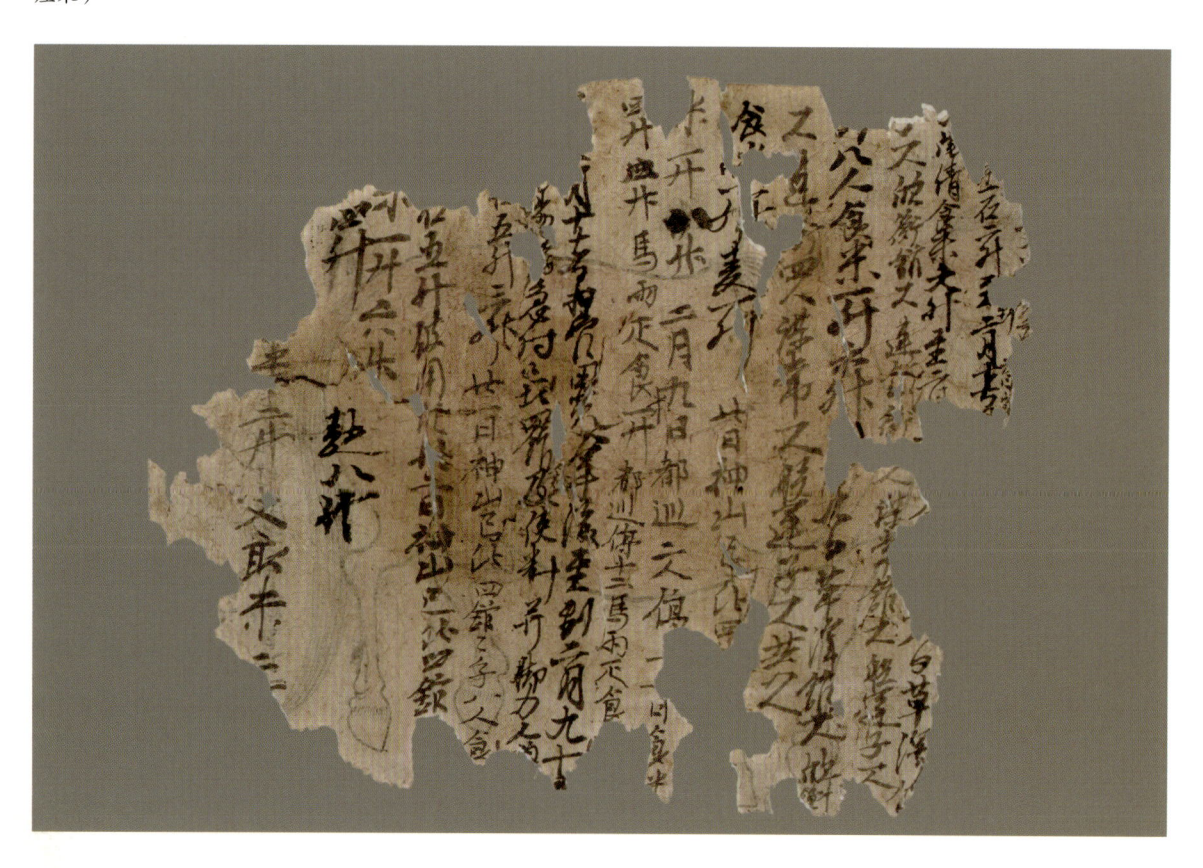

① 余太山:《裴矩〈西域图记〉所见敦煌至西海的"三道"》,收入余太山《早期丝绸之路文献研究》,商务印书馆,2013年。

② 《新唐书》卷四三《地理志》"安西入西域道"条,中华书局,1975年。

③ 荣新江:《唐代安西都护府与丝绸之路——以吐鲁番出土文书为中心》,新疆龟兹学会编《龟兹学研究》第5辑,新疆大学出版社,2012年。

④ 《新唐书》卷四三《地理志》"安西入西域道"条。

序》,隋朝交通路线所记最远是"拂菻国"和"西海",即拜占庭和地中海。

唐朝时国力强盛,统治区域广大,因此有关的记录应当更加详细。《新唐书·地理志》保存了贞元年间(785—805)的宰相贾耽所撰《皇华四达记》的片段②,其中有关于安西都护府通往西域的道路记载。如果我们按照道路的顺序略做调整,就可以清楚地把这些道路区分为若干段落:1.西州至焉耆,2.焉耆至安西(龟兹),3.安西至拨换,4.拨换至碎叶,更西到怛罗斯城,5.拨换至疏勒,6.拨换至于阗,7.于阗至疏勒,疏勒至葱岭,8.于阗至兰城、且末,9.沙州至兰城乃至于阗,10.北庭至碎叶③。至于具体内容,记录得相当详细,如"自焉耆西〔百〕五十里过铁门关,又二十里至于术守捉城,又二百里至榆林守捉,又五十里至龙泉守捉,又六十里至东夷僻守捉,又七十里至西夷僻守捉,又六十里至赤岸守捉,又百二十里至安西都护府"④。贾耽《皇华四达记》依据的材料,应当是唐朝中央政府保存的文书档案。因此,唐朝人当然也拥有完整的"丝绸之路"的记录,而且更加细致。

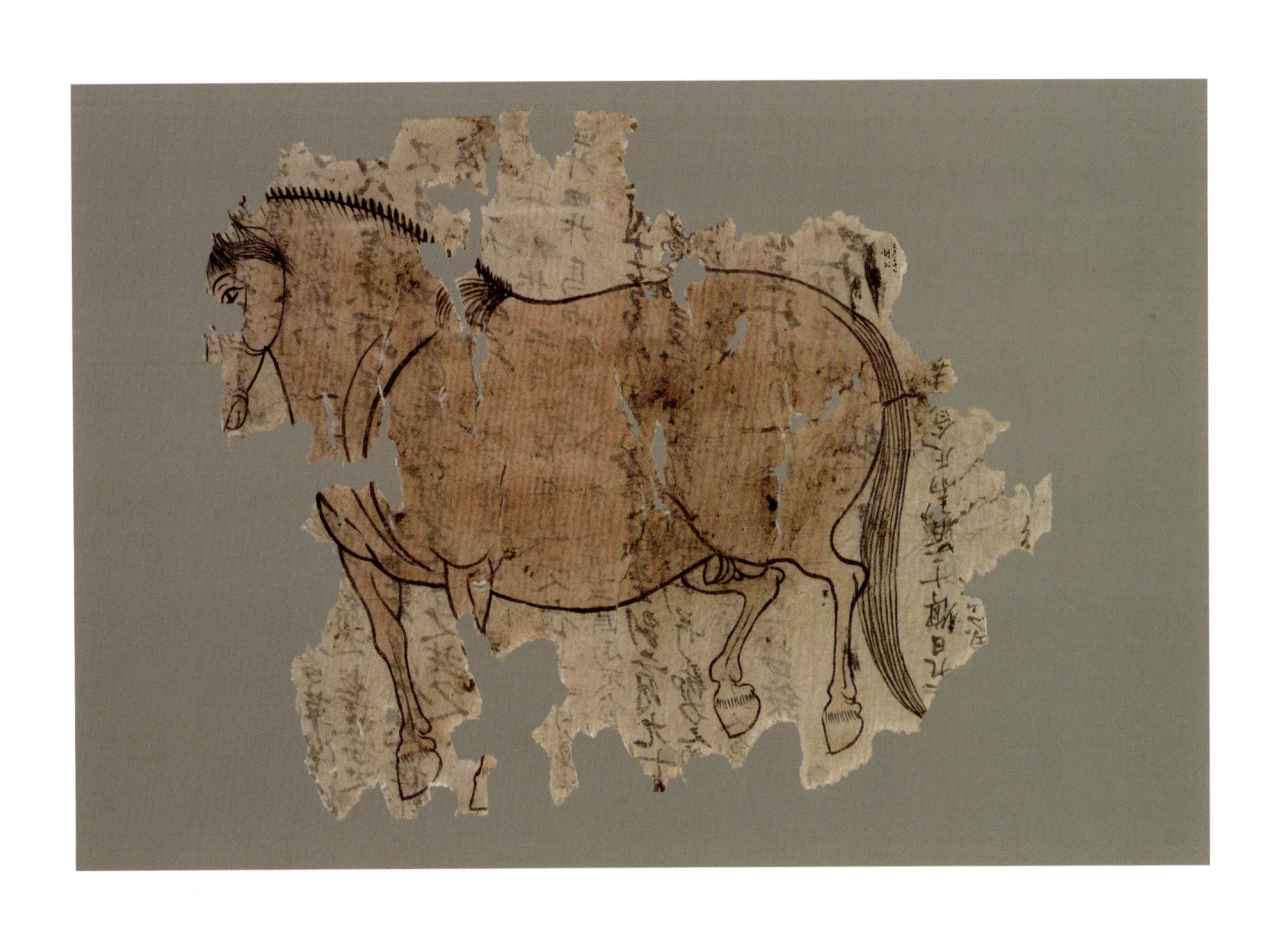

第二章
朝圣的路线

> 从此东行，入大流沙。沙则流漫，聚散随风，人行无迹，遂多迷路。四远茫茫，莫知所指，是以往来者聚遗骸以记之。乏水草，多热风。风起则人畜惛（昏）迷，因以成病。时闻歌啸，或闻号哭，视听之间，恍然不知所至，由此屡有丧亡，盖鬼魅之所致也。
>
> 《大唐西域记》卷第十二

第一节
僧侣的路线

罗 帅

自安世高和朱士行之后，中古时期众多佛教僧侣活跃于丝绸之路，或东来弘法，或西行求法。他们留下的大量行记揭示了各时期丝绸之路的变动与走向。其中，以东晋法显与唐代玄奘、慧超最具代表性。

法显（约337—422），平阳郡武阳（今山西临汾，一说山西襄垣）人。后秦弘始元年（399年），法显从长安出发，西行求法，游历西域30余国，于东晋义熙八年（412年）归国，前后历时14年。法显归国后著有《法显传》，这是我国历史上最早的一部据亲身经历写成的丝绸之路地理专著。书中记载了陆海丝绸之路沿线，包括中亚、南亚、东南亚、我国西北等广大地区的地貌、交通、物产、社会、宗教、民俗等情况。唐代义净《大唐西域求法高僧传》将法显与玄奘并举，称"显法师则创辟荒途，奘法师乃中开王路"，足见二人在佛教传播史和中西交通史上的重要地位。

法显是我国第一位成功经陆路西行、海路东归的高僧。《法显传》所载求法路线，是有关5世纪初陆上丝绸之路与海上丝绸之路的珍贵资料。法显陆路去程如下：从后秦都城长安出发，向西越过陇山，经河西走廊到敦煌，穿越罗布沙漠，抵达塔里木盆地东南部的鄯善国（今新疆若羌），然后折向西北到达塔里木盆地东北部的乌夷国（今新疆焉耆），再向西南可能沿克里雅河斜穿塔克拉玛干沙漠，抵达于阗国（今新疆和田），随后向西，度葱岭（帕米尔高原），经陀历道到达印度河上游，自此进入北天竺。这条路线可分为三段。东段从长安经河西走廊到敦煌，这是汉唐时期中原通西域的常用道路。西段从于阗向西南翻越葱岭到达印度河上游，即汉代之罽宾道。中段穿越塔里木盆地，汉唐时期有两条常用路线：要么走南道傍昆仑山北麓西行，经鄯善、且末、拘弥到于阗；要么

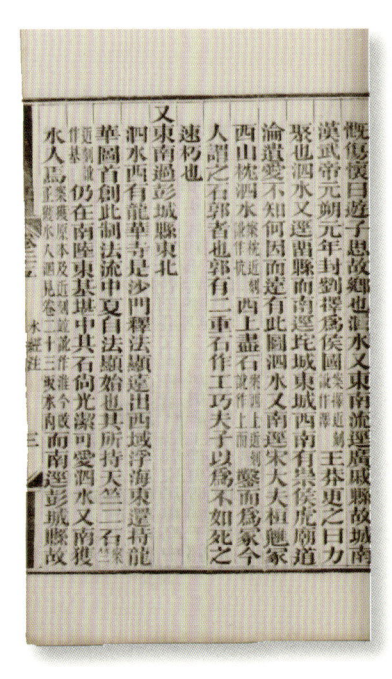

■ 《水经注》清光绪三年，湖北崇文书局刻本第八册，浙江图书馆藏

地图

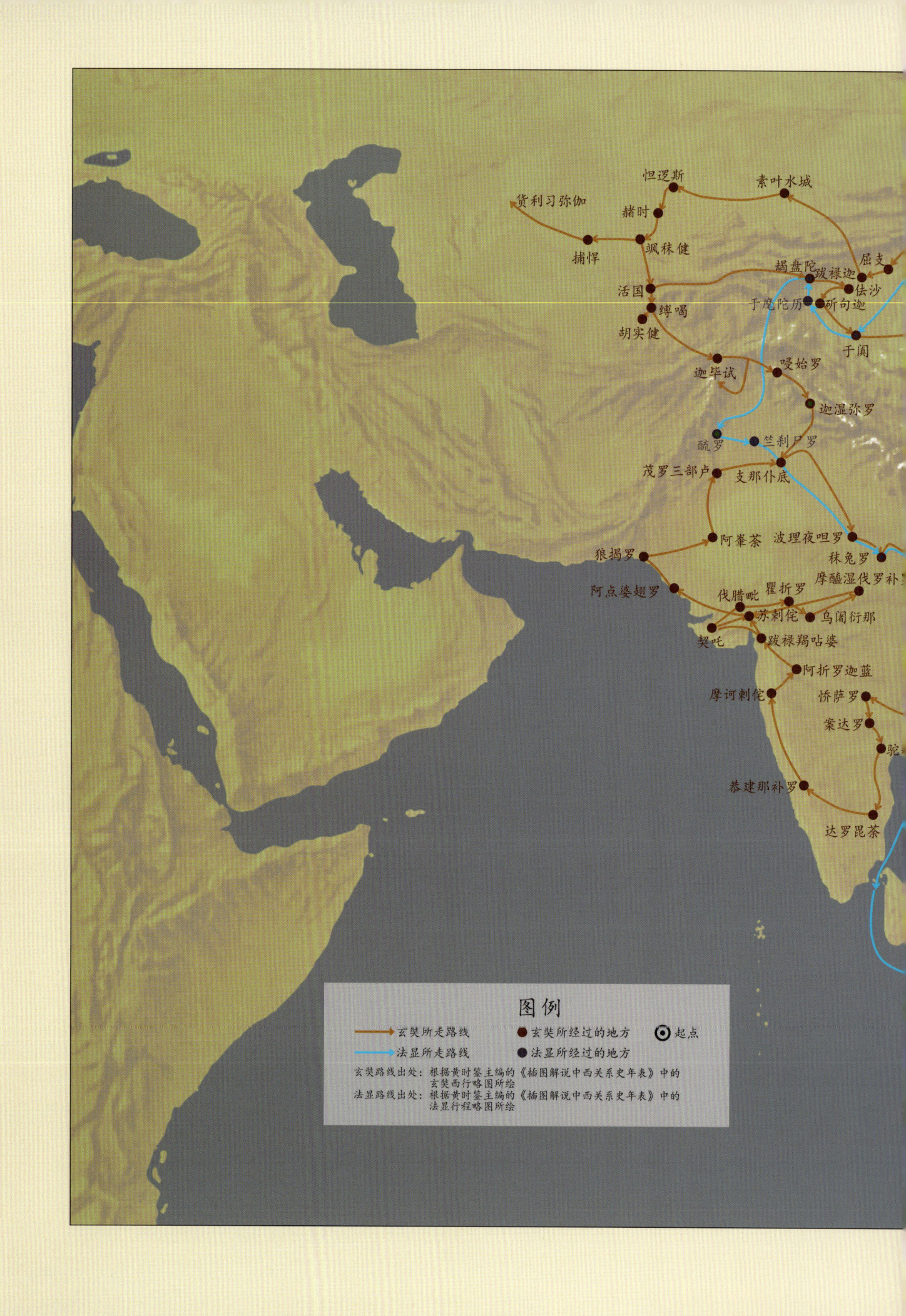

地名（自北向南、自西向东）：

- 素叶水城
- 恒逻斯
- 赭时
- 货利习弥伽
- 飒秣建
- 捕悍
- 活国
- 缚喝
- 胡实健
- 揭盘陀
- 跛禄迦
- 屈支
- 佉沙
- 于麾陀历
- 斫句迦
- 于阗
- 迦毕试
- 嗳始罗
- 迦湿弥罗
- 呬罗
- 竺利尸罗
- 茂罗三部卢
- 支那仆底
- 阿峯荼
- 波理夜呾罗
- 秣兔罗
- 狼揭罗
- 摩醯湿伐罗补罗
- 瞿折罗
- 阿点婆翅罗
- 伐腊毗
- 苏剌侘
- 乌阇衍那
- 契吒
- 跋禄羯呫婆
- 阿折罗迦蓝
- 摩诃剌侘
- 憍萨罗
- 案达罗
- 驼那
- 恭建那补罗
- 达罗毗荼

图例

→ 玄奘所走路线　● 玄奘所经过的地方　◉ 起点
→ 法显所走路线　● 法显所经过的地方

玄奘路线出处：根据黄时鉴主编的《插图解说中西关系史年表》中的
　　　　　　　玄奘西行略图所绘
法显路线出处：根据黄时鉴主编的《插图解说中西关系史年表》中的
　　　　　　　法显行程略图所绘

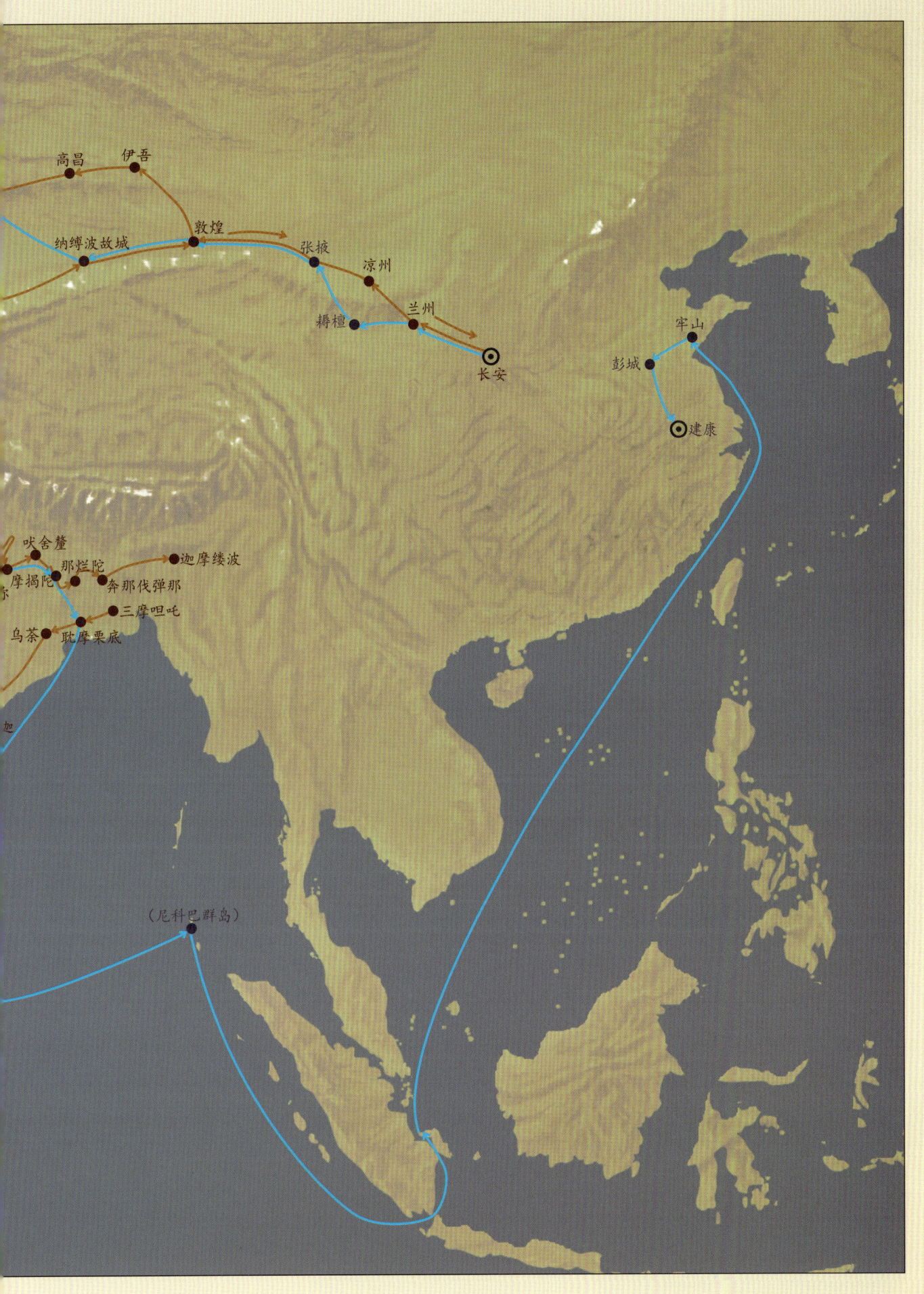

■ 法显和玄奘的路线

走北道傍天山南麓西行，经焉耆、龟兹、姑墨到疏勒。法显没有走这两条常路，他所取之路非常独特：到达鄯善后，没有循南道继续西行，而是折向西北到焉耆，随后又没有继续沿北道西行，而是穿越沙漠到于阗。法显煞费苦心折转焉耆，并非因为那里的佛教文化吸引了他，而是当时气候恶化等原因使得从鄯善到于阗之间的南道荒废，无法通行。楼兰、尼雅等南道遗址就是在这一时期被废弃的。

到达乌苌国后，法显在十余年间先后游历了北天竺、西天竺、中天竺和东天竺各地，其足迹也是这一时期印度北方主要交通路线的反映。他从乌苌南下，寻访了犍陀罗地区的犍陀卫国（今巴基斯坦白沙瓦东北）、竺刹尸罗国（今巴基斯坦塔克西拉）、弗楼沙国（今巴基斯坦白沙瓦）。后来从印度河流域经印度北方的"王家大道"，到达恒河上游的摩头罗国（今印度马图拉）。沿恒河而下，法显拜访了僧伽施国（今印度桑吉沙）、沙祇大国（今印度阿约底）、毗舍离国（今印度比沙尔），随后来到当时著名的佛教中心巴连弗邑（今印度巴特那），在那里住留三年，学习梵语，抄写经律。之后再次顺恒河而下，来到恒河口的多摩梨帝国（今印度塔姆卢），在那里坐船前往师子国（今斯里兰卡），游历岛上佛教胜迹。

法显的海路归途异常辛苦，反映了当时海上丝绸之路的艰险。其归程如下：在斯里兰卡乘坐商船，横穿孟加拉湾，到达耶婆提国（今苏门答腊或爪哇）。短暂停留后，乘坐另一艘商船，原本打算前往广州，结果遇到风暴偏离航线，最终漂流到山东半岛南部的崂山。

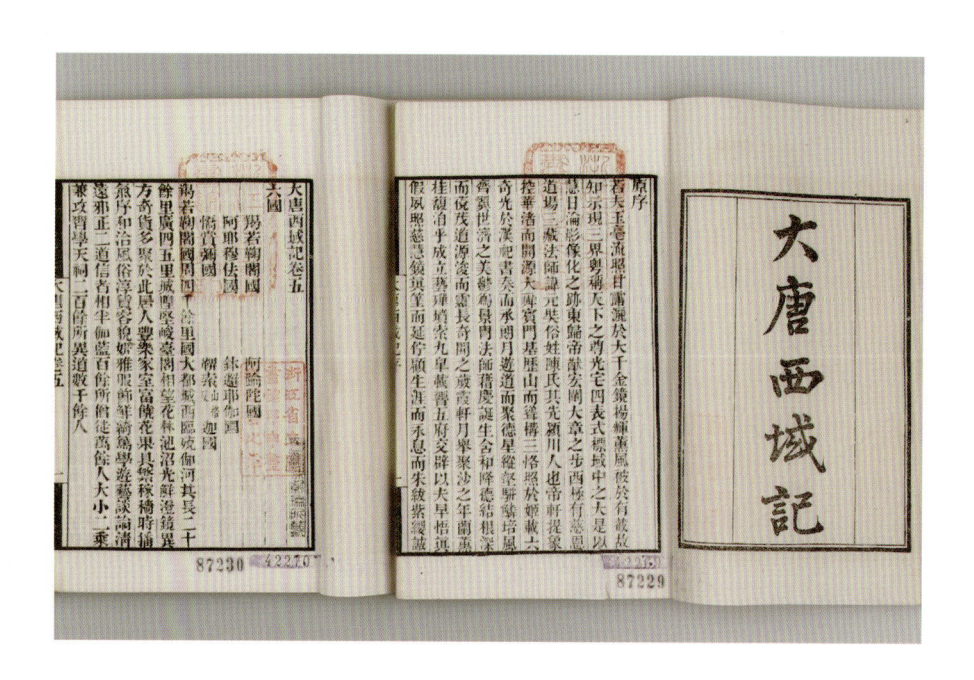

■《大唐西域记》民国十年，上海博古斋据清嘉庆十七年刻本影印本，浙江图书馆藏

玄奘（600—664），俗名陈祎，洛州缑氏（今河南偃师）人。唐代著名高僧，法相宗创始人。贞观三年（629年，一说贞观元年），玄奘从长安出发西行，于瓜州潜行出关，在高昌王麴文泰和西突厥统叶护可汗的帮助下，经中亚入天竺境，于那烂陀寺从戒贤法师受学。后又游学天竺各地，遍学大小乘诸学说。645年，玄奘经陆路归来，长期从事译经工作，先后译出佛典75部，计1335卷。玄奘西游18载，亲身经历110国，传闻28国，归国后由其口授、弟子辩机记录，成《大唐西域记》12卷，详述各国山川、城邑、物产、宗教、风俗等情况。玄奘西行求法之详细经过，则见于弟子慧立、彦悰所著《大慈恩寺三藏法师传》。玄奘之传、记，是研究丝绸之路沿线中亚、南亚各地古代历史地理的重要文献，向来为世界各国学者所重视。

玄奘西行去程，从长安经河西走廊至瓜州，涉沙漠至伊吾、高昌，然后沿天山南麓阿耆尼国（今焉耆）、屈支国（今库车）到跋禄迦国（今阿克苏），自此折向西北越凌山（西部天山山脉），经热海（伊塞克湖）到素叶水城（今吉尔吉斯斯坦阿克-贝希姆），由此西南行，进入中亚粟特地区，继而

■ 东京国立博物馆藏《玄奘负笈图》，绘于镰仓（1185—1333）后期

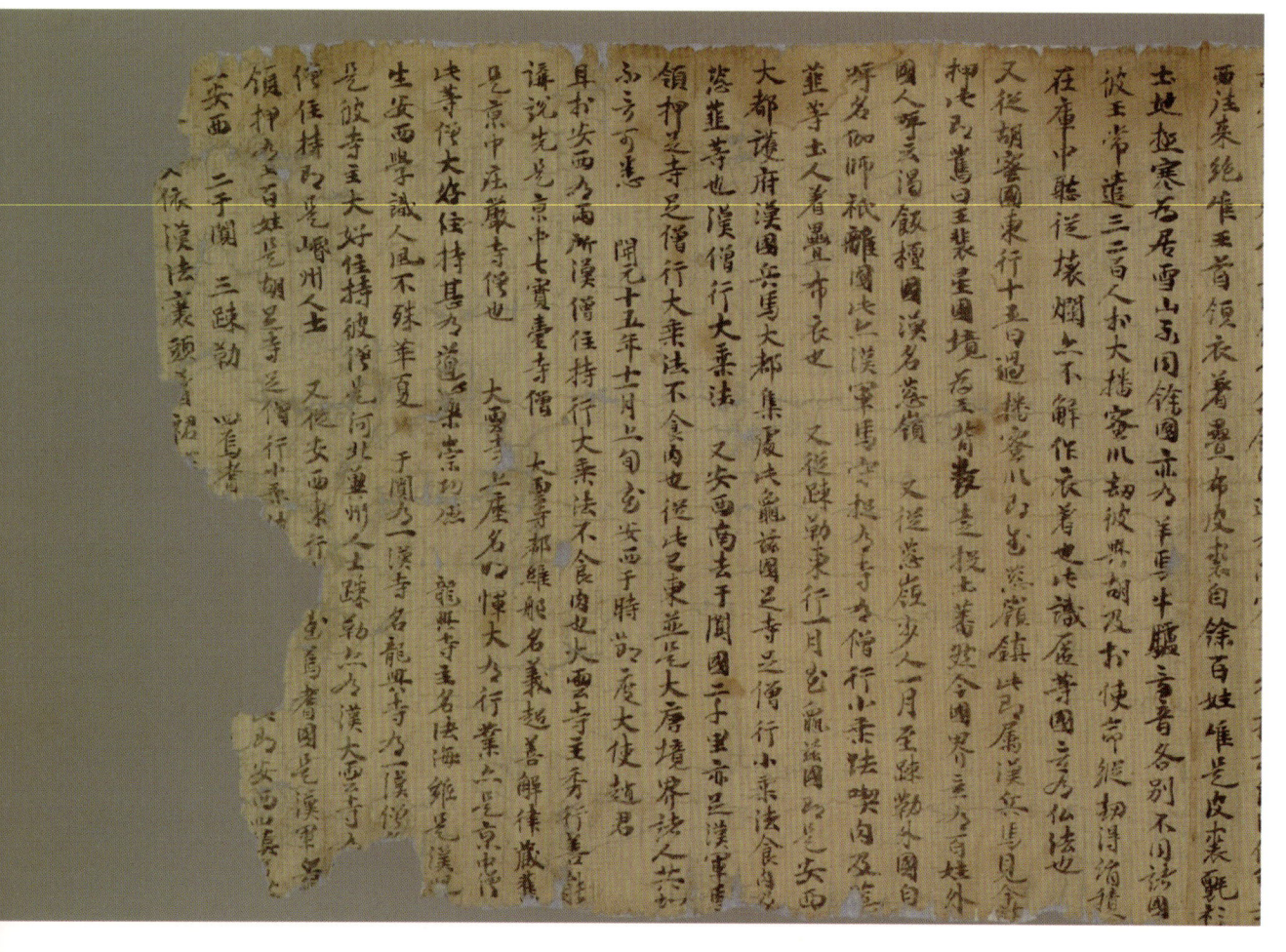

■《慧超往王天竺国传》局部，法国国家图书馆藏敦煌文书

南下，过铁门，进入睹货逻国故地（今阿富汗北部），渡阿姆河至活国（今阿富汗昆都士），继续南下至缚喝国（今阿富汗巴尔赫），然后向东南翻越大雪山（今兴都库什山），经梵衍那国（今阿富汗巴米扬）至迦毕试国（今阿富汗贝格拉姆），自此东行入天竺境。玄奘在印度的游历范围较法显广阔得多，足迹所至，遍及五天竺。

玄奘回程，因与麴文泰有约，仍走陆路。但路线与去程有所不同：至迦毕试国后，向东北翻越兴都库什山至活国。在这里，他并没有继续向北行，而是选择了一条直接翻越葱岭的道路，即折向东，经钵铎创那国（今阿富汗巴达赫尚）、达摩悉铁帝国（今瓦罕）、波谜罗川（今帕米尔高原）、朅盘陀国（今新疆塔什库尔干），进入塔里木盆地西南部的乌铩国（今莎车），继而折向西北去往佉沙国（今喀什），再沿昆仑山北麓东行，经斫句迦国（今叶城）、瞿萨旦那国（今和田）、媲摩城（今于阗）、尼壤城（今尼雅遗址）、折摩驮那故国（今且末）、纳缚波故国（今若羌），过沙漠到敦煌。这条路线是传统的丝绸之路南道，13世纪意大利旅行家马可·波罗来华，亦走此道。

慧超（约704—780），又作惠超，新罗人，通汉、梵文，自幼入唐求法。因《宋高僧传》未为慧超立传，其生平事迹不详。开元七年（719年），慧超在广州，适逢密教大师金刚智抵广州弘法，遂拜于门下。约开元十一年（723年），慧超前往天竺巡礼，其去程不详，可能是从广州出发，走海路。开元十五年（727年），慧超东归行抵安西，受到安西节度使赵颐贞的接待。开元十六年（728年）回到长安，继续在金刚智门下受业，研习佛法，并协助翻译瑜伽密典。归国后，慧超记其求法经历，成《往五天竺国传》三卷。此书今仅见敦煌文书残卷（P.3532），然此残卷为一节录本，且首尾残缺，非原书全貌。虽然如此，该书仍是研究8世纪上半叶丝绸之路历史地理最重要的文献之一。

根据现存残本所载各国顺序，可知慧超自海路抵达印度东海岸后，先在东天竺诸国巡礼，然后游历中天竺、南天竺、西天竺及北天竺各地，最后从陆路东归。其东归路线如下：从罽宾国（即玄奘之迦毕试）向西北翻越兴都库什山，经犯引国（即玄奘之梵衍那）至吐火罗国（即玄奘之觐货逻国故地），从该国都城缚底耶（今阿富汗巴尔赫）东行翻越葱岭，取道与玄奘归程一致，经蒲特山（即玄奘之钵铎创那）、胡蜜国（即玄奘之达摩悉铁帝）、播蜜川（即玄奘之波谜罗川）、葱岭镇（即玄奘之朅盘陀），抵达塔里木盆地西部之疏勒（即玄奘之佉沙），然后沿天山南麓东行，经龟兹（即玄奘之屈支）至焉耆（即玄奘之阿耆尼），因传文下残，其后行程不详。

需要指出的是，慧超行文至吐火罗国时，还插叙了一条自吐火罗国出发，经波斯国（伊朗高原）、大寔国（麦地那）、小拂菻国（叙利亚），直至大拂菻国（拜占庭）的道路。此即传统丝绸之路的西段。

行脚僧

唐 | 纸本设色
竖 41，横 29.8（单位：厘米）
敦煌莫高窟
大英博物馆藏

在敦煌画中可见到几件行脚僧图，图中的行脚僧均身背装经卷的书箱，手持麈尾，跟着老虎，由小的佛像护佑。大英博物馆藏斯坦因搜集品中可见两件，其中一件即本图所示。

这些纸绘作品都有一个共同的特点，即行脚僧和老虎都乘云。在本图中，那云与上方的小佛驾的云一样，但由于颜料的腐蚀作用，大多脱落。根据此图与斯坦因、伯希和以及大谷的敦煌收集品中类似纸绘作品的比对，有专家认为图中的驾云小佛就是"宝胜如来"。"宝胜"一词被用于翻译梵语中的"多宝如来"，梁宝唱于公元514年所撰的《名僧传》的僧表传中，也有关于于阗国赞摩伽蓝的著名宝胜像的记载，由此推断宝胜如来是沙漠旅行者们的守护神。

这背负经卷的僧人形象对后来的图像产生了强烈的影响，如629年到645年间赴印度旅行的著名的玄奘像，及中国和吐蕃地区在十六罗汉之上增加的携虎达摩多罗像。（Roderick Whitfield）

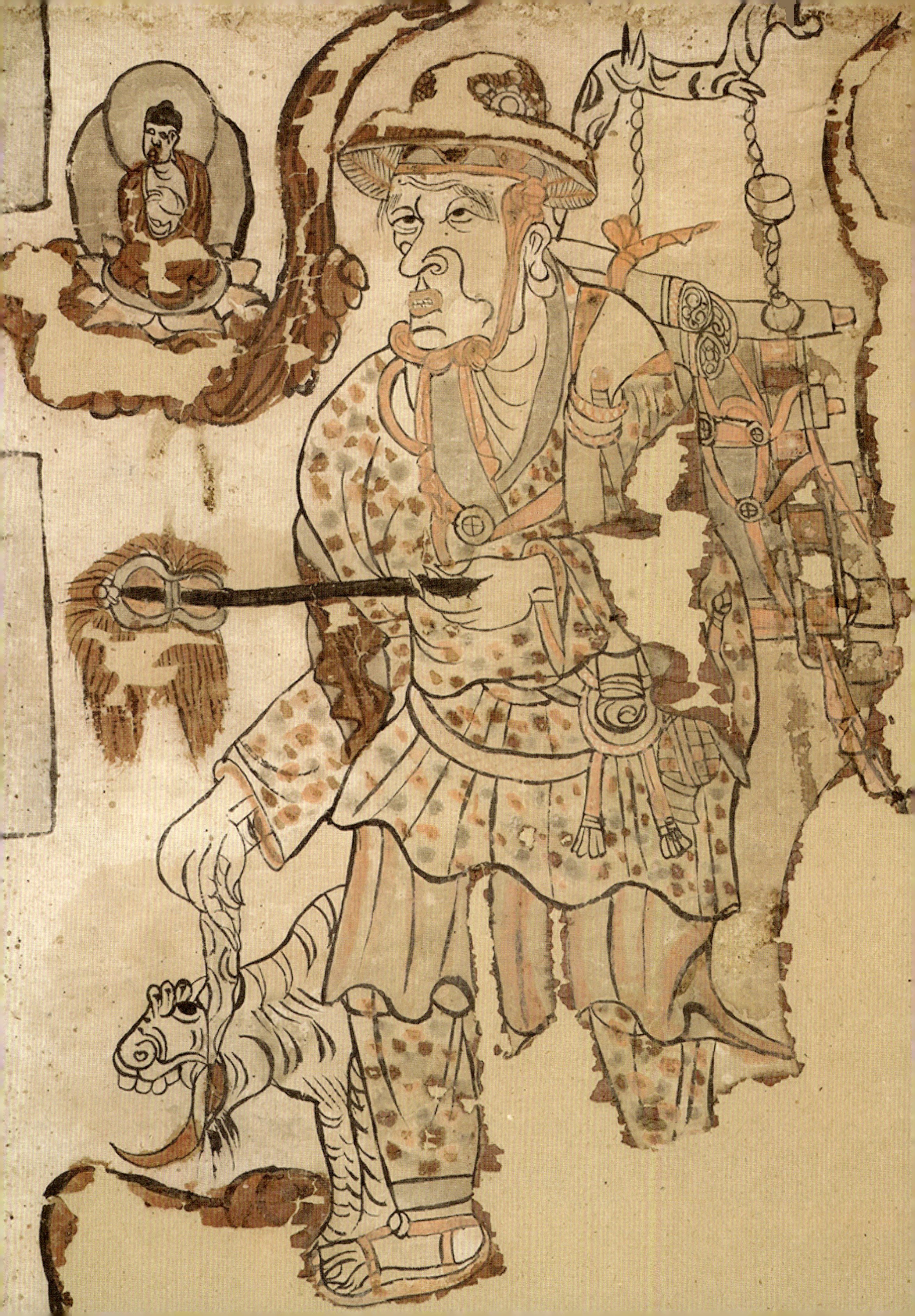

第二节
敦煌文献所见丝绸之路

荣新江

到了唐朝，我们拥有的出土文书更为丰富。敦煌出土写本《沙州图经》卷三（P.2005）有敦煌县所属"一十九所驿"的条目，详细记录了每个驿站的位置和距东西驿站的里程，其中瓜州和沙州之间的一条道路，摘要如下："〔沙州〕州城驿，右在州东二百步，因州为名。东北去清泉驿卅里。清泉驿，去横涧驿廿里。横涧驿，北去白亭驿廿里。白亭驿，东北长亭驿卅里。长亭驿，东去甘草驿廿五里。甘草驿，东南去阶亭驿廿五里。阶亭驿，东去瓜州常乐驿卅里。"我们据此可以画出瓜沙二州之间的驿路。同条还记录了从瓜州常乐县界的新井驿，经广显驿、乌山驿、双泉驿、第五驿、冷泉驿、胡桐驿，到伊州柔远县界的赤崖驿。

《沙州图经》卷五（P.5034）石城镇下，还有"六所道路"条，我们举其中两条道路的

■ 往迦湿弥罗国行纪

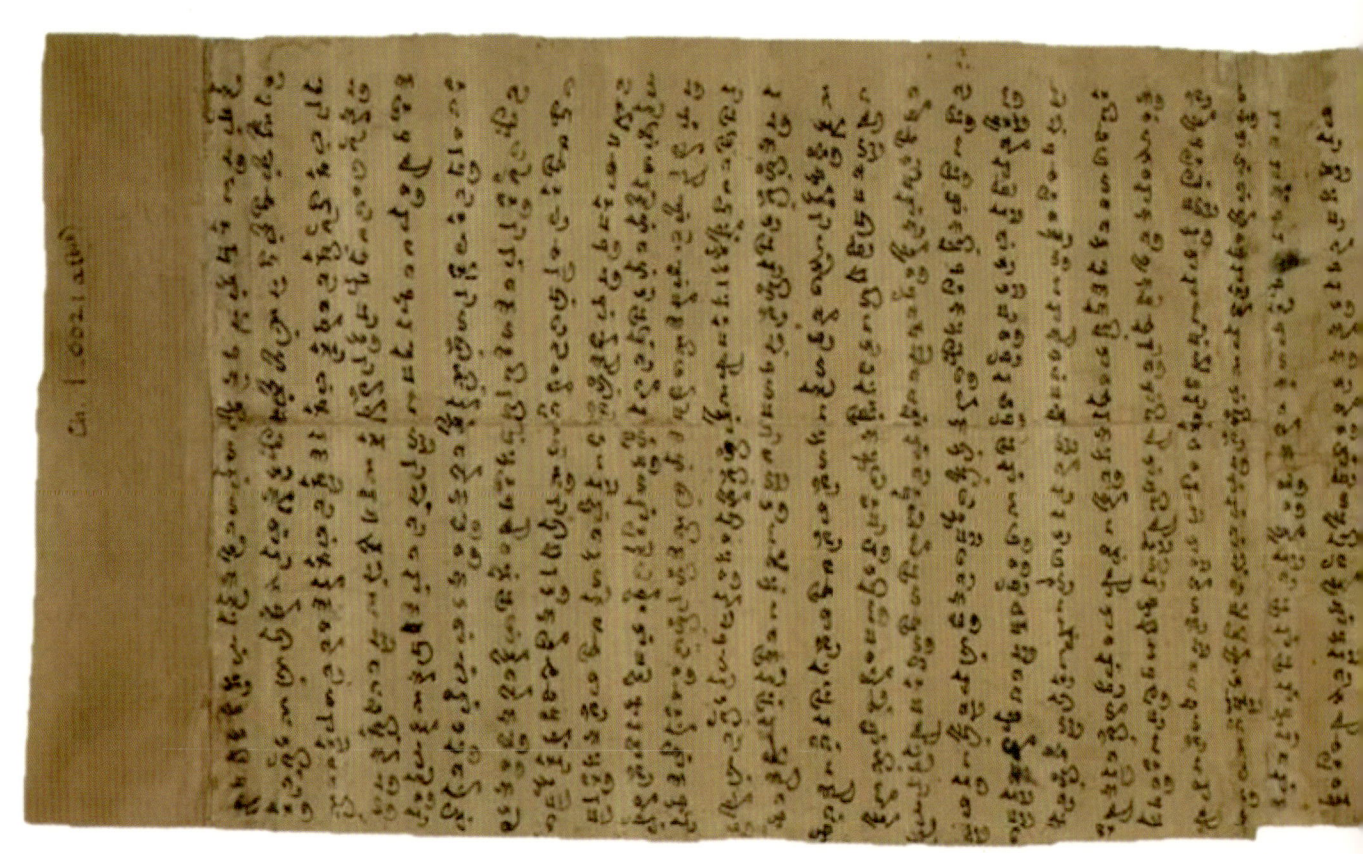

记载："一道南路。从镇东去沙州一千五百里。其路由古阳关向沙州，多缘险隘。泉有八所，皆有草。道险不得夜行。春秋二时雪深，道闭不通。一道从镇西去新城二百卌里。从新城西出，取傍河路，向播仙镇六百一十里。从石城至播仙八百五十里，有水草。从新城西南向蒲桃城二百卌里，中间三处有水草，每所相去七十余里。从蒲桃城西北去播仙镇四百余里，并碛路不通。"这就是从沙州出阳关所走的西域南道东段，中间经过石城镇（即汉代鄯善国）和播仙镇（汉代且末国），因为唐高宗上元二年（675年）后，这两个地区划归沙州管辖，改名为石城、播仙镇，所以以石城镇为中心的道路情况记录在《沙州图经》中，然而有关播仙镇道路的部分残缺，不得其详。

同样是敦煌出土的《西州图经》（P.2009），虽然保留的片段不长，有关"道十一达"条的部分却比较完整地保存下来，而且每条道路都有名字。我们也举两条道路的记载："大海道。右道出柳中县界，东南向沙州一千三百六十里，常流沙，人行迷误。有泉咸苦，无草，行旅负水担粮，履践沙石，往来困弊。""银山道。右道出天山县界，西南向焉耆国七百里，多沙碛滷，唯近峰足水草，通车马行。"这样，我们就可以

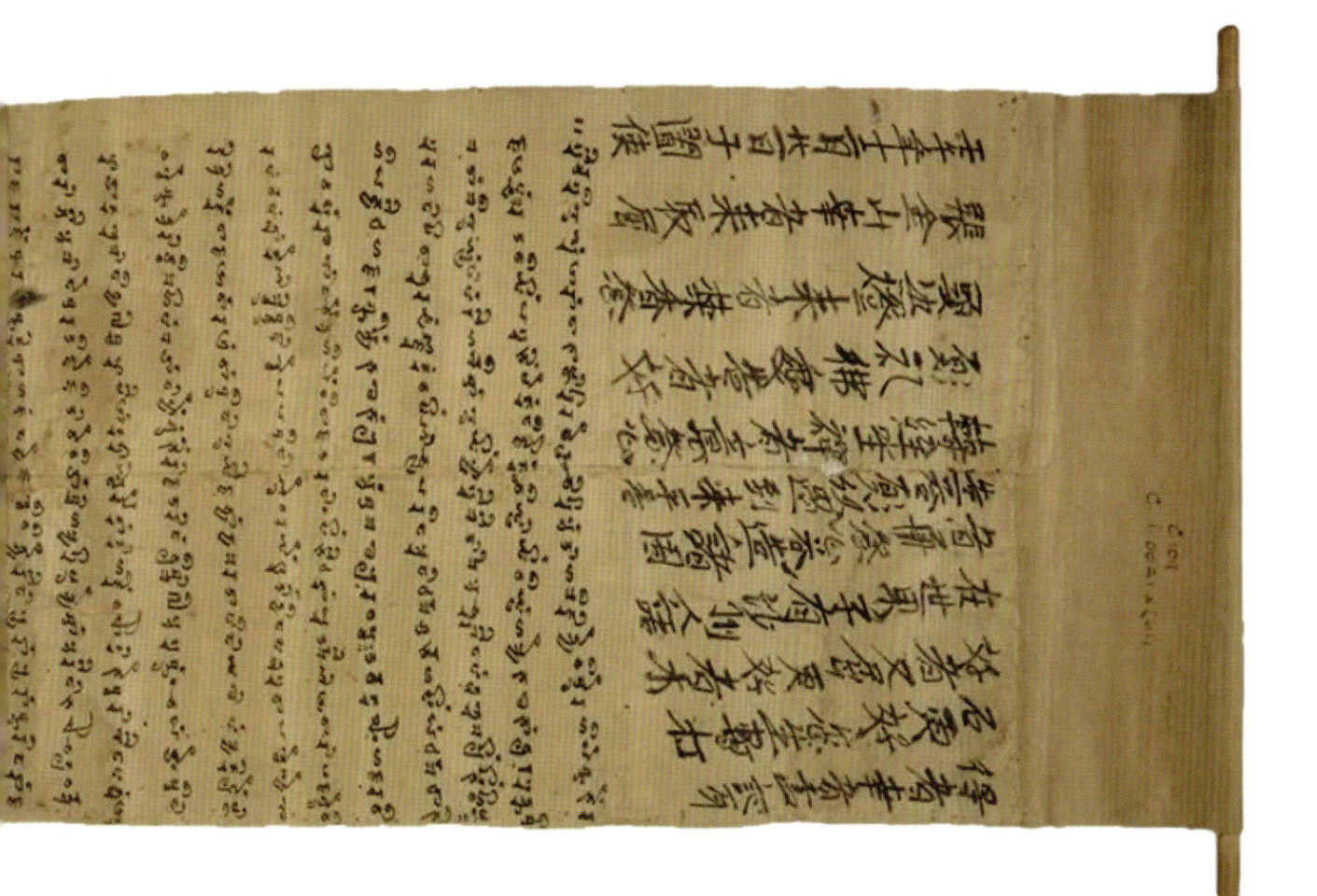

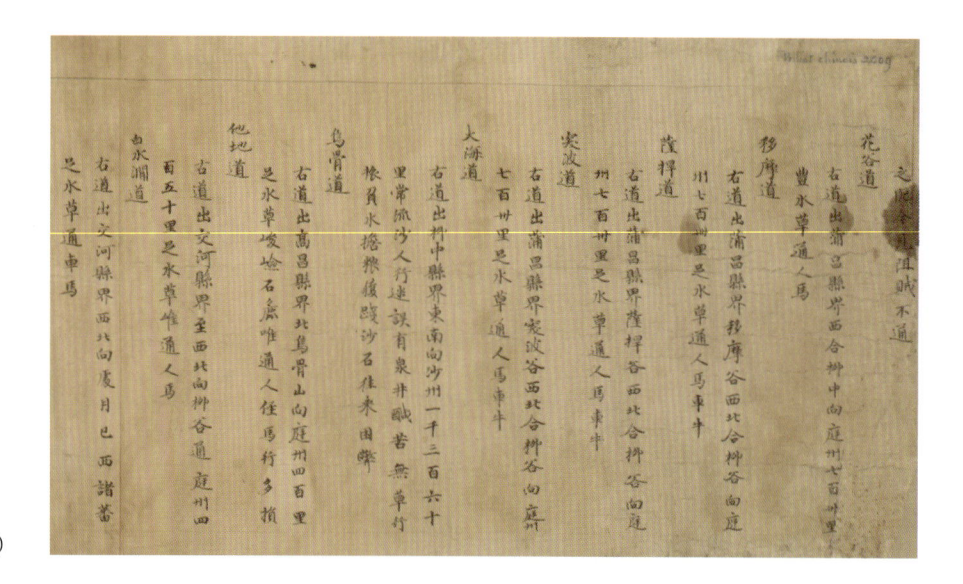

■ 《西州图经》（局部）

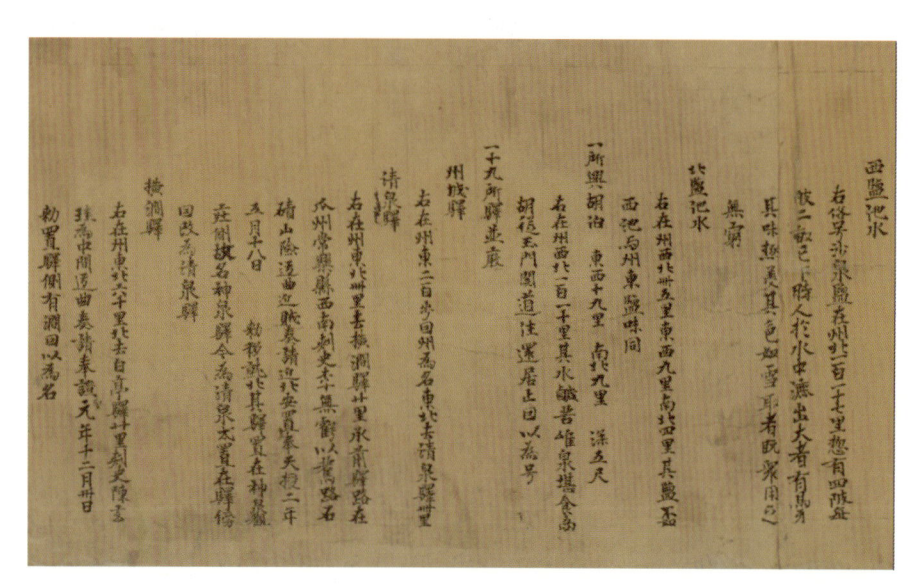

■ 《沙州图经》（局部）

把从沙州，经西州（吐鲁番），越过天山，到焉耆国的道路连缀起来。《新唐书·地理志》保存的贾耽《皇华四达记》，记录了西域地区道路的情形。

《沙州图经》和《西州图经》的道路条记载十分珍贵，它们不仅仅告诉我们当时道路的走向和里程，还有车马行走的具体状况，这些是丝绸之路交通的重要记录。按照唐朝的制度规定，每个州都要三年一造这类图经，也就是每三年要对原有的图经文本加以修订，补充新的内容。道路条目是每本图经都要有的，所以丝绸之路所经过的唐朝州县的《图经》中，都有类似的道路记载，把这些记载连缀起来，就是一个详细的"道里簿"。《西州图经》出土于沙州，表明这类图经也会为临近的州县抄写留存，以供交通往来之用。

所以说，虽然目前我们在传世文献中没有特别详细完整的有关丝绸之路道里的记载，其实在唐朝，这种交通道路的记录不仅有，而且非常详细。

在出土的胡语文书中，也有类似的地理文献。吐鲁番发现的粟特语国名表（Nafnāmak），如编号 T II D 94 文书中，提到一连串的地名，按顺序可以对应于汉文的拂菻、苫国、波斯、安国、吐火罗、石国、粟特、拔汗那、揭盘陀、佉沙、于阗、龟兹、焉耆、高昌、萨毗、吐蕃、吐浑、弭药、薄骨律。大体上是沿着丝绸之路，由西向东记录重要的城镇，有的学者认为是表示摩尼教团位置所在，还有的认为是粟特商人的经商路线。

民国时任教于北京大学的钢和泰（A. von Staël-Holstein，1877—1937）曾获得一卷敦煌写本，用藏文、于阗文写成，其中于阗语部分的第 10 至 17 行，记有从于阗经沙州到朔方一路的地名，第 17 至 24 行记有西州回鹘王国所辖范围内的城镇名，有些简要注记城中情况。根据于阗语部分的发愿文，该卷年代大概在公元 925 年。这些地名可能是于阗国使者经行该地时所做的记录，是五代时期有关丝绸之路西域南北道路的较为详细的资料，可以和高居诲《使于阗记》或王延德《使高昌记》相媲美。

此外，敦煌发现的于阗语文书中，还有一篇往迦湿弥罗国的行纪（编号 Ch.i.0021a, b），共 35 行，记某人自于阗经疏勒（今喀什），往迦湿弥罗国（今克什米尔）的行程。由文中提到当时在位的迦湿弥罗国王是 Abhimanyngupta（958—972 在位），可知此为 10 世纪后半叶的行纪，十分珍贵。

从敦煌吐鲁番等地出土的官私文书可以得知，这类有关丝绸之路交通道里的记录，未曾断绝；有些是常规性的地方官府记录，并制度性地上报中央，有些为国史记录下来，有的则湮没无闻。今日治丝绸之路史的人总是觉得史籍中没有关于丝绸之路的详细记载，其实不然。

沙州图经（局部）

唐 | 纸本
纵 27.3—28.6，横 935（单位：厘米）
法国国家图书馆藏

沙州即今甘肃敦煌市。"图经"是古代我国方志的一种形式，就是在一方的地图上另加说明。《沙州都督府图经》出自敦煌莫高窟藏经洞，是我国现存最早的唐代图经之一，对于中古时代的历史、社会、地理、中西交通、宗教等方面的研究和方志学的研究均有重要的价值和意义。原件首尾俱残，存510行。此卷记载有敦煌县所属"一十九所驿"的条目，详细记录了每个驿站的位置和距东西驿站的里程。其中瓜州和沙州之间的一条道路包括〔沙州〕州城驿、清泉驿、横涧驿、白亭驿、长亭驿、甘草驿、阶亭驿、瓜州常乐驿等，我们据此可以画出瓜沙二州之间的驿路。同条还记录了从瓜州常乐县界的新井驿，经广显驿、乌山驿、双泉驿、第五驿、冷泉驿、胡桐驿，到伊州柔远县界的赤崖驿。这虽然记录的是武周时期瓜州、伊州间驿道的情况，但也就是玄奘贞观初年经过莫贺延碛的那条道路的具体走向。

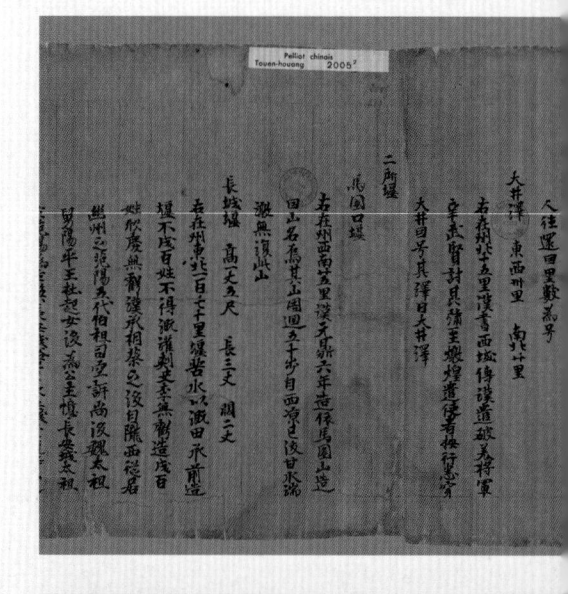

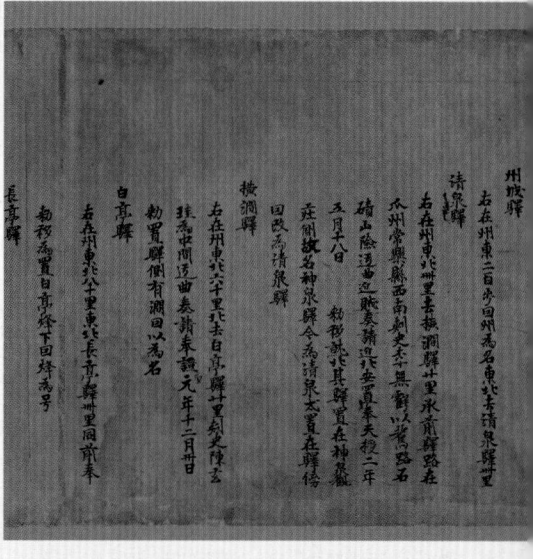

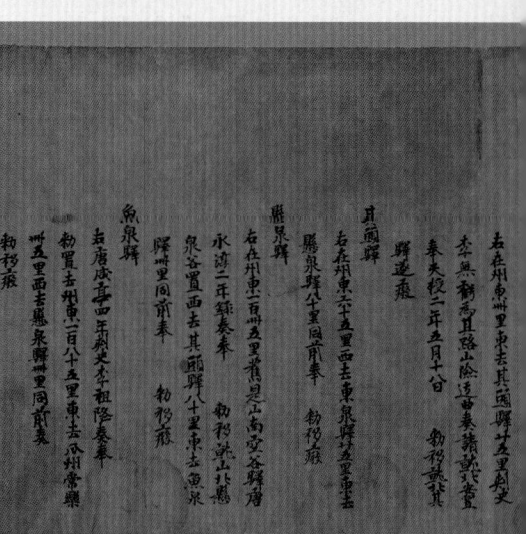

熊泉水　右在州東一百卅里石岸邊服東其泉懸出細
流一里許即卻絕入磧多主水畔多人馬至水盡細
出即沙西凉界物物去去漢露所將重至千歲
利西代人大覚過下出山出主禄諸之處爲号
佑山行人忽悲驚慨劍刻山崖泉涓出以濟
三軍人馬守呂人少不竭俗士欲差欲日
縣泉　
七所渠
　　　　
里歇渠　長卅里
　右源在州西南十五里引甘泉水西岸從壩重
　流下入西南去三尺其葉二起置畯末田号渠
　　
孟授渠　長卅里
　右備西京録燉煌太守排官高敬於州西豪
　八里於甘泉都鄉卅上閘渠漑田百姓家頼
　田人頼其利目以爲号
　
陽開渠　長十五里
　右源在州南十里甘泉水上東河門爲其渠
　造堰横水七里圌八分風四人蔀卿渠延回
　田人頼其利曰以爲号

都鄉渠　長卅里
　右源在州南六里甘泉水西河門爲其渠下流
　造堰橫水七里圌前凉時卻祈甕寀渠二所
　地下卅年歲壞前凉時郡守爰彪隼武三年
　買石飾祗分令卅裝玒於世嘰田石任蔚居步園三文
　高三文厚豁口今湖南西城宫渠若
　
三支渠　長五里
　右源在州東北三里甘泉水上東河門爲其渠
　提守雪東十三里旨圌三文回以爲号

陰安渠　
　右在州西南六里甘泉水上至西凉録燉煌太守
　陰澹於州拱卸世上开渠凾田百姓家利而安
　回以爲号

一所壞堆水　闊卅六尺　深九尺　壩建塀四面
　右其壩西南用有天泉水爲而連源逹城留
　園通至果屬舍涜水至盛里根入河

三所澤
東泉澤

西州图经

唐 | 纸本
纵 27.1，横 98（单位：厘米）
法国国家图书馆藏

西州，即指今新疆维吾尔自治区的吐鲁番地区。因唐朝时，曾于此地置"西州"和"西州都督府"，故称"西州"。《西州图经》出自敦煌莫高窟藏经洞，原件残破，仅剩存47行，首尾残缺不全，剩下部分"道路篇"和"佛寺篇"内容。"道路篇"中记录了吐鲁番境内九条道路的分布和走向以及诸属县的分布、距离，这些道路名称分别是：花谷道、移摩道、萨捍道、突波道、大海道、乌骨道、他地道、白水涧道、银山道。唐代西州境内所属的六个县名也有记述，即高昌、前庭、柳中、蒲昌、天山、交河。"佛寺篇"记载了当时西州境内的几所佛教场所的位置。《西州图经》是研究吐鲁番地区交通的重要文献，具有重大的研究价值。

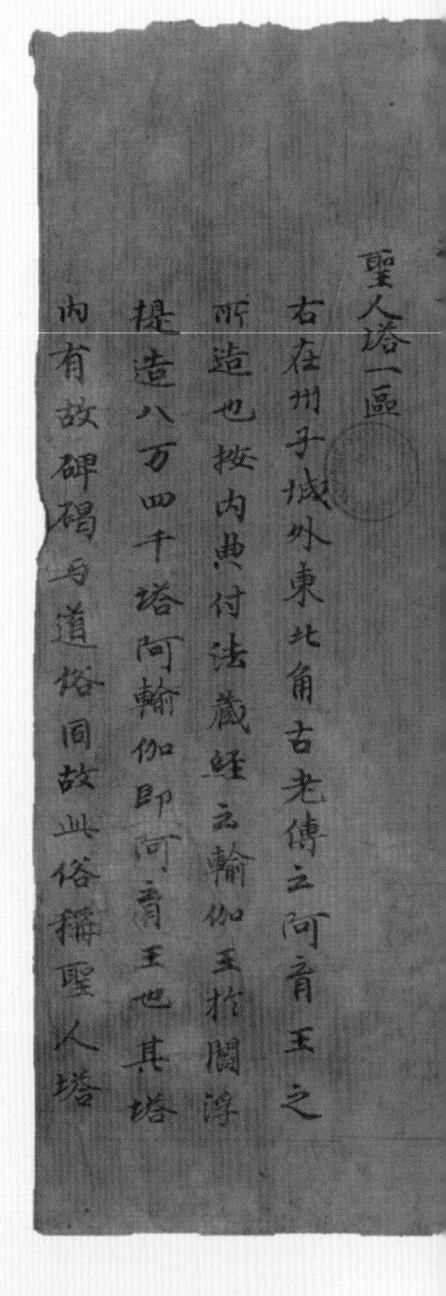

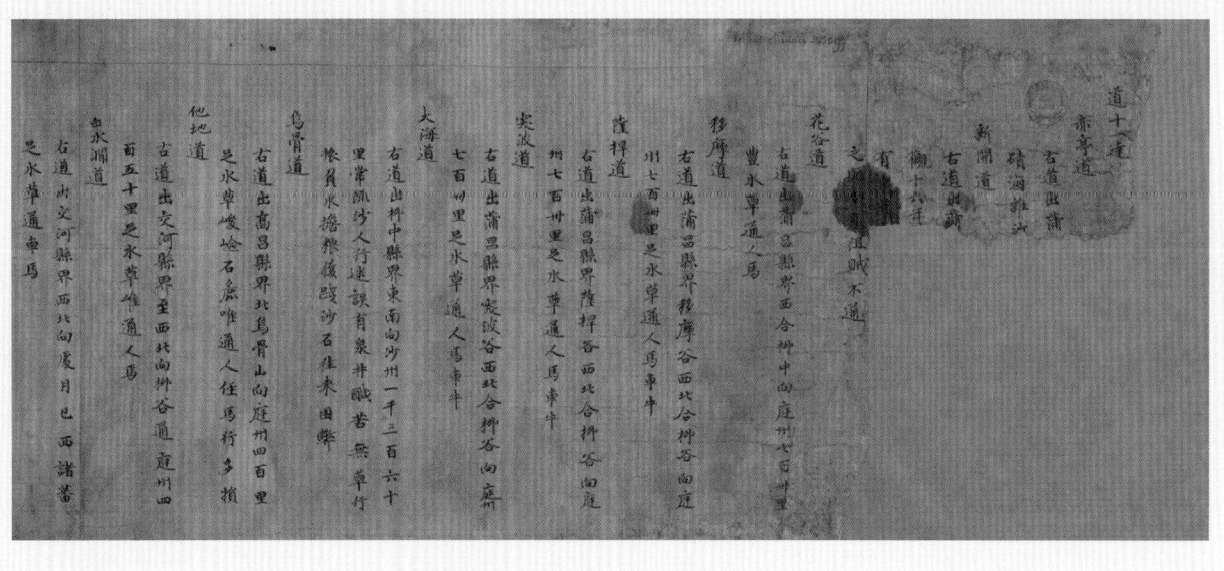

右道出交河縣界西北向處月巳西諸蕃
足水草通車馬

銀山道
右道出天山縣界西南向焉耆國七百里多
沙磧涸唯延烽足水草通車馬行

山窟三院
丁谷窟有寺一所幷有禪院一所
右在柳中縣界至北山廿五里丁谷中西
去州廿里寺其依山搆摋巘跡階廊塔
飛空虹梁飲漢巖鑾絲紅叢薄仟
眼既切煙雲亦蔚星月上則危峯迤邐
下輕溜潺湲寔仙居之勝地諒栖靈之
秘域見有名額僧徒居焉

寧戎窟寺一所
右在前庭縣界山北廿二里寧戎谷中峭巘三
成臨危而結搆曾巒四匝架逈而開軒既
庇之以崇巖亦環之以清瀨雲蒸霞橫

第三节　犍陀罗

张　总

"犍陀罗"之称，在佛教美术中如雷贯耳，其词源本为公元前6世纪已存之南亚古国，梵文拉丁转音（Gandhari），汉文古译"犍陀罗"等。犍陀罗为古天竺十六大国之一。此国疆域与核心区于不同史期发生变化，主要在今阿富汗东部和巴基斯坦西北部，地处兴都库什山脉以东，中为白沙瓦地区，其北至斯瓦特盆地，西达阿富汗哈达，东南至印度河塔克西拉。人口多居于喀布尔河、斯瓦特河、印度河等河流冲击形成的山谷区。此疆域曾属于古波斯、孔雀王朝、贵霜等国势力范围与领地，后为穆斯林所治。由于其实际位于欧亚大陆的联结点处，所以在人类文明史上非常重要。

犍陀罗艺术在现代得到注重，亦因19世纪中期佛教美术品的发现，略似20世纪新疆诸多文物大发现，英属印度发现希腊风犍陀罗艺术品也是大事，随后成为世界性重要常识。英国考古学者坎宁安、马歇尔开其先，意大利、日本学者续入，印巴学者新起，持续至今。

犍陀罗艺术的意义在于打破了无偶像的宗教艺术风习，且以希腊风格手法融入了印度传统。其兴起与流行从公元前1世纪跨至6世纪，存续时间远超当地的数个王朝与国度。亚历山大大帝（前326）东征兵锋所及，带来了希腊化的国家，亦短暂变幻，塞琉古王国早期疆界亦及此。但前2世纪时希腊裔的弥兰王（Milinda），于此区建强国后皈依佛教出家，留下了《弥兰王问经》（南传，北传为《那先比丘经》），亦成为佛教与文化史上佳话。佛教史上还有更重要的阿育王与迦腻色迦王，确实使佛教成为世界性的宗教。孔雀王朝在亚历山大后接治，阿育王更建立了统一印度的大帝国（前3世纪）。他奉行佛教慈善观念，遍铭法敕，结集三藏，并派僧侣外出传教，在南亚锡兰等国特别成功，佛教逾出古印度范围。至公元1世纪时贵霜王国亦成为疆界空前的大帝国，其中心就在犍陀罗，都城高附地（今阿富汗喀布尔）。犍陀罗领域佛教基础深厚，迦腻色伽时更达大乘阶段，高僧迭出、菩萨信仰等流行。其大王信仰或未若阿育王虔诚，但其宽容开明的政策，加之商业贸易发达、文化融通，特使佛教由此北传，众多传法僧与犍陀罗风艺术外播，造成的影响，或说甚至超过阿育王。由此流播的佛教，经籍义理与石窟塔像并行，入华先至新疆于阗（今和田），经塔里木边缘南北丝绸路道，米兰与库车、楼兰等至吐鲁番，再由阳关与玉门两关所在的敦煌到中原内地，当然后期也有海路南线之转输，使之遍及中国大江南北，而且再入朝鲜半岛及海东日本。古代宗教与艺术的传输，可以说全吻合于我们国家今天"一带一路"倡议的海洋与陆地路线。

释迦禅定坐像

贵霜王朝 | 石
高 35.8，宽 19.8，厚 8（单位：厘米）
巴基斯坦斯瓦特地区出土
旅顺博物馆藏

禅定像是贵霜时期犍陀罗艺术最流行的释迦摩尼造像形式之一，表现的是释迦牟尼佛禅定修行的形象。佛教史传认为释迦牟尼在菩提树下入定成道时采用的就是这种姿势。这尊释迦禅定坐像表现的是佛陀身着通肩大衣，结跏趺坐于方台座上，双目平视，神情安详。波状发式，高肉髻，有圆形头光。鼻梁与额头呈一线，凹目高鼻薄唇，耳垂丰满。双手于腹前，掌心向上，结禅定印。衣纹下垂隆起呈波谷状，立体感强。头光、头部、鼻、面部、右臂、右腿、右膝、手、台座等多处残损。斯瓦特（Swāt）位于巴基斯坦西北边境省，在伊斯兰堡西北约 160 千米处。斯瓦特是一处佛教胜地，汉文史籍称之为乌苌、邬坚、乌仗那等，中国古代的求法僧如法显、宋云、玄奘都曾亲赴其地，瞻仰佛迹。该地区属于广义上犍陀罗地区的组成部分，是目前发现犍陀罗佛教造像的一个重要区域。

石雕礼拜佛陀浮雕

2—4世纪 | 石
高 27.3，长 50.5、厚 11.7（单位：厘米）
巴基斯坦夏巴兹格里出土
旅顺博物馆藏

旅顺博物馆收藏的这件转法轮佛三尊像是著名的大谷收集品，出土地为犍陀罗腹地的夏巴兹格里（Shabbaz-garhi），玄奘《大唐西域记》中的"跋虏沙"就是指这里，处于喀布尔河下游、犍陀罗河谷腹地，有《太子须大拏经》中的佛教遗址，是犍陀罗佛教艺术的核心区域。

造像在一块长 50.5 厘米，高 27.3 厘米，厚 11.7 厘米，下端带榫的石质浮雕嵌板上，石料的材质为犍陀罗造像常用的灰质页岩。从画面的整体布局来看，三个人体一字排开，从视觉上大小相当，三者以正面、侧面、斜面三种不同的姿势巧妙搭配，既疏朗有度又和谐一致、主题突出，特别是左右都有明确的留白，空间感较强，这种构图方式显然是古希腊罗马的艺术手法，不同于印度本土秣菟罗艺术密不透风的空间布局。释迦佛居中而坐，头顶上方为伞形双枝菩提树，缕发中分后梳，有小髭，着通肩长袍，长袍盖住双脚，左手捏衣角，深目高鼻，嘴角深陷，衣纹呈阶梯状上升，这些也同样是受古希腊罗马艺术风格影响的结果。

第四节
长江沿线的出土佛像

费 泳

中国汉唐的佛教艺术,完成了由萌生走向成熟直至鼎盛的过程,同时经历了从古印度传入到本土化再到向海东地区的输出过程,汉传佛教文化圈的建立也完成于这一时期。

佛教艺术由古印度传入中土的渠道,主要有北方丝绸之路、南方滇缅道及海上丝绸之路。北方丝路以克什米尔、白沙瓦为中心,由中亚向我国于阗、龟兹、敦煌沿线传播。南方由滇缅古道进入中国云南,经四川沿长江而下影响湖北、安徽、江苏、浙江等地,并波及山东。海上丝路经南海诸国传至我国东部沿海地区。对于这三条道路进行过佛教传播学术界没有争议,问题是哪条路线发生时间最早。

先有梁启超在《佛教之初输入》中认为"佛教之来,非由陆而由海,其最初根据地不在京洛而在江淮"。伯希和在《牟子考》中认为佛法输入中国"纪元一世纪之时,循云南及缅甸之通道,二世纪时走交州南海之通道"。之后,汤用彤在《汉魏两晋南北朝佛教史》中表达了不同观点,认为"佛教东渐,首由西域之大月氏、康居、安息诸国。其交通多由陆路,似无可疑"。北方西域传入说影响了吕澂、任继愈、许里和等大批学者。

"西域佛教早于内地"这一观点多年来沿袭成说,然在20世纪80年代受到冲击,俞伟超在《东汉佛教图像考》等文中对东汉佛教考古资料进行列举,内容包括内蒙和林格尔壁画墓中的降生故事和舍利像、山东沂南画像石墓中的立佛像、山东滕县画像石中的《六牙白象图》、四川乐山麻浩和柿子湾崖墓中的佛坐像、四川彭山崖墓所出摇钱树座上的一佛二菩萨、连云港孔望山摩崖造像等。东汉时期佛教资料的分布,似并未遵循传统意义上北方丝路由西向东的输入路线。

近些年来,在南方长江沿线相继发现大量汉至西晋佛教遗物,获得佛造像资料140余处,其中有确切纪年的30余处,年代最早的佛像为东汉延光四年(125年)。这些资料显示中国早期佛教造像应先兴于南,后盛于北,中国南方是中国佛教造像的萌发之地,由四川沿长江流域传播,影响波及山东、朝鲜半岛至日本。这批佛教造像究竟是印度由滇缅道传入,还是由西域取羌中路线进入,学界观点不一。此外连云港孔望山东汉浮雕佛像的存在,又显示海路传入的可能。

随着断代能力的提高,对西域考古发掘使用科学方法测得的年代数据,证明西域佛教遗存远较内地为晚。此外,依据正史记载,西域佛教的传入也不早于内地。传统的佛教西域传入说受到挑战,有关佛教最早的传入路线问题,仍存有学术争议。

新疆最早的佛教遗存大约在3世纪初,北

北魏永安二年（529年）韩小华造弥勒像，青州博物馆藏

魏皇家开凿的云冈石窟造像，受到来自十六国时期凉州的影响。之后，北方丝路古道的佛教艺术由西向东的传播势头开始减弱，转而出现由东向西的逆向波动轨迹，并呈现由南向北辐射和渗透的状态。导致这一现象的原因是多方面的，有北魏都城平城实力的集聚和南朝影响力的增强，更重要的还应与佛教域外传入路径的改变有关。5世纪中期，西域传入线已渐趋为南方海路所取代。

南方在东晋时期，造像传入自有渠道。晋义熙初年，师子国（今斯里兰卡）献玉像，高四尺二寸，制作精美，置建康瓦官寺，与顾恺之的维摩诘像、戴逵的五躯手制佛像并称瓦官寺"三绝"。《法显传》载，东晋僧人法显于师子国返回，原计划目的地是广州，后遇风浪于山东青州登岸，其随船带有大量经像。这些多由海路进行的佛教交往，在南北朝时期得到进一步加强。

南北朝时期，发生在当时印度西北地区的变故，对我国北方佛教的传播格局产生了重大影响。5世纪初，笈多王朝受到西北部嚈哒人的挑战，他们于460年灭掉大月氏，占领了犍陀罗地区，势力远及康居、安息、于阗、沙勒等三十余小国，在其辖地毁窣堵坡，废僧伽蓝。法显周游北印度时，这一带佛教还较为兴盛，至北魏宋云入嚈哒国，已是"不信佛法，多事外神，杀生血食"，唐玄奘也对此地佛教被毁情况多有记述。

嚈哒统治时期，犍陀罗及于阗佛教处于瘫痪状态，盘踞在高昌的沮渠政权及柔然与北魏互有敌意，传统意义上发生在丝路古道上的佛教东传，在北朝文成帝以后趋于停滞。随后，北魏发生了孝文帝改制事件，佛教造像风格主要由南线传入。源自南朝的"秀骨清像"佛像，在5世纪末以后给中土造像带来了大一统的局面，时间长达半个世纪。如果说这是佛教传入中土后，本土化程度高度成熟的体现，那么发生于6世纪中期的又一次大规模风格转变，则是向"印度化"风格的回归，学界通常用"面短而艳"概括，隋唐造像正是此风的延续，这一风格的形成较多吸收了笈多造像特点，应与梁武帝大力推进与域外佛教交往有关。

南方与域外的海路佛教交往，至南朝更趋频繁，往来国家中，师子国及扶南国（今柬埔寨）成为取代印度向中国传播佛像的主要国家。史书记载，晋宋时期中土造像多由师子国传入，齐梁年间转由扶南国传入。相对于南线海路域外造像频繁地输入，同期北方西域线的对外交流较为鲜见，且僧人往返不走河西走廊，多由河南道西出。

印度教在印度的复兴发生在5世纪或更晚一些，位于德干高原奥兰加巴德的阿旃陀石窟，其佛教造像是在6世纪末衰落，造像中心为崇奉印度教和耆那教的埃罗拉石窟所取代。

佛教在印度趋于式微之时，代之而起的是师子国佛教的兴盛，佛教向南传播以这里最为发达，晋宋之际，师子国已是南方重要的佛教圣地，并成为天竺佛教南传路线上的中转站。扶南位于印度与中国这两个最大的亚洲佛教古国之间，其重要地位堪比西域的于阗或龟兹。5—6世纪，扶南已成为沟通印度、斯里兰卡和中国佛教文化的又一要冲。

东晋、南北朝时期，北方佛教中心由凉州转至魏都。5世纪中期，西域传入线受阻，同期南方造像鼎盛，印度、师子国、扶南，至广州、建康、青州的海路航线均已畅通，这一格局的转变，成为5世纪末以后北方佛教造像风格南式化的外在决定因素。也正是在东晋、南北朝时期，中国佛像东传朝鲜半岛和日本，汉传佛教文化圈形成。

■ 北宋铜鎏金菩萨立像，浙江省博物馆藏

北魏石佛坐像,甘肃省博物馆

鎏金华盖铜佛坐像

后秦｜金铜
高 19 厘米
泾川县玉都乡太阳墩村出土
甘肃省博物馆藏

佛像通体鎏金，由主尊、背光、华盖和四足方座分铸套接而成。主尊磨光高肉髻，面形方圆，高鼻小口，大耳垂肩，头部微微前倾，双目下视。身着通肩式袈裟，衣纹呈 U 字形自胸前重叠下垂。双手结禅定印，跏趺坐于双狮座上。双狮中间浮雕莲花化生形象，下承四足方座，其上雕饰云气纹。底座中间有长方柱状中空凸起，可与佛像底的空銎套接。背光和项光由大小两个圆形相叠而成，其上浮雕莲瓣，边缘刻云气纹。其顶部两侧各有两个圆孔，推测当初可能安装有飞天像，惜已散失不存。佛顶有圆形华盖，中心有孔连接华盖柄，孔周有两道凹同心圆弦纹。华盖折沿有 16 个小孔，为悬挂璎珞等饰品所用。这是一件少见的构件完整的佛像。其 U 形衣纹、束发式高肉髻、双狮佛座及圆鼓的眼睛，明显受犍陀罗佛像的影响。特别是葫芦形背光在公元 1 世纪迦腻色伽金币上的佛像中出现过，细小的云气纹也常出现在早期的佛像上。但四足方座是传统的中国式样，常见于汉代画像石中，可谓外来佛教艺术与中国传统式样结合的珍品。

该造像于 1976 年在甘肃省泾川县玉都公社太阳墩大队一处窖藏中被发现，出土时被置于两个扣在一起的铜盆中，同出的还有小铜盆 1 件、铜扁铃 3 件、铜熨斗 2 件及铜印 1 方。铜印为卧马钮，白文篆书"归义侯印"。

二佛并坐龛

北魏 | 石
高约 30，宽约 30（单位：厘米）
1956 年大同城南修路工地出土
大同市博物馆藏

尖楣圆拱龛，内释迦、多宝二佛并坐，袒右肩袈裟，均举右手，体魄高大。龛外两侧分布二胁侍菩萨。二龙尾部相交形成尖楣，龛额浮雕十身供养人。龛下方中央雕刻博山炉，左右狮子相对。

"二佛并坐"是北魏太和年间流行的造像题材，在云冈石窟中非常普遍。"二佛并坐"题材源自《妙法莲华经·见宝塔品第十一》，其中描写了多宝塔的出现，即宝塔从大地涌现，多宝如来从塔中出现赞叹释尊说法的真实。多宝如来曾发誓愿：无论是任何地方，只要有人在那里说《法华经》，自己的宝塔就必定出现在那里。与会的大众都表示希望拜见多宝如来，于是释尊立即召集十方世界的分身佛，以达成必不可少的条件。释尊打开宝塔的门，多宝如来从中呼唤释尊，并且让出自己的一半座位请释尊同坐。这个场面叫做"二佛并坐"。

"二佛并坐"造像在印度和中亚佛教艺术中不见遗存品，是中国法华艺术独有的表现形式。北朝时期的法华艺术，以释迦、多宝二佛并坐像为主，同时又与出自其他经典的题材相组合，共同构成了北朝法华艺术的主要形式。云冈石窟、敦煌莫高窟、龙门石窟、炳灵寺石窟、马蹄寺石窟中皆可见该类型的图像或造像。其中云冈石窟数量最多，多达 300 余处。其整体发展呈现出了由北魏都城向河西走廊传播的特征。

这种题材在北魏时期十分盛行。它也是北魏太和前期孝文帝和冯太后共同执政这一政治现象在佛教中的体现。

浙江鎏金铜佛

南朝至隋 | 金铜
浙江金华万佛塔地宫出土
浙江省博物馆藏

地处长江下游地区的浙江，在中国境内出土早期佛教遗物最多。在三国西晋时期的墓葬和窑址中，多发现有佛陀形象的器物，如青瓷堆塑罐、佛像夔凤镜等，这些都是佛教传入中国后在越地流行的实物见证。南方佛教通过海路东来，在南朝梁僧祐《出三藏记集》中即有记载，东晋义熙八年（412年）僧祐还荆州，遇天竺五舶主，可知东晋时期印度海船已溯长江至江陵。东晋南朝时期，江南地区与亚洲南部的佛教文化交流多通过海路，南朝铸造的金铜造像在今南亚沿海时有发现。

1956年，金华万佛塔地宫出土的这尊南朝至隋代金铜菩萨造像，可作为这一时期供奉和礼拜对象的典范。菩萨面含微笑，头戴花冠，桃形头光，缯带披落至手臂两侧。颈部饰项圈，胸前挂交叉穿璧璎珞。双手合十，上身袒露，披巾自身后绕至身前呈上下两层，再分别绕搭至左右双腕。跣足立于仰覆莲座之上，覆莲之下为多边形台座。

1982年，宁波天封塔地宫出土的一尊朝鲜半岛统一新罗时期铸造的鎏金铜佛立像，深受唐风影响。佛像高肉髻，满饰螺发，有髻珠；头部呈卵形，通肩袈裟紧贴身躯，衣纹呈多重水波纹；左手施与愿印，右手施无畏印，跣足立于仰覆莲座和多边形台座之上。舟形背光外缘饰火焰纹，头光与身光内饰镂空卷草纹，外缘镶嵌11颗珍珠。该像在海陆交汇的港口宁波出土，正反映了海上丝绸之路的繁荣和佛教交流传播的频繁。（黎毓馨）

盛唐鎏金铜佛像

唐 | 金铜
陕西历史博物馆藏
高 11（单位：厘米）

佛陀头上有高肉髻，发纹呈缧状。面部丰满，头微颔，神情恬然。颈部有二道褶印。身着袒右式袈裟，袈裟下摆紧裹双腿，双足不露出外形。左手向下抚膝，右手上举施无畏印，结跏趺坐于底面八边形的束腰仰覆莲座上。莲座上搭覆布，下设镂空壸门方台，镂空桃形背光，饰以火焰纹。

唐代国运昌隆，佛教兴盛，是中国佛教造像的鼎盛时代。初唐时期，佛教造像仍继承隋代遗绪，略显僵硬。盛唐时期，佛教造像从印度的笈多造像艺术中吸取养分，并与健康饱满、雄浑华丽的时代风尚相融合，使得佛教造像愈加精妙成熟。这时期佛教造像呈现出造型注重写实、形象生动自然、气度典雅华美的特点。佛的面颊圆润，体态饱满，比例适度。发髻从北朝末期较为低矮样式发展到隋代较为高耸、纹路起伏明显的样式。台座流行束腰式，呈六角形、八角形、圆形或花口形，上面搭覆布，布纹转折曲复杂而生动。这些特点也反映在这件盛唐时期的小型金铜佛像上。（赵青）

第三章
商人的路线

子本频蓄息，货贩日兼并。
求珠驾沧海，采玉上荆衡。
北买党项马，西擒吐蕃鹦。
炎洲布火浣，蜀地锦织成。
越婢脂肉滑，奚僮眉眼明。
通算衣食费，不计远近程。
经游天下遍，却到长安城。
城中东西市，闻客次第迎。

元稹《估客乐》

图例

— 粟特人的迁徙路线　● 粟特人所经过的地点
— 贾耽所记航线　● 贾耽所记载的地点
--- 贾耽未记的阿拉伯航线
⋯ 假设的阿拉伯海航线

粟特人路线出处：根据荣新江《中古中国与粟特文明》（三联书店，2014年）第四页所绘
贾耽路线出处：根据黄时鉴主编的《插图解说中西关系史年表》中的唐宋中西海上交通图所绘

■ 粟特与阿拉伯商人的路线

第一节
唐代胡商形象俑

葛承雍

多年来，考古出土的唐代胡俑中背行囊弯腰者较为多见，海内外学术界许多研究者都将他们定名为"步行胡商"或"波斯胡商""大食商人"，指代穿越茫茫西域丝绸之路的商人。凡是向人们展示丝绸之路商贸时，就会摆出这类胡商形象的陶俑。

从目前搜集到的几十具这类胡商陶俑造型来看，形象可大致分为三类：一是弯腰负重者，二是端立不动者，三是手持包袱者。每一类都形象基本雷同，姿态常规不变。

1. 弯腰负重者

由于这类背负包囊而被压成驼背的胡俑，作躬身行走状，所以被形容是穿越茫茫西域丝绸之路的商人，即"行进于沙漠之中执壶背囊的大食人"；还有人把他们描绘成沿着丝绸之路长途跋涉的波斯商人，是不畏艰辛的"行旅商人"或估客，"模仿原型肯定是千里迢迢长途贩运的中亚胡商"，但这样的判断令人生疑。单独一个胡商背负着如此沉重的包囊，没有携带必备生活用品，根本不可能长途跋涉穿越沙漠戈壁。漫漫路途没有护送，不跟随驼帮或马队、驴队，非常容易遇到劫匪强盗或自然灾害的侵袭。所有的胡商陶俑，造型上全都戴帽子，都穿一样的长及于膝盖的夹衣皮袍，少有束腰单衣长衫装扮，似乎旅程中总是寒冷季节无分冬夏。而且皮袍下摆均被风掀开一角，颇有风餐露宿之态。胡商都穿粗糙的长毡靴，而不是精细的短皮靴，或是裤筒扎进鞋履，靴鞋是他们最重要的装备之一，不仅暗示他们比较寒酸，亦意味着他们身份较低。

从艺术造型上说，雕塑工匠细切入微地状写了胡商的形象：一种是莞尔而笑，风尘仆仆中露出善良本分；一种是低头俯视、气喘愁苦，眼神迷茫中带着警惕，似乎是迷失方向的贩客。饱满动容的形象背后是细腻的心理刻画。这种胡商流动广泛，属于小商小贩无恒产者，甚至属于社会底层"游民"行列，作为"贩夫走卒"地位肯定不高。他们流落游走于城乡之间，渗透在乡里草根和市井平民中间，无法与那些粟特富商大贾相比。这类胡商全身粗糙的服饰已经说明了身份。富有的胡商绝不会自己背负沉重的行囊步走。

从社会身份上说，独立的小商贩身份不会很高，可算是地位卑下的弱势群体。在雕塑者眼中，低头、佝偻的负重形象并不美好，曾有人谐谑驼背人"出得门来背拄天，同行难可与差肩。若教倚向闲窗下，恰似箜篌不著弦"。值得注意的是，这类胡商都不是年轻人形象，而从史君墓、安伽墓等发现及美秀美术馆所藏的粟特商队图像上可以看到，商队的主要成员应当是青壮年的男人。

卧驼及骑驼俑，
西安博物院藏

2. 端立不动者

这类陶俑全都是站立者，双腿恭恭敬敬站直，一律右手手握执壶，其范式没有变化，仿佛是听从主人的命令，或是恭顺地讨好主人神态。然而，胡商为什么被塑造成如此谦恭顺服的形象，令人纳闷。笔者曾认为这类站立端正者就是史书上记载的"细脚胡"。

"细脚胡"大概原指体形细瘦、地位低微的胡人，后引申为那些携带轻便而易于步行运输货物的胡商。《北史·儒林传》记载："何妥字栖凤，西域人也。父细脚胡通商入蜀，遂家郫县。事梁武陵王纪，主知金帛，因致巨富，号为西州大贾。"然而，"细脚胡"事例仅此一则，很难据此定性。唐代被商人（包括胡商）雇佣运输货物、驱使驼马的"作人"又称为"赶脚""脚夫"，他们是商业经济领域中的重要劳动力。从吐鲁番文书过所来看，往来西域沙碛长途贩运"行客"必须雇佣有"根底"认路而又强壮的赶脚。然而，这样的赶脚往往只是装货卸货的搬运工，本人不是行走小商贩，他们与驼队雇主有着不能脱离的依附关系，不是自来自往的单帮，不会是孤苦伶仃的形象，也不会手持波斯式胡瓶，所以作人与单独背负行囊商贩应该有区别。

胡人手拿的执壶（或银胡瓶）究竟作何用？对此，一种观点认为路途遥远，胡商手拿的囊壶是喝水之用；另有观点认为胡商手执的胡瓶乃是叫卖的物品。我猜测胡商手中所持是胡瓶而非囊壶，也即胡商经常提及的银胡瓶、金胡瓶。只有胡商才有金瓶使用，或许是他们必带的身份标志，而不仅是一般的生活用品。作为胡商身份表征，艺术工匠才会将其塑造在胡俑形象上。

客观地说，出身小商贩的胡商肯定地位低微，他们要饱受地方官府的管控，缴纳衙署关口的赋税，经常遭受捐客牙人的居间盘剥，以及孤单上路伴随商旅沿途风险等苦楚。仅从公元4世纪粟特商人之间的书信来观察，他们经常由于时局危机而陷入困境，没有什么乐观的消息；而且信件显示出那种"在一个相当广泛地理区域内活动的小商贩"的典型特征。在唐代社会中，民间商人被视为"杂类""贱类""杂流"等社会阶层，被贵族士大夫乃至一般市民看作唯利是图的小人，是不能登大雅之堂，也不能入仕做官的。即使在一些博戏玩乐场所，属于贱类的商人也常被人驱逐出去，不得与良人平民共嬉同戏。

3. 手持包袱者

这类手持包袱的陶俑出土较少，这里从形象上见仅举三例：

其一故宫所藏之定名为"唐代大食人"的陶俑，头戴卷檐高帽，包袱内包裹的物品据研究者推测是丝绸，大概是因为丝绸可以卷成包袱。实际上这位胡俑左手夹持包袱，右手似乎在振臂挥手、吆喝叫卖或捏码交易。

其二满脸胡须的胡商俑，左胳膊手夹卷裹的纺织品，右手举起作交易捏码状，侧身似乎在讨价还价。美国博物馆研究者称此为闪族人，即阿拉伯人或犹太人，认为是来自喀什的卖小地毯或是小毛毯的商人。也有人认为是来自伊朗东部的商人，在唐朝控制中亚时类似形象和衣着者多是闪米特（Semite）人。

其三头发中分的站立俑，被美国私人收藏家判定为西亚商人，其头发被梳成突厥式，但穿着波斯胡服；右手夹拿毡毯于腰间，左手举起胳膊，仿佛正在市场上吆喝叫卖。但我们不能肯定他手拿的是毡毯还是包袱。

我们看到的这些手持包袱的胡俑，显然不是大商人，只是市集上叫卖的小商小贩，流动性极大，哪里有利就走向哪里。中唐以

■ 1954年西安灞桥出土，陕西历史博物馆藏

后，朝廷文臣官僚多指责商人暴富，甚至夸大其词说商业发展加剧了农民的贫困。实际上，社会各个阶层各有分野，不会都去经商，何况小商小贩的资产与营业范围有限，本小利微，营业范围不广，无需雇人，"鬻贩为业，日逐小利"，经常是亦商亦农兼有。但是估计这类小贩人数众多，与芸芸众生的生活非常密切。

唐代宗大历十四年（779年）七月诏令鸿胪寺，规定"蕃客入京，各服本国之服"。但这仅针对国家官府使节，我们可以看到一些胡商俑戴着唐人幞头，可能是装束打扮上接近唐人，更容易融入城乡社会。

"胡商"原本只存在于文字中，要形象感受，唯有依靠古代雕塑绘画艺术工匠的描摹记录。这使人很容易推想到工匠对胡商形象非常熟悉。他们顺从墓主人家庭要求，相信如能让俑环立侍侯，就是和灵魂接触的最好印证，所以工匠制作那些小本经营胡人商贩的造型，放在墓中随时满足主人需要，而且胡商俑一定是含辛茹苦的憔悴形象。

■ 西安市王家出土，陕西历史博物馆藏

■ 1948年长安嘉里裴氏小娘子墓出土，陕西历史博物馆藏

背囊胡商俑

唐 | 彩绘陶
高 23.5 厘米
河南洛阳出土
洛阳博物馆藏（000071）

考古出土的唐代胡俑中，胡商多为背负着方形行囊被压弯腰的形象。为了判定胡商身份究竟是富豪、坐商还是行商、贩客，确认背囊里究竟装载何种物品极为关键。

根据《吐鲁番出土文书》所记录高昌时期市场交易状况，当时官市收取"称价钱"的账历残片，交易货物有黄金、白银、蚕丝、石蜜、香料、药材、鍮石、硇砂等。尽管这些交易货物种类出自西域一个地区，但也具有一定的代表性。经过文物与文献记载互补，我们认为有以下可能性：

1. 石蜜：石蜜一般为固体的硬糖块，将甘蔗汁或糖稀加热浓缩，配合牛乳、米粉煎炼合成。石蜜价格昂贵，利润空间大，自然成为胡商贩运的货物。

2. 杂货：如果胡商确实是货郎，他们的行囊就可能是摆放兼展示物品的货箱子，放下后打开即为多层木制榻子或货架，方便买主顾客挑选货物。胡人不用担挑，背在身后便于快速行走。

3. 药材：唐代各地均有药市，城乡百姓遭受病痛折磨时急需用药，药市店主和草肆摊贩均可提供。流动于全国大小市镇和江湖上经营药材买卖的人，经常吸引着众多有病求医的患者。

这样看来，这类胡商陶俑不是丝绸之路上骑驼牵马的贩运行商，只能是长安、洛阳两京以及其他州府城镇活动的小贩。这种胡商走街串巷、进坊入曲，是出卖异地商品的小买卖人。（葛承雍）

对狮对象牵驼人物纹锦

北朝 | 平纹经锦
长 39，宽 19（单位：厘米）
中国丝绸博物馆藏

此锦为 1:2 平纹经锦，经线三组，分别为蓝色、褐色和白色，图案经向循环为 12.5 厘米，纬向循环通幅。图案以对波纹为骨架，骨架中排列各种不同的纹样母题，所有纹样均在经向有镜向对称，因此，每一个骨架中表现的都是一正一倒的两个形象。原织物中间为一典型的庙宇式结构建筑，室内有一正面坐像，很有可能是一尊佛像，室外左右两边各坐一人，表现的可能是一佛二弟子的造像。两侧各有三组纹样，从左到右分别是走象、卧狮和牵驼，其中牵驼人物所表现的正如一位商人牵驼来到一泓清泉边，清澈的泉水映出了完整的人形。

骆驼被誉为"沙漠之舟"，在北朝至唐代的丝绸、雕塑、壁画等各种载体上频频出现，骆驼按其驼峰的数量分为单峰驼和双峰驼，该锦片上的骆驼形象为双峰骆驼，这种骆驼产于我国及中亚，属巴克特利亚种，也是中国境内艺术品中较为常见的骆驼形象。骆驼行走于沙漠之中，而沙漠中带领驼队从事贸易的则以胡商居多，因此胡人牵骆驼、胡人骑骆驼的搭配，中原人视为理所当然，唐代杜甫更是留下了"胡儿制骆驼"的诗句。此件织锦的驼下还织有铭文"胡"字，极可能表现的就是丝绸路上的胡商形象。同类织锦发现甚多，见于报道的有新疆吐鲁番出土的"胡王"牵驼锦、狮象纹锦和青海都兰出土的对狮对象牵驼人物纹锦。（徐铮）

胡人牵驼砖

唐 | 砖
长 35.8，宽 34.5，高 6（单位：厘米）
敦煌研究院藏（Z00065）

此砖出土于敦煌佛爷庙唐墓，位于墓壁下部。砖上骆驼背负重驮，四肢健捷，昂首阔步，甩尾前进。牵驼人头戴中亚塞种人的尖顶帽，高鼻深目，身穿圆领窄袖服，右手紧握缰绳，左手杖短杖，表现了牵驼人与骆驼长途跋涉的精神面貌。砖面构图均匀、紧凑，造型比例适度，神态生动真实，刀法熟练，从内容到形式均属敦煌文物代表作品中之上乘。不仅具有较强的艺术感染力，而且具有珍贵的历史价值，它真实地再现了当年运载丝绸等货物的骆驼商队不畏艰险，日夜兼程，在叮当作响的驼铃中行进的情景。看到它不禁使人想起唐代诗人张籍《凉州词》中"无数铃声遥过碛，应驮白练到安西"的生动诗句。它是中西经济、文化交流的历史见证，国际间友好往来的象征。

第二节
入华粟特人及贸易网络

荣新江

粟特人，从人种上来说，他们是属于伊朗系统的中亚古族；从语言上来说，他们操印欧语系伊朗语族中的东伊朗语的一支，即粟特语（Sogdian），文字则使用阿拉美文的一种变体，现通称粟特文。

粟特人的本土位于中亚阿姆河和锡尔河之间的泽拉夫珊河流域，即西方古典文献所说的粟特地区（Sogdiana），其主要范围在今乌兹别克斯坦，还有部分在塔吉克斯坦和吉尔吉斯斯坦。在粟特地区大大小小的绿洲上，分布着一个个大小不同的城邦国家，这些国家包括：康国、安国、石国、米国、史国、何国、曹国、戊地、火寻、穆国、毕国等，不同时期或有分合，中国史籍称他们为"昭武九姓"。这些国家的人进入中国，按照以国为姓的原则，往往被赋予中国式的姓氏：康、安、石、米、史、何、曹、贺、翟、穆、毕等。

历史上的粟特人从未形成一个统一的帝国，因此长期受其周边强大的外族势力控制。粟特人在各异族统治下，非但没有灭绝，反而更增强了自己的应变能力，不仅保存了独立的王统世系，而且成为中古时代控制陆上丝绸之路的一个独具特色的商业民族。

在公元3至8世纪之间，也就是大体上相当于中国的汉唐之间，由于商业利益的驱使，以及粟特地区的动乱和战争等原因，粟特人沿传统意义上的陆上丝绸之路大批东行，经商贸易，有许多人就此移居中国，一去不复返。

粟特人东来贩易，往往是以商队（caravan）的形式，由商队首领（caravan-leader）率领，结伙而行，他们少者数十人，多者数百人，并且拥有武装以自保。考古发现的一些北朝末年的粟特首领墓葬的石棺或石椁图像中，也常常可以见到粟特商队的情况。如北周凉州萨保史君（葬于580年）的石椁即描绘了一幅商队行进图。商队最前面是两个骑马的侍卫，其中一位可以看见腰间悬挂着箭袋。后面是两头驮载货物的骆驼，再后面是一位头戴船形帽骑着马的商队首领，右手上举握着望筒，正在瞭望、观察前方的动静。在两头骆驼的右上方，有两匹马和一头驴驮载着货物并行，后面一持鞭男子正驱赶前行。

中古时期丝绸之路上的某些路段常有强盗出没。为了抵御路上的强盗，以及某个敌对政治势力的官军的劫掠，粟特商队除了要人多势众外，还要有武装人员护卫。尽管有武装护卫，粟特商人仍然会在路上遇到危险的情形，正像敦煌莫高窟第45窟所绘的那幅著名的胡商遇盗图一样，商人只好把货物摆在强盗面前，请求免死。1959年在新疆克孜勒苏柯尔克孜自治州乌恰县一个山崖缝隙间，

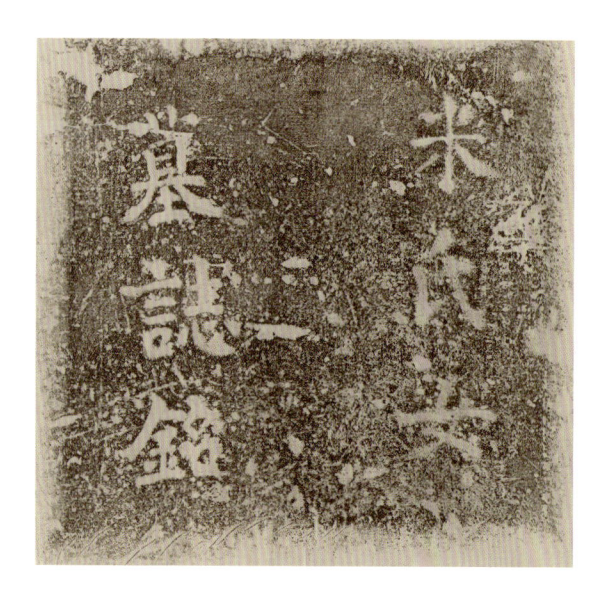

■ 米宁女九娘墓志（江苏扬州），中国国家图书馆藏

曾发现947枚波斯银币、16根金条，可能就是商人遇到强盗时紧急掩埋的结果。

这种有组织的粟特商队的首领，粟特文叫做 s'rtp'w，汉文音译做萨保、萨甫、萨宝等，意译就是"首领"。我们知道萨保不仅是粟特商队行进中的领袖，而且也是粟特人建立的胡人聚落的统治者，由于大多数早期东来的粟特人信奉的是粟特传统的琐罗亚斯德教（祆教），所以聚落中往往立有祆祠，萨保也就成为粟特聚落中的政教大首领。

粟特商人在丝绸之路上的一些便于贸易和居住的地点留居下来，建立自己的殖民聚落，一部分人留下来，另一部分人继续东行，去开拓新的经商地点，建立新的聚落。久而久之，这些粟特聚落由少到多，由弱变强，少的几十人，多者达数百人。在中原农耕地区，被称为聚落；在草原游牧地区，则形成自己的部落。

从十六国到北朝时期，这样的胡人聚落在塔里木盆地、河西走廊、中原北方、蒙古高原等地区都有存在，散布十分广泛。通过粟特文古信札、敦煌吐鲁番发现的文书、各地出土的墓志，我们已经可以清晰地勾勒出一条粟特人东行所走的丝绸之路，这条道路或者从粟特本土经怛逻斯、碎叶、弓月到北庭，或者从粟特本土进入费尔干纳盆地，越过帕米尔高原到疏勒（喀什），然后沿塔里木盆地分两道：从西域北道经据史德（今新疆巴楚东）、龟兹（库车）、焉耆、高昌（吐鲁番）、伊州（哈密），从南道则经于阗（和田）、且末、石城镇（鄯善），最后都进入河西走廊，经敦煌、酒泉、张掖、武威，再东南经天水、原州（固原），入长安（西安）、同州、洛阳，或东北向灵州（灵武西南）、夏州（统万城)、并州(太原)、云州(大同东)乃至幽州(北京)、营州(朝阳),或者从洛阳经卫州(汲县)、相州(安阳)、魏州(大名北)、邢州(邢台)、定州(定县)、幽州(北京),再到营州。另外,还有经西平(鄯州,今西宁)南下吐蕃之路,还有从并州南下介州的南北道路。在这条道路上的各个主要城镇,几乎都留下了粟特人的足迹,有的甚至形成了聚落。

粟特人建立的殖民聚落,可以举蒲昌海(罗布泊)地区的聚落作为典型。据敦煌文书《沙州伊州地志》和《沙州图经》记载:"贞观中(627—649),康国大首领康艳典东来,居此城(鄯善城),胡人随之,因成聚落。"在鄯善(石城镇)一带,还有随康艳典而来的粟特移民建筑的新城、蒲桃城、萨毗城,反映了粟特人城居生活形态和善于种植葡萄的本性,而且这里还有维系胡人精神生活的祆教寺院——祆舍一座。粟特聚落自有其自身的文化生活,近年来由于一系列粟特石棺床图像的发现,特别是安伽墓的图像,使我们了解到粟特聚落内宴饮、狩猎、会客、出访等日常生活场景,也获得了他们婚姻、丧葬、信仰等方面的信息。

北朝、隋、唐时期的中央和地方政府为了控制这些胡人聚落,把聚落首领萨保纳入中国传统的官僚体制当中,以萨保为一级职官,作为流外官,专门授予胡人首领,并设立萨保府,其中设有祆正、祆祝、长史、果毅、府率、府史等官吏,来管理聚落行政和宗教事务。

唐朝建立后,把正式州县中的胡人聚落改作乡里,如西州的胡人聚落设为崇化乡安乐里,敦煌则以粟特聚落建立从化乡,两京地区城镇中的胡人同样不会以聚落形式存在,但边境地区如六胡州、营州柳城等地的胡人聚落,应当继续存在,北朝、隋、唐的中央政府对粟特聚落的控制是一个漫长的过程。

目前所见最早的有关粟特商人在中国活动的记录,是敦煌发现的粟特文古信札。其中记载公元4世纪初叶,有一批粟特商人以凉州武威为大本营,派出商人前往洛阳、邺城、金城(兰州)、敦煌等地从事贸易活动。通过古信札所述内容,我们了解到粟特人的经商方式,是以自己建立的聚落为基地,派出一批批商人,到不同的地方去经营。

粟特人经过长时间的经营,在撒马尔干和长安之间,甚至远到中国东北边境地带,建立了一系列的殖民聚落,这些聚落既是他们的落脚点,也是货物的储存地,他们通过这些点,用中转贸易的方式,步步推进,逐渐形成了自己的贸易网络。换句话说,在这个贸易网络的交汇点上所建立的聚落，成为他们东西贸易的中转站。粟特人实际上是中古时期丝绸之路上的贸易担当者，从北朝到隋唐，陆上丝绸之路的贸易几乎被粟特人垄断。

作为丝绸之路上的商业民族，粟特人把东西方物质文化中的精粹，转运到相互需要的双方，中古中国许多舶来品，大到皇家狩猎队伍中的猎豹、长安当炉的胡姬，小到宫廷贵妇人玩耍的波斯犬、绘制壁画使用的胡粉香料，其实都是粟特人从西方各国转运而来的。吐鲁番出土有高昌国时期的《高昌内藏奏得称价钱帐》，就反映了在高昌地区进行贵金属、香料等贸易的双方，基本都是粟特人，也就是说，从西方来的粟特商人把大宗货物运载到高昌，由高昌的粟特商人买下来，再分散或整批运至河西或中原地区兴贩。薛爱华（E. Schafer）教授用"撒马尔罕来的金桃"来涵盖唐朝所有的外来物品，是极有见地的看法。而粟特人用他们擅长的语言能力，在丝绸之路沿线传播着各种精神文化，这包括他们的民族信仰祆教和后来皈依的佛教，安伽、史君、虞弘墓的祆教形象和敦煌出土的一批粟特文佛典，是最好的证明；而且，还有一些粟特人成为从波斯向中国传播摩尼教、景教的传教士，吐鲁番发现的粟特文摩尼教和景教文献，应当出自他们之手。此外，能歌善舞的粟特人以及他们翻领窄袖的衣着，也深深影响着唐朝的社会，引导着时代的风尚，成为繁荣昌盛的大唐文化的一个形象标志。

石崇俊墓志（陕西西安），中国国家图书馆藏

史君墓石堂

北周大象二年（580年）| 石
长 2.4，宽 0.71—0.97，高 0.82—1.2（单位：米）
陕西西安未央区南康村北周史君墓出土
西安博物院藏

2003年6—10月，西安市文物保护考古所在西安市未央区发掘清理了北周凉州萨保史君墓，出土了石门、石堂（椁）、石榻、金戒指、金币和金耳坠等珍贵文物。尤其是石堂上粟特主题的图像和门楣上方粟特文汉文双语墓铭，这是中国考古史上重大的发现。

石堂底座四面共有八位飞天托举；南壁和东壁饰有两团熊熊燃烧的圣火，圣火前有手持火棍的祭师；东壁可以看到，墓主夫妇两人在飞天的环绕下，骑着翼马，升入天国。石堂正上方用粟特文和汉文题刻双语铭文，上书"大周凉州萨保史君石堂"。

史君（494—579），原名尉各伽（Wirkak），史国人，本居西域，出生在一个显贵的家庭。祖阿史盘陀为史国萨保，父阿奴伽。519年，在西平（今西宁）与妻子康氏（维耶尉思 Wiyusī）结婚，生有3子。西魏大

统初年，任萨保府判事曹主，北周时诏授凉州萨保，其后迁居长安。579年去世，享年86岁。北周大象二年（580年）正月，凉州萨保史君夫妇被安葬在龙首原。

史国（Kess）是西域古国，又名羯石国、羯霜那国（梵文 Kusana），昭武九姓之一。史国国势强大之后，建都于乞史城（也称"羯石"），位于今阿姆河和锡尔河之间的流域，即古典文献所说的粟特地区，其主要范围在今乌兹别克斯坦沙赫里萨布兹。

史君墓出土的石堂雕刻反映了他从出生到去世一生的经历，其中西壁W3和北壁N1都反映史君带领商队进行贸易活动的场景。W3画面下部雕刻有由四名胡商、三匹马、两头骆驼和三头骡子组成的商队，满载货物行进在山石和水草之间。最前面是两位骑马男子，其中一位头戴圆形尖顶帽，身穿圆领窄袖长袍，腰束带，上悬挂箭箙，脚穿靴。另一位仅露上半身，头戴圆顶帽，身穿交领窄袖衣。骆驼后面有一位骑驴的男子，头戴圆顶帽，细眉深目，鹰鼻，蓄八字胡须。身穿右衽窄袖长袍，腰束宽带。山石后面有驮载货物的骡子和马，后面有一位剪短发的男子，鹰钩鼻，身穿交领右衽窄袖衣，右臂弯曲上举，手持鞭子，似吆喝驱赶牲口。N1画面下部为休憩的商队，水边有两匹驮载货物的骆驼跪卧于地，旁边立两位男子，两人下半身均被骆驼遮挡，似正在商谈。两人身后跽坐一位短发男子，身穿翻领对襟窄袖长袍，右手持物，左手握刀，腰系带，悬挂刀鞘，身后有一匹骏马。骆驼前面站一男子，身穿窄袖紧身长袍，腰系宽带，两臂屈肘上举，左手持一物，脚蹬靴。（杨军凯）

史射勿碑

隋大业六年（610年）正月二十二日 | 石
长45，宽46；盖：长47，宽49（单位：厘米）
宁夏回族自治区固原市出土
中国国家图书馆藏

志称："公讳射勿，字盘陀，平凉平高县人也。其先出自西国。"此处虽未明言是史国，但从其姓氏及子史诃耽墓志中"史国王之苗裔"语，可以肯定他们一家就是从粟特地的史国迁徙而来的。史射勿墓志说他"讳射勿，字盘陀"，但在其子史道洛墓志中却是说"父射勿盘陀"，可能射勿盘陀是史射勿的全名。吉田丰认为射勿盘陀可构拟为粟特文 *dazmtβntk，意"Dzimat 神之仆"（BSOAS57/2，1994，p.391）。敦煌出土的《天宝十载敦煌县差科簿》上就有名为安射勿盘陀的粟特人（池田温《唐研究论文选集》，中国社会科学出版社，1999年，19页），可知系粟特人常用之名。史射勿本人墓志中的写法或许是粟特人为了模仿汉人之名与字而将一名拆分开来二用的，就像"安菩，字萨"一样。

射勿墓志中言其"曾祖妙尼、祖波波匿，并仕本国，俱为萨宝。父认愁，蹉跎年发，舛此宦途"。然其子诃耽的墓志中却称："曾祖尼（即波波匿），魏摩诃大萨宝、张掖县令。祖思（即认愁），周京师萨宝、酒泉县令。"可见，波波匿并未入仕北魏，波波匿、认愁的官应是后来追赠的。而追封为张掖、酒泉县令，则透露出这一家族在落籍原州之前，可能曾在张掖居停过，而且他们是经通河西走廊而到平凉（今宁夏固原）落户的。至于这一家落籍平凉的时间，志文未明言，但从上下文来看，应当是从射勿父辈开始的。而从他本人初入仕北周的年代，或可推测其家东迁的时间当在北魏

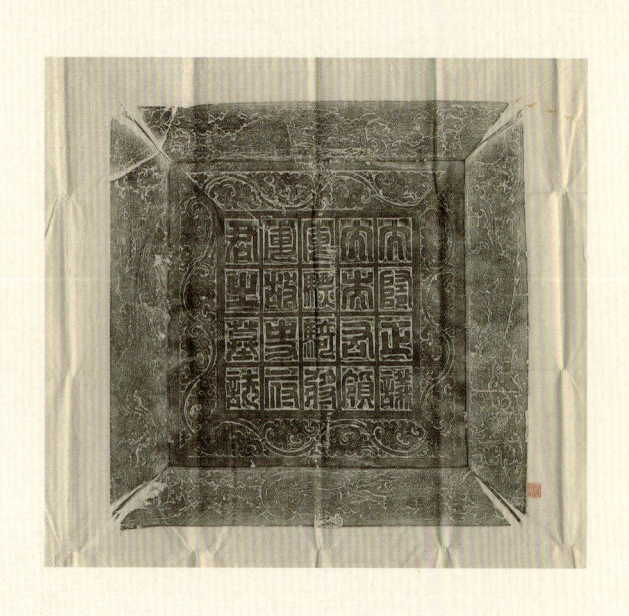

末年。

史射勿自北周保定年间随宇文护东征北齐始，戎马半生，军功累累，甚至还曾随隋炀帝南巡，且蒙赐甚厚，"甲第一区，并奴婢绫绢，前后委积"，晚年在洛阳生活，不幸于大业五年（609年）病逝于家，时年六十六。志文未著射勿妻姓名，然由长子诃耽前妻为康氏来看，其母为粟特胡人的可能性更大一些。志文列出了射勿七子之名，从名字上来判断，除长子诃耽之名尚有胡味之外，余六子皆取汉名，联系射勿之父祖辈之名来看，此方墓志亦从某种角度向我们展现了一个粟特家族所经历的不自觉的汉化过程。（毕波）

康元敬碑

唐咸亨四年（673年）五月二十九日｜石
长50，宽48（单位：厘米）
河南省洛阳市
中国国家图书馆藏

康元敬，字留师，相州安阳人。康居是汉代时粟特一带的行国，所以唐人常常用康居来指代粟特的康国。这一家是从北魏孝文帝时迁入中国，居住在邺城，即后来北齐的首都。据粟特文古信，邺城早在西晋末年已有粟特人的足迹。其祖乐，任骠骑大将军，又迁徐州诸军事。其父件相，北齐时九州摩诃大萨宝，寻改授龙骧将军。

"九州摩诃大萨宝"仅见于《康元敬墓志》。过去我们从史籍中得知，从北魏时起，中原王朝开始逐渐控制粟特人的殖民聚落，在都城所在地区设京师萨保，而在各地设州一级的萨保，如雍州、凉州、甘州等地均有萨保。此制由西魏北周、东魏北齐继承下来。近年出土墓志表明，北周不仅有京师萨保，还有凉州、酒泉、同州、并州、代州、介州等州一级的萨保，以及中央政府派出的检校萨保府的职官设置。据《隋书·百官志》，北齐官制中有"京邑萨甫二人，诸州萨甫一人"。本墓志所见"九州摩诃大萨宝"，以"九州"为称，或许是管理全国萨保府事务的官职，又因康件相是京师邺城人，所以也可能此职等同于京邑萨甫，推测他也应当是北齐都城的胡人聚落首领。隋代继承了北周的制度，有雍州（京师）萨保和诸州萨保。入唐以后，两京地区和河西走廊的胡人聚落逐渐消散，但边境地区如六胡州、柳城的胡人聚落仍然存在，因此萨保府的制度并未终结，所以《通典·职官典》以及其他史料仍有萨宝府职官的记录，如萨宝府祆正、萨宝府祆祝、萨宝府长史、萨宝府果毅、萨宝府率、萨宝府史等。

志文说康元敬后来是遵奉纶旨，由邺城迁居洛阳，而成为洛州阳城人。咸亨四年（673年）五月七日康元敬卒于洛阳陶化里私第，年六十六岁，同年五月二十九日，葬于北邙平乐乡。（荣新江）

博陵郡北岳恒山封安天王之铭

唐天宝七年（748年）五月二十五日
长186，宽104；额长40，宽37（单位：厘米）
原碑位于河北省曲阳县恒山
拓片来源：顾千里、瞿镛旧藏拓本；清乾隆拓，额清嘉道拓
中国国家图书馆藏

天宝七载（748年）五月廿五日建立，通高2.78米，宽1.02米，厚0.43米。此碑现保存在河北曲阳北岳庙内。此拓本原为顾千里（字广圻，1766—1835）、瞿镛（1794—1846）铁琴铜剑楼旧藏，现藏国家图书馆。碑文撰人为"左羽林军兵曹参军直翰林院学士供奉上柱国李荃"，书人为戴千龄。碑阴由康杰撰文，戴千龄八分书。此碑是博陵郡（定州）太守贾循为纪念天宝五载（746年）正月唐玄宗封北岳恒山神为安天王而立，即碑阴所谓："吾君崇其秩礼以答嘉林，贾公载刊睿册，式旌不朽。"值得注意的是，碑文也记载了安禄山的官职："骠骑大将军员外置同正员，兼范阳长史、柳城郡太守、平卢节度、支度、营田、陆运、两番、四府、河北海运，兼范阳节度、经略、支度、营田副大使、采访处置使，兼御史大夫、上柱国、柳城县开国伯、常乐安公曰禄山，国之英也。"据《旧唐书·安禄山传》载，他在天宝元年（742年）任首任平卢节度使，三载又兼任范阳节度使，六载加御史大夫，皆与此碑所记相合。所谓"风顺辽海，霜明宪秋，山戎朝鲜，系颈请命"，则是颂扬安禄山镇守东北、华北边镇的功勋，不难看出，早在起兵之前八年，安禄山由于屡立战功，已身兼平卢、范阳两镇节度，并由于其采访使的职务，可在河北地区黜陟官吏，权势极大。因此，在其辖内的博陵郡建立此碑时，依然要将其名字与功德列在最显著的位置上，虽然太守贾循才是立碑的实际主持者，这从碑阴盛赞其德政即可看出。

安禄山与贾循的渊源颇深。据《新唐书·贾循传》记载，贾循系安禄山一手提拔，被认作腹心，因此，天宝十四载（755年）起兵之后，遂以贾循为留后镇守幽州。颜杲卿举义兵于河北，贾循计划响应，谋泄被诛。

禄山为营州柳城人，故其爵为"柳城县开国伯"，但碑称其郡望则是"常乐"。常乐在北魏、北周时立为郡，属瓜州（治敦煌）。隋初改为县。唐武德五年（622年）改瓜州为沙州，于常乐县立瓜州。武德七年（624年），改常乐为晋昌县。唐长孺从安禄山不依附武威安氏而称常乐一点，怀疑其先人或许是世居瓜、沙的胡人。荣新江则指出，代宗时邵说《代郭令公请雪安思顺表》云禄山"本实姓康"，考虑到位于河西走廊的常乐的确是入华粟特康姓的一个落脚点，则这种说法值得认真考虑。最后，为碑阴撰文的康杰，显然也是一个粟特人，只是其名字已经相当汉化了。（雷闻）

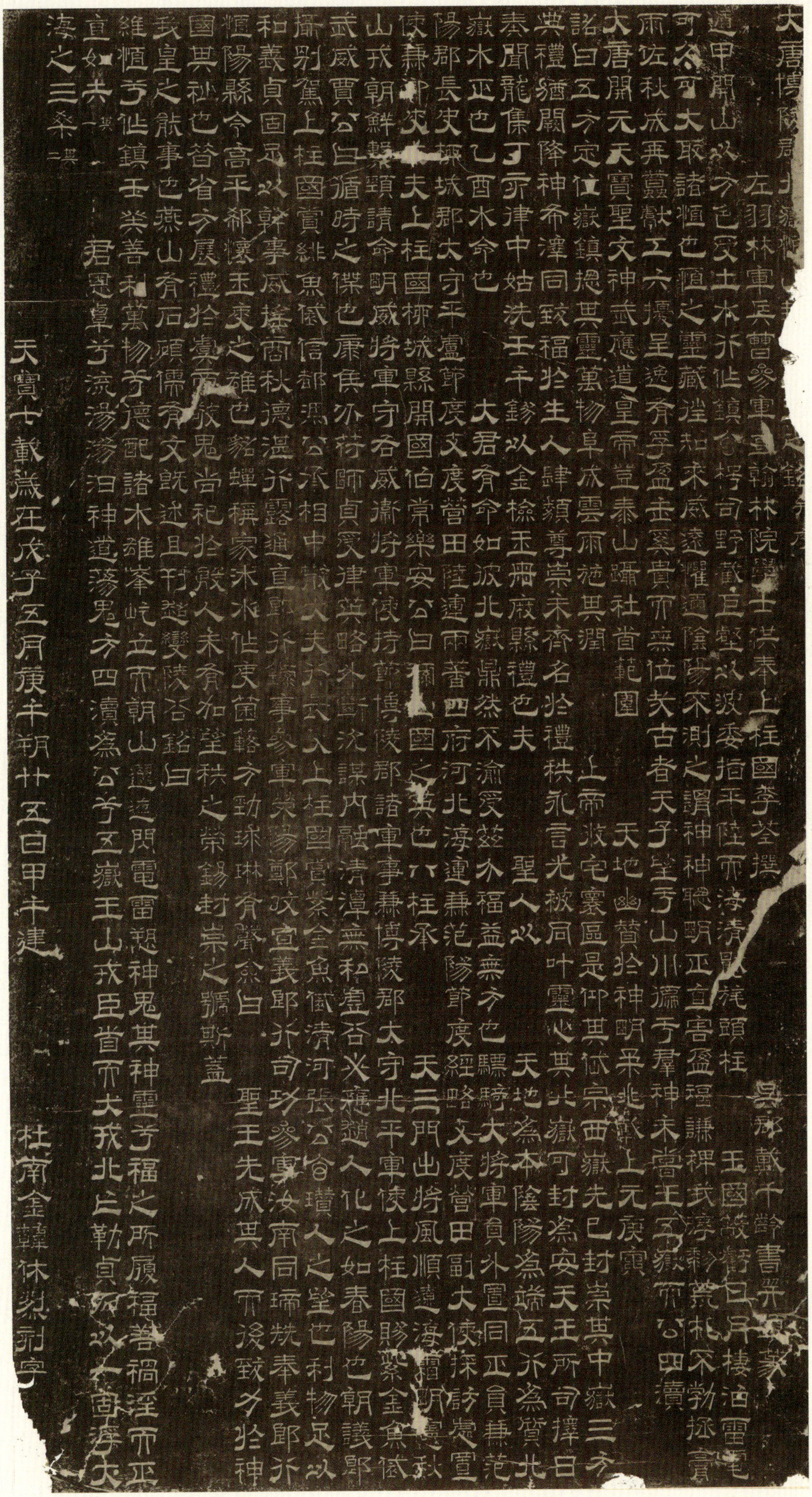

第三节
唐朝与阿拉伯的海上丝路

汪汉利

唐宣宗大中五年（851年），阿拉伯商人苏莱曼航行至中国和印度，并根据此次旅途见闻撰写了一部游记。半个世纪以后（916年），另一位阿拉伯人哈桑对游记进行补充和注释，最终完成中阿关系史上的重要著作《苏莱曼东游记》。1937年，刘半农、刘小蕙在法国费琅（G. Ferrand）法文版基础上，将游记翻译成中文并由中华书局出版发行。1983年，穆根来、

广州怀圣寺光塔

汶江、黄倬汉等学者根据法、日版本，再次将游记翻译出版，取名《中国印度见闻录》。这部游记不仅反映了唐代中国的政治、经济和文化生活，还比较详细地反映了中阿海上丝绸之路情况，是"最早的关于中国和远东的一本游记，比元代《马可·波罗游记》还要早四百多年"，堪称中阿关系史上不可多得的重要文献。

据《苏莱曼东游记》记载，当时许多伊拉克商人从波斯湾出发，乘船由海路来到中国。他们沿途经过法尔斯海（Fars，波斯湾）、拉尔维海（Lar，阿拉伯海）、哈尔干德海（Harkand，孟加拉湾）等七个海域。阿拉伯船队在不同海域的航行时间不尽相同，从故临到古罗耗时一个月，从古罗到潮满、从潮满到肯特软、从肯特软到占婆、从占婆到贡都尔·夫拉特所需时间均为十天。经过西印度的海岸和婆鲁斯（Baruc）的交界处，"这一条海岸全无间断的通往中国"。

沿途许多港口，也就成为中阿海上丝绸之路的重要节点。唐朝时期，阿拉伯河河口乌剌一度是商船的重要停泊点。许多商货在此由小船运往港口巴士拉，再由巴士拉从陆路运往巴格达。唐代政治家、地理学家贾耽曾经叙述，"西一日行至乌剌国，乃大食国之弗利剌河（即 Furat 音译），南入于海⋯⋯至末罗国（Basra，今巴士拉），大食重镇也。又西北陆行千里至茂门生（哈里发）所都博达城（今巴格达）"。至 9 世纪中叶，由于巴士拉附近海域泥沙淤积严重，不利于大船航行，波斯湾东侧港口西拉夫（Siraf，今伊朗境内）快速崛起，并逐渐成为阿拉伯和唐朝交流贸易的重要港口。《苏莱曼东游记》叙述，"大部分的中国船，都在西拉夫装了货启程。所有的货物，都预先从巴士拉、阿曼和其他各埠运到了西拉夫，然后装在中国船里"。

印度南端的故临（Kulam，又译柯兰）是中阿海上丝绸之路的"中转站"，不仅是中阿船队的淡水等生活物资的补给点，也是中阿船队"换船"航行的重要港口。由于唐朝时期波斯湾水域较浅，仅适合小船航行，阿拉伯船队将香料、犀象等香药运抵故临以后，再装载大船驶向中国。这与宋代学者周去非《岭外代答》所记内容吻合。后者记载："大食国之来也，以小船运而南行，至故临国，易大舟而东行，至三佛齐国，乃复如三佛齐之入中国。"需要指出的是，中阿船队经过故临时通常要缴纳一定的关税。《苏莱曼东游记》记述，"中国的船到了此地，应缴纳过口税。每一艘中国，纳一千个迪尔汗（dirham）；其余（比中国船小）的船，纳税自一至十个第纳尔（dinar）不等"。一千迪尔汗约合一千法郎，一至十个第纳尔折合二十二至二百二十法郎，也就是说，中国船队缴纳的税款

ANCIENT ACCOUNTS
OF
INDIA and CHINA,
BY TWO MOHAMMEDAN TRAVELLERS.

Who went to those Parts in the 9th Century;
Translated from the ARABIC,
By the late Learned

EUSEBIUS RENAUDOT.

With Notes, Illustrations and Inquiries by the same Hand.

TOTUS TERES ATQUE ROTUNDUS

LONDON:
Printed for Sam. Harding at the Bible and Anchor
on the Pavement in St. Martins-Lane.

MDCCXXXIII.

《苏莱曼东游记》英文版，1733 年出版等于其他国家船只的数倍、数十倍。由此可知，当时的中国船只船体巨大，载货很多，堪称海上航行的"巨无霸"。

唐朝时期，交州（今越南河内，679年改称安南）、广州、泉州和扬州均为对外贸易港口。阿拉伯商船最重要的停泊和交易地点是广州。《苏莱曼东游记》记载，"汉府城（Hanfu，即广州）是［中外］商船停集的港口，也是中国商货和阿拉伯商货所荟萃的地方"。唐朝政府对阿拉伯商人的交易非常重视，"皇帝派有回回教徒一人，办理前往该处经商的回教徒的诉讼事务……伊拉克的商人，对于他的判断总是服从的，因为他无论做什么事，他心中挂念的只是真理"。著作还提到，从广州运到巴士拉和巴格达的中国商货并不太多。一是因为当时广州的房子多由木板和芦苇造成，容易引发火灾，出口货物（如丝绸等）常被大火所烧毁。二是海路存在各种凶险，一些商船因为在海上遇到风暴而发生海难，或者被沿途海盗劫掠一空。三是海上航行路程遥远，一些中国商船并不是将货物运到目的地阿拉伯，而是被风吹到也门或其他地方，中国货物会在半路被卖掉。

从《苏莱曼东游记》可以看到，作者对中国的丝绸表现出浓厚的兴趣，并不无羡慕地写道，"中国人无论大小，都穿丝绸的衣服。但是，最好的丝绸是留给国王的，余下的大众都可以穿——能穿多好就穿多好。冬天时，男人们可以同时穿上两条、三条、四条、五条的裤子，甚至更多"。作者以数字的形式列举出来，意在强调丝绸在中国司空见惯。与此同时，作者还谈到中国上等丝绸非常昂贵，在阿拉伯的市场上很难看到："太监们和将军们的衣服，都是用头等丝绸做的。这种丝绸从来没有运到过阿拉伯。在中国，价钱也是非常之高。"

杨良瑶碑

唐元和元年（866年）| 石
碑首高85；碑身高190，上宽94，下宽102，上厚24，下厚27（单位：厘米）
泾阳县博物馆藏

1984年4月，陕西省泾阳县文物工作者从事田野文物调查时，在泾阳县扫宋乡大、小杨户村附近，发现了一通《唐故杨府君神道之碑》。碑文记叙了杨良瑶的家族渊源和生平事迹。通过碑文可知杨良瑶曾是一位最早下西洋的外交使节。

杨良瑶（736—806），字良瑶，隶籍今陕西省泾阳县。碑文记载：

以贞元元年四月，赐绯鱼袋，充聘国使于黑衣大食，备判官内，受国信诏书。奉命遂行，不畏乎远；届乎南海，舍陆登舟。邈迩无惮险之容，凛然有必济之色；义激左右，忠感鬼神。公于是剪发祭波，指日誓众，遂得阳侯敛浪，屏翳调风，挂帆凌汗漫之空，举棹乘灏溔之气，黑夜则神灯表路，白昼乃仙兽前驱，星霜再周，经过万国，播皇风于异俗，被声教于无垠。德返如期，成命不坠，斯又我公仗忠信之明效也。

据碑文来看，杨良瑶于贞元元年（785年）奉命出使黑衣大食（阿拉伯帝国阿拔斯王朝）。他没有走陆路，而是自南海舍陆登舟，航海出行，在一年内便完成了外交活动，其主要目的是用和平方式宣扬唐王朝的政治主张。

据与杨良瑶同时的著名地理学家贾耽（730—805）的记载，经由海路前往黑衣大食国缚达城（今巴格达），要从广州登船，沿南中国海向南行，经东南亚、南亚至波斯湾，溯幼发拉底河（详见《新唐书·地理志》）。与此相近，阿拉伯地理学家依宾库达特拔（约820或830—912）著有《省道记》，亦详细记录了从大食到中国广州的航程及贸易景况（参考张星烺编《中西交通史料汇编》第2册）。贾耽非常喜欢地理学，晚年常向四夷来使以及出访四夷的使节询问道里民俗，并写入著作。其所记广州至大食一段海上路程十分详细，所取资料不排除来自杨良瑶作为聘国使者西行黑衣大食的海上日志。（张世民）

第四章
传教士的路线

> 西泰子泛海，躬经赤道之下，平望南北二极，又南至大浪山，而见南极之高，出地至三十六度。古人测景，曾有如是之远者乎？其人恬澹无营，类有道者，所言定应不妄。又其国多好远游，而曹习于象纬之学，梯山航海，到处求测，纵逾章亥，算绝棣隶，所携彼国图籍，玩之最为精备，夫亦奚得无圣作明述焉者。……昔儒以为最善言天，今观此图，意真暗契。东海西海，心同理同，于兹不信然乎？于乎！地之博厚也，而图之楮墨，顿使万里纳之眉睫，八荒了如弄丸……俯仰天地，不亦畅矣大观。
>
> 李之藻序《坤舆万国全图》

第一节
草原上发现的景教遗存

付 宁

景教是唐元时期传入中国的基督教的一支，即基督教东方教会聂斯脱利派。由于其教徒被称为"也里可温"（意为福分人或有缘人），故也有人称此教为"也里可温教"。

19世纪末20世纪初以来，尤其是自西北科学考察团在内蒙古发现《王傅德风堂碑》以来，北方草原各地陆续发现了许多景教遗存。江上波夫在其《蒙古高原行纪》中记载了对汪古部古城内的调查成果，由此确定这里是草原丝绸之路上的重要城市——元代德宁路所在地。近年来，在这一地域内又陆续发现了为数不少的具有西方文化因素的文物。

从景教遗迹、遗物的发现地点来看，除了蒙古帝国时期即信奉景教的克烈部、乃蛮部、蔑儿乞部、畏吾儿部等部落的孑遗之外，今内蒙古大青山南北的汪古部封地及其周边地区，也是景教遗迹遗物的主要发现区域——如位于今内蒙古中西部的包头市达尔罕明安联合旗（以下简称达茂旗）、鄂尔多斯、乌兰察布市四子王旗以及河北北部的一些县市。

早在辽金之前，信奉景教的汪古部即居于阴山以东地区。1203年，为金朝驻守长城（金界壕）的汪古部首领阿剌兀思率部归附成吉思汗。成吉思汗与汪古部首领相约两家世代通婚，敦交友之好。归附成吉思汗后，汪古部的领地囊括了今大青山南北，南到黄河岸边，北至大漠，东越集宁，西抵包头这片辽阔的区域。其首领被封王并世袭，领有德宁、静安及所属路、府、州、县等封地（如集宁路、净州路、丰州、东胜州、云内州、砂井总管府等）。汪古部统治该地区一百六十余年。西方也曾多次派遣教士出使蒙古，在哈喇和林、元上都等都城，都有过蒙古大汗接见西方教士的记载。史载蒙哥汗驻跸汪古时，就曾接见过法王路易九世派来的使者——鲁布鲁克。此外，许多蒙古贵族也信奉景教，如拖雷的夫人唆鲁禾帖尼，其本身就是信奉景教的克烈部首领王罕的侄女，同时又是蒙哥、忽必烈和旭烈兀的母亲。由此可见，蒙元统治者本身就与景教有着密不可分的关系。

汪古部的统治中心——敖伦苏木古城，又被称为赵王城，城址在今内蒙古达茂旗的旗政府所在地百灵庙镇以北约35千米处艾不盖河流冲积平原之上，这里也是元代德宁路城治所在。整个古城呈长方形，东西长约570米，南北长约960米，城垣的四面都设有城门及加筑的瓮城。城内曾经修建过许多景教教堂，至今仍可见教堂建筑遗址的存在。城内外还陆续出土有古叙利亚、古回鹘文以及部分汉文字在内的景教碑文和墓顶石，见证着这处景教城市昔日的辉煌。

除敖伦苏木古城以外，在达茂旗境内，考

图例

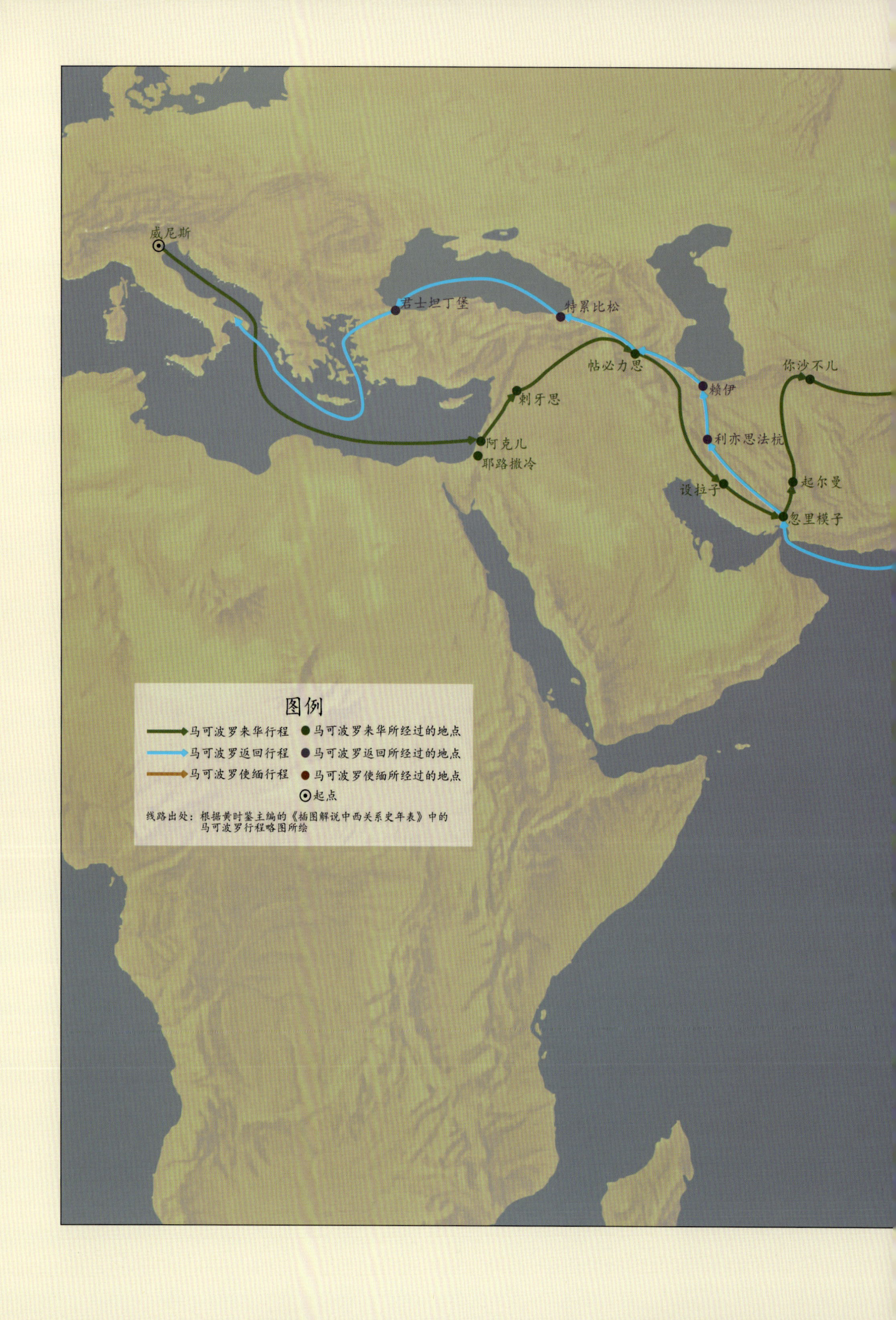

- 马可波罗来华行程 ● 马可波罗来华所经过的地点
- 马可波罗返回行程 ● 马可波罗返回所经过的地点
- 马可波罗使缅行程 ● 马可波罗使缅所经过的地点
- ⊙ 起点

线路出处：根据黄时鉴主编的《插图解说中西关系史年表》中的马可波罗行程略图所绘

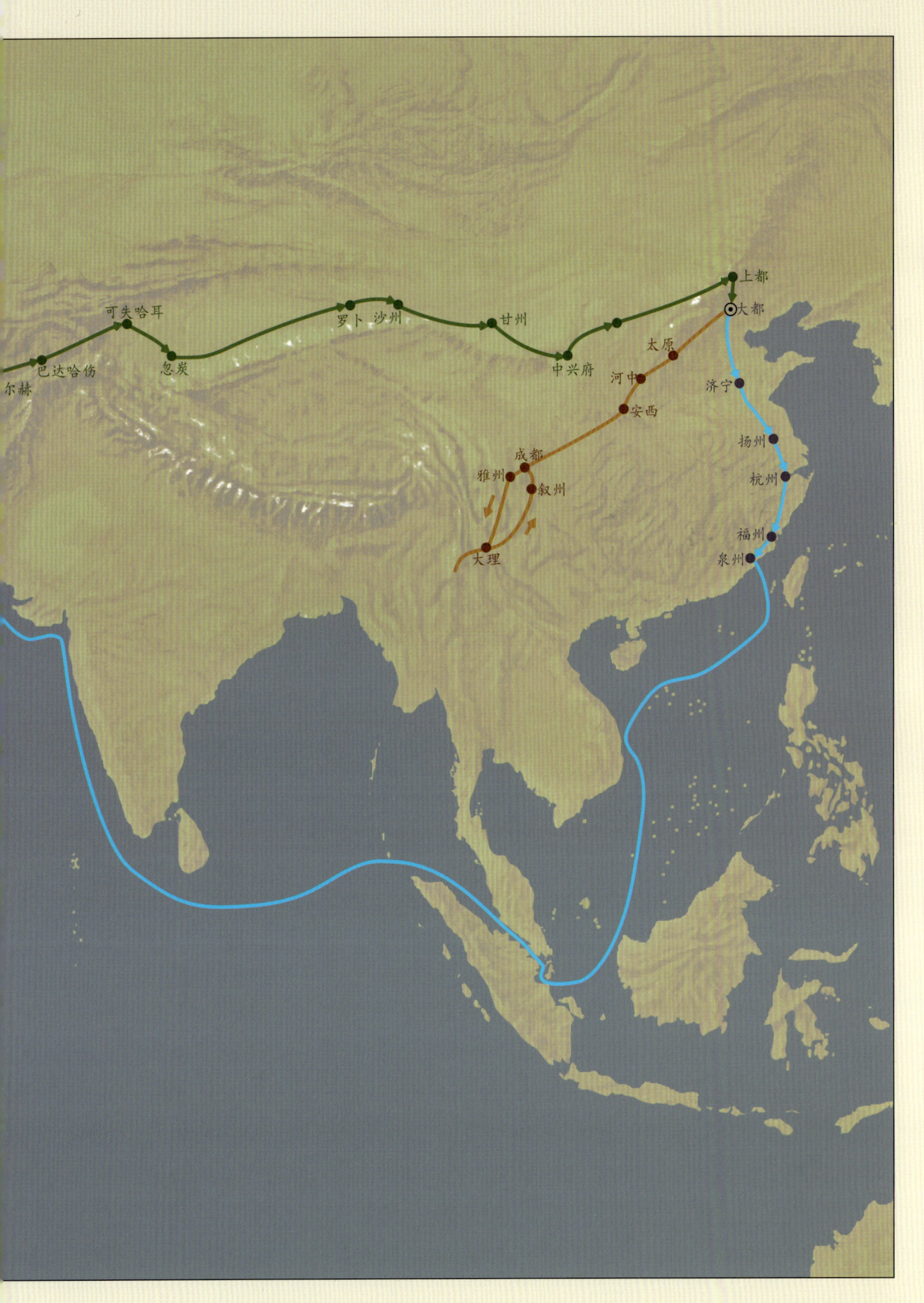

■ 马可·波罗的路线

元代带链铜十字架，内蒙古博物院藏

古人员还发现了数处这一时期的古城及墓葬遗址，如被称为木胡儿索卜尔嘎的古城。此城内尚保留有高约 6 米的建筑台基。据当地人描述，遗址上原来还有两块雕刻着十字架和很多浮雕装饰的石刻。今天，这里还可见一些兽面瓦当（残）和残砖断瓦。据传还发现了一块刻有十字架纹样的残砖。据此推测这里可能曾是一座颇具规模的景教教堂。

敖伦苏木古城西北方向约 15 千米，是被称为"毕其格图好来"的墓葬区。在乌兰察布市四子王旗西南方向的大黑河乡丰收地，也有一处被称为"王墓梁"的墓葬区，这是信奉景教的汪古部四大名门望族之一，即掌握着汪古部族宗教大权的耶律氏家族的墓地。

内蒙古中西部及其周边地区景教文物的发现地大多集中在汪古部封地及其活动区域内。除上述带有古叙利亚文、古回鹘文等文字的墓顶石以外，也可见墓碑、墓碑底座等遗物，还可见铁、铜、金和木、骨等材质的十字形牌饰、饰物等。这些饰物有的是妇女顾姑冠上的装饰，有的则属于景教徒的佩饰物。此外，还有在服装上织补出十字纹样的服装以及带有明显域外文化特征的各类文物出土。

除汪古部领地及其周边区域的考古发现以外，在内蒙古中东部也零星发现了一些景教遗存。比较重要的如在内蒙古锡林郭勒盟镶黄旗发现的蒙古帝国时期的贵族墓葬，除出土了卧鹿纹包金马鞍、高足金杯等珍贵文物外，还见到了一件金片剪制而成的十字架，推测可能为木棺上的装饰物。此外，20世纪80年代初，在赤峰市松山区城子乡沟门村元代松州古城遗址中，也发现了一件白釉褐彩瓷质墓碑。该物长约47.2厘米，宽约39.5厘米，厚度约为6厘米。墓碑表面施白色透明釉，胎质致密，色呈米黄。正面边缘勾勒一周褐色线条，中间绘有一大型的十字架。十字架下方有一朵盛开的九瓣莲花；上方两侧分书古叙利亚文字，下面左右各书四行由古叙利亚文字母拼写的古回鹘文。

从地理位置来看，汪古部所处的区域恰是欧亚大陆通往中原的交通要道，也是金元时期东西、南北的通衢之地。物资流通发达，商贾教徒云集，人员往来频繁，多种语言并用。以上发现的景教遗迹遗物，真实地反映出金元时期西方宗教在中土的流传以及东西方经济文化交流的繁盛情况。

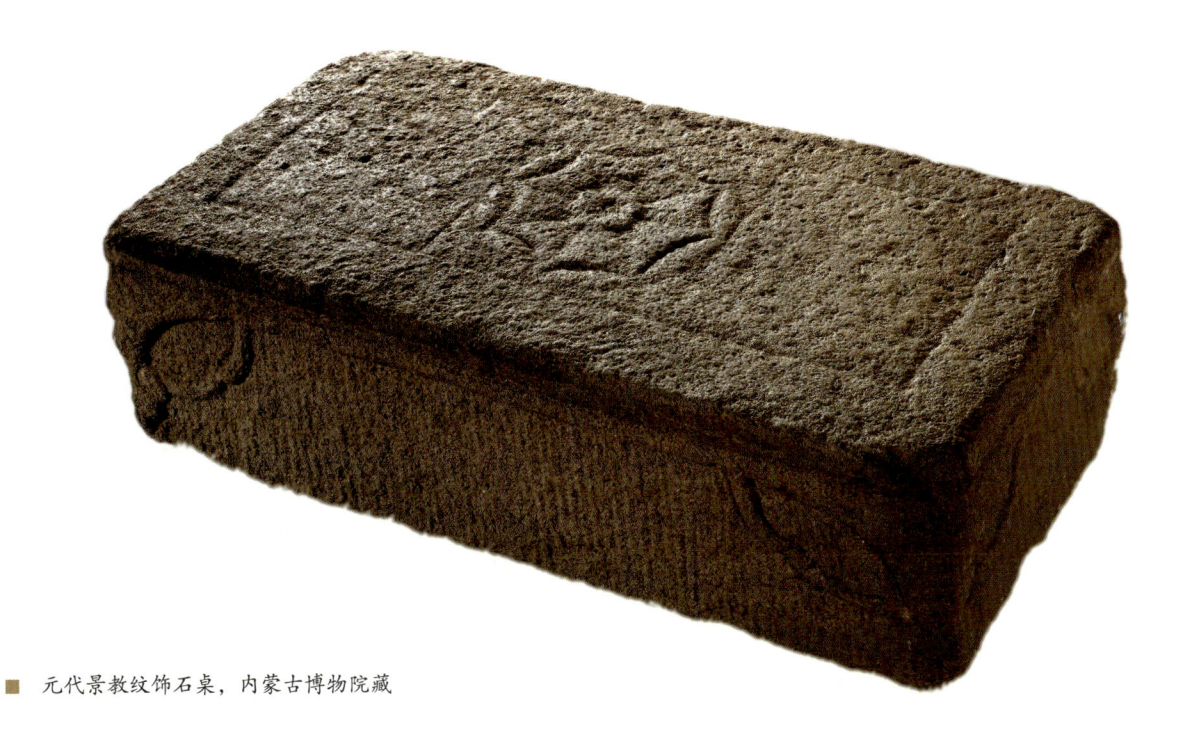

■ 元代景教纹饰石桌，内蒙古博物院藏

动物穿花纹锦十字形钉绣残片

元代 | 丝织品
长103，宽68（单位：厘米）
内蒙古包头市达茂旗敖伦苏木征集
内蒙古博物院藏

　　这件丝织品残片由两片织物缝合而成。一侧的动物穿花纹锦，宽约12厘米，长达1米，上有凤、飞鸟、鹦鹉、兔和鹿等动物在花丛中穿越。这是一种平纹作地的特结锦，地经偏绿色，但特结经色彩更暗，地经和特结经均有Z向加捻，每4根地经插入1根特结经。纬线有地纬和纹纬，纹纬起码有三种色彩，一种为蓝绿色，另两种为黄褐色，纹纬全越织入地纬。特结经和纹纬形成三枚斜纹固结组织。这种织法是元代十分流行的织法，出土织物有不少实例。这类图案也很流行，无论是刺绣还是织金锦中都可以找到。另一种织物看起来象是暗绿色的绮织物，两根经线与纬线交替织成22/11与31/11两种规律，并不常见，没有图案。

在内蒙古出土十字架形装饰一点也不意外，但出现在织物上还是首次，可惜的是整件织物已残。但锦边中间钉有一组约 5 厘米宽的辫线，由绢制成，共 36 道，一端还有环形的扣襻，有可能是服饰的一部分，但这一辫线只出现在锦边上，也不像一般的辫线袍。在绫地上，还钉绣了一个直径约为 28 厘米的十字架形装饰，用的也是动物穿花纹锦面料。景教自唐代传入我国，并盛极一时，在各地建造"十字寺""大秦寺"，拥有大量信徒。至元代时，中原地区的景教传播活动基本消失，但在西夏、蒙古及西北地区仍广泛流传。作为一个文化大一统的时代，元代的文化特点为景教的发展提供了丰沃的土壤，使之进一步发展壮大。（赵丰）

景教墓顶石

元代 | 石
长122，宽36，高46（单位：厘米）
内蒙古包头市达茂旗征集
内蒙古博物院藏

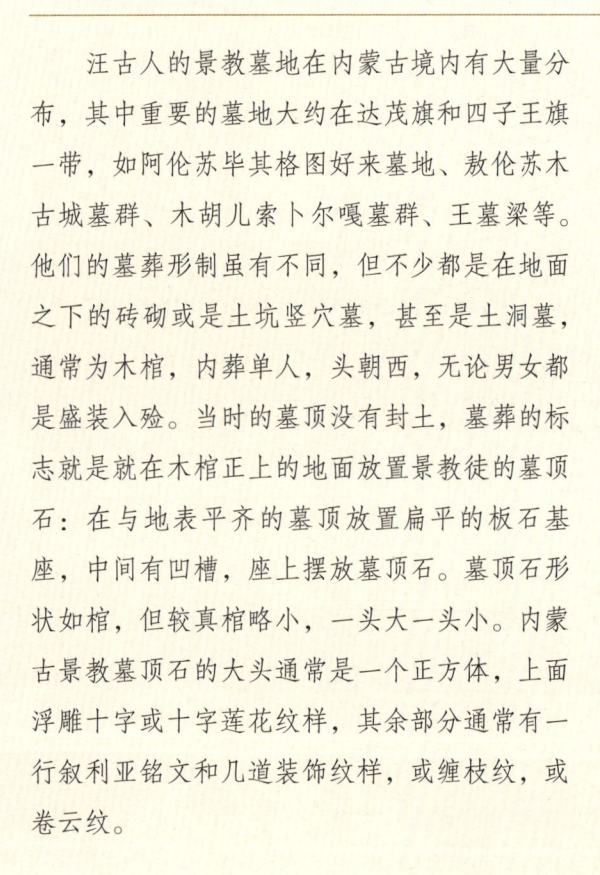

汪古人的景教墓地在内蒙古境内有大量分布，其中重要的墓地大约在达茂旗和四子王旗一带，如阿伦苏毕其格图好来墓地、敖伦苏木古城墓群、木胡儿索卜尔嘎墓群、王墓梁等。他们的墓葬形制虽有不同，但不少都是在地面之下的砖砌或是土坑竖穴墓，甚至是土洞墓，通常为木棺，内葬单人，头朝西，无论男女都是盛装入殓。当时的墓顶没有封土，墓葬的标志就是就在木棺正上的地面放置景教徒的墓顶石：在与地表平齐的墓顶放置扁平的板石基座，中间有凹槽，座上摆放墓顶石。墓顶石形状如棺，但较真棺略小，一头大一头小。内蒙古景教墓顶石的大头通常是一个正方体，上面浮雕十字或十字莲花纹样，其余部分通常有一行叙利亚铭文和几道装饰纹样，或缠枝纹，或卷云纹。

此件墓顶石由灰色花岗岩雕刻而成，整体呈长方体形。其头部亦呈正方体形，长宽均在46厘米左右，后身部分渐渐收窄，幅度约在10厘米。头部正面及两侧浮雕十字莲花纹；后身两侧较窄处雕有双叶蔓草纹和缠枝卷云纹，上部还有一行古叙利亚文。

内蒙古发现的景教徒墓顶石反映了蒙元时期景教在东方的流行。景教从唐代就传入中国，一直有所延续。蒙元时期由于东西方交流的便利和增多，景教信仰和相关艺术文化得到进一步发展。从这里十字与莲花的结合来看，有学者也认为其在中国也有本土化和地域化的趋势，即景教在保留原有教义和思想的情况下，依托佛、儒等在地文化，逐渐与汉地传统相交融，出现一些新的装饰。（赵丰）

拉丁文墓碑

元代 | 石
长 62，宽 50，厚 12.5（单位：厘米）
扬州博物馆藏

20世纪50年代初，扬州市拆除旧城墙筑路，挖掘旧城基搜寻可用残石时，在旧城南门水关附近发现了一座拉丁文墓碑。

结合墓志铭中文译文和已有研究，这座拉丁文墓碑的主人叫凯瑟琳，来自意大利热那亚城一个从事东西方贸易的商人家族。扬州在元代是海上丝绸之路的重要节点，来自意大利的墓主人家族很有可能就曾在此经商并居住。在其被埋葬的15年后，墓碑被用作石材来修砌因战乱被毁的扬州南门的墙基。当600多年后扬州再次拆除旧城墙时，这座墓碑才得以重见天日。

墓碑上的宗教题材石刻在尖拱处描绘了宝座上的圣母子。圣母的服饰、怀抱圣子的姿态和圣子的头部光环以及光环内的十字架细节都遵循了中世纪的圣像绘画传统，但也融入了大量的中国本土艺术元素。例如，顶部龛内的圣母的坐具并非中世纪哥特式的宝座而是中国样式的木凳。具体人物形象也有着本土化的处理。凯瑟琳以上身赤裸、下身系裙，头戴宝冠并有头光、双手合十祈祷的男性形象出现，而且颈部隐约现有肉痕，这些图像特征让人联想到佛教造像中的菩萨形象。而行刑者都是中国古代社会普通百姓的服饰装扮。这座拉丁文墓碑是罕见的元代天主教在华物质遗存，是罗马天主教会在中国从事传教活动时留下的重要见证。（周娅鹃）

第二节
马可·波罗的路线和意义

李 军

1. 何谓"马可·波罗时代"？

自从 1206 年铁木真于斡难河源登基成为成吉思汗，宣告蒙古帝国的成立，成吉思汗祖孙三代相继于 1219—1225、1235—1242、1252—1260 年发动三次西征，建立了横跨欧亚大陆包括四大汗国在内的庞大世界帝国。美国学者珍妮特·L. 阿布-卢格霍德认为，这一时代（1250—1350 年间）标志着一个"13 世纪世界体系"的形成，意味着以蒙元世界帝国为肇始，欧亚大陆开启了一个从地中海到中国的八个"子体系"

■《加泰罗尼亚地图》，法国国家图书馆藏

构成的世界经济与文化体系[①]——可谓世界上第一个全球化时代。

在西方,这个时代也以意大利旅行家马可·波罗(Marco Polo, 1254—1324)和他的《行纪》而著称。从 13 世纪开始,马可·波罗笔下神奇的东方事迹,令一代又一代西方人心醉神迷,激励他们向东方进发,追求财富与梦想。

根据《行纪》所载,当尼科洛和马菲奥·波罗第一次返回欧洲时,忽必烈汗曾希望他们下次带一百名身兼七艺的西方人回来,帮助他治理国家。但在马可·波罗时代,往来于意大利和中国之间的传教士和商人,其人数又岂止百人?当时的来华意大利人名单,仅姓名可考者就超过了二十人。可见,在马可·波罗背后,矗立着的是整整一个时代。

2. 外交与宗教交往

这个时代虽然以"马可·波罗"命名,但最早往来于东西方之间的并非商人,而是外交使节和传教士。蒙古西征的号角刚刚停息,1253 年教皇英诺森四世即发出了"皈依鞑靼人"的旨意。响应这一号召的急先锋是方

[①] 〔美〕珍妮特·L. 阿布-卢格霍德:《欧洲霸权之前:1250—1350 年的世界体系》,杜宪兵等译,商务印书馆,2015 年。

济各修会。他们追随着创始人圣方济各的身影，开始了向大地的四极尤其是东方传教的事业。13—14世纪之间，罗马教会派往东方与蒙元帝国接触和传教的使节，如著名的柏朗嘉宾、鲁布鲁克、孟高维诺（Giovanni da Montecorvino，1247—1328）、鄂多立克（Odorico of Pordenone，1286—1331）、安德里亚·达·佩鲁贾（Andrea da Perugia, 12??—1332）和马黎诺里（Giovanni de'Marignolli, 1290—1253）等人，无一例外均是方济各会修士。14世纪初，方济各会中的"属灵派"遭到教会谴责和迫害，抱着殉教的愿望到东方避难和传教，遂成为激进的方济各会士们的一个选项。

西方世界向蒙古派出的第二批外交使团，是由那个时代另一个著名修会多明我会主导的。其中多明我会士阿塞林（Ascelin）和安德鲁（André de Longjumeau）分别主导了1247年和1249年的外交使团。1318年，教会在伊利汗国设立了第二个东方总主教区，担任总主教的是多明我会士弗朗切斯科·达·佩鲁贾（Francesco da Perugia）。总主教驻跸地即当时伊利汗国的首都苏丹尼耶（Soltaniyeh），下辖六个主教区，其主教均为多明我会会士。总主教区一直持续到1450年左右[①]。

这一时期，修会修士们扮演着极为重要的东西方文化交流的角色。当时西方对于亚洲和中国最为可靠的历史报道——无论是柏朗嘉宾的《蒙古史》，鲁布鲁克和鄂多立克的系列《行纪》，孟高维诺和马黎诺里的书信，还是乔万尼·第·科里的《大汗国志》——无一不出自修会修士之手。

3. 马可·波罗的行程：中国与意大利的商贸来往

在1269—1270年返回威尼斯后，尼科洛、马菲奥与马可·波罗会面，三人一道于1271年携带忽必烈汗向他们索求的耶路撒冷圣墓教堂（Holy Sepulchre）中的灯油和教皇书信，再次踏上了前往中国的旅途。他们从叙利亚西部的十字军重镇阿卡（Acre）出发，经陆路抵达巴格达、特列比宗（Trebizond）和霍尔木兹（Hormuz）。在放弃从波斯湾乘船前往中国的想法之后，三人转道向北，沿着陆上丝绸之路抵达哈剌和林，并向南前往大都。由于马可·波罗在旅途中积累了大量的知识和经验，并在蒙元宫廷中快速学会了鞑靼语言、战术和风俗，忽必烈汗命他为自己效力。借此，马可·波罗得以获知大量蒙元历史、政治典章和风俗习惯，如忽必烈与阿里不哥之争、纸币流通、驿站制度等，并对忽必烈汗统治下的宫廷生活有生动的记载，包括大都城的面貌、大朝会之盛况、忽必烈汗寿诞节等。

在侍奉大汗的17年间，马可·波罗曾多次被忽必烈汗派往西南和南方巡视，并在《行纪》中记录下颇多难得一见的风物、习俗和见闻。他对南方的行在城（即杭州）的描述非常细致，赞之为"世界最富丽名贵之城"。而作为元代海上丝绸之路的重要港口，刺桐（即泉州）则承接"印度一切船舶运载［的］香料及其他一切贵重货物"，附近另有大量烧造瓷器的迪云州（Tiunguy），指的可能是德化。[②] 巧合的是，威尼斯圣马可大教堂中保存有一件白釉四系瓷罐，表面饰有蕉叶、缠枝花卉等四层印花图案，俗称"马可·波罗罐"，产地正是福建德化窑。[③] 结合"南海一号"沉船中发现的类似制品，此类量产的低价瓷器应为当时海上贸易的大宗商品。[④]

在1292年，伊利汗国第四代汗阿鲁浑派遣使者前往大都求娶新哈敦（蒙古语王妃）。熟知海路的尼科洛、马菲奥和马可·波罗则借

① Sheila S. Blair, "The Mongol Capital of Sultaniyya, 'The Imperial'", in *Iran*, Vol.24 (1986), British Institute of Persia Studies.

② 冯承钧译：《马可·波罗行纪》，上海书店出版社，2001年。

③ Oscar C. Raphael, "Chinese Porcelain Jar in the Treasury of San Marco, Venice," *Transactions of Oriental Ceramic Society*, Vol.10, 1931–1932.

④ Lin Meicun and Ran Zhang, "A Chinese Porcelain Jar Associated with Marco Polo: A Discussion from an Archaeological Perspective," *European Journal of Archaeology*, Volume 21, Issue 1, February 2018, pp. 39–56. 湖南省博物馆编：《在最遥远的地方寻找故乡：13—16世纪中国与意大利的跨文化交流》，商务印书馆，2018年。

⑤ Robert Sabatino Lopez, "Market Expansion: The Case of Genoa," *The Journal of Economic History*, Vol. 24, No. 4 (Dec., 1964).

护送阔阔真的机会，从刺桐出发，经爪哇、印度海入波斯湾，经霍尔木兹北上抵达大不里士，护送这位公主嫁入伊利汗国宫廷。阔阔真赐给他们四面金牌，助他们经陆路先后抵达特列比宗和君士坦丁堡，并最终返回威尼斯。

　　许多像马可·波罗一样的意大利商人都曾在13—14世纪中国与意大利之间密切的商贸和跨文化交流中扮演重要的角色。⑤从11世纪第

① 〔美〕珍妮特·L. 阿布－卢格霍德：《欧洲霸权之前：1250—1350年的世界体系》。

② Robert S. Lopez, "Nouveaux documents sur les marchands italiens en Chine à l'époque mongole, communication du 11 février 1977," *Comptes rendus des séances de l'Académie des Inscriptions et Belles-Lettres*, Vol. 121, No. 2, 1977.

③ Francesco Balducci Pegolotti, *La pratica della mercatura*, Allan Evans ed., Cambridge, Massachusetts Mediaeval Academy of America, 1936.

一次十字军东征开始，随着热那亚和威尼斯在北非、叙利亚和小亚细亚地区的商贸扩张，欧洲开始融入一条贯穿东西的国际贸易路线，一个属于中世纪的世界体系正逐步成型。① 在东方，13世纪中叶以来蒙古人的扩张活动不仅奠定了中亚和中国的政治格局，也构建了跨越欧亚大陆的"蒙古和平"（Pax Mongolica），为东西方世界之间的直接往来提供了便捷的交通、低廉的运输成本和相对稳定的政治环境，丝绸、香料、珠宝等各类贵重的异域商品令意大利商人纷至沓来。在1288年，仅一位名叫皮埃尔·拉齐内（Perre Racine）的热那亚商人就转手卖出了价值27000金币的东方丝绸。②

到了14世纪上半叶，意大利与东方的商贸往来格局日益稳定，供职于佛罗伦萨巴尔迪公司的意大利商人、政治家弗兰切斯科·裴哥罗梯（Francesco Pegolotti）将此类国际贸易中使用的钱币、计量单位的换算，海关税和重要的贸易口岸总结为《通商指南》（*Practica di mercatura*）一书，并谈到了一条贯通的东方旅行路线③：从黑海沿岸的塔纳先后来到阿斯特拉罕（Astrakhan）、萨莱（Sarai）、萨莱楚克（Saraichuk）、乌尔

■ 马可·波罗《最后的遗嘱》

④ Robert S. Lopez, Irving W. Raymond, *Medieval Trade in the Mediterranean World*, Columbia University Press, 2001.

⑤ 李军:《跨文化的艺术史:图像及其重影》,北京大学出版社,2020年;以及《丝绸之路上的跨文化文艺复兴——安布罗乔·洛伦采蒂〈好政府的寓言〉与楼璹〈耕织图〉再研究》,香港浸会大学《饶宗颐国学院院刊》,2017年。

根奇(Urgench)和讹答剌(Utrar),下一站进入阿力麻里(Almaligh)和赣州(Kan-chow),最后经杭州北上抵达目的地汗八里,与《行纪》中马可·波罗的路线颇多吻合之处。④ 此外,裴哥罗梯还详细记下了三种东方织物及其价格:一块银币可买到的19—20磅的中国丝绸(Cathay silk)、3—3.5块织锦(camaca)和3.5—5块被称为"纳石失"(na-che-che)的织金锦。它们的身影也曾出现在马可·波罗财产清单之中,显示出"鞑靼丝绸"在东西方国际贸易与物质文化交流中扮演的重要角色。

正是基于以上史料,进一步的学术研究还倾向于修正传统的文艺复兴观,证明紧随"马可·波罗时代"而至的意大利"文艺复兴",并不单纯是西方古典文化的一次复兴,而是"一个丝绸之路上由世界多元文化共同参与创造的跨文化文艺复兴"⑤。

马可·波罗《最后的遗嘱》

1324年羊皮纸手稿
长67，宽24.5（单位：厘米）
威尼斯马尔西亚纳图书馆藏

在意大利马尔西亚纳图书馆（Biblioteca Marciana）中，保存着威尼斯商人、探险家马可·波罗的遗嘱（Testament of Marco Polo）。这份文件完成于1323年1月，以墨笔书写在一张长67厘米、宽24.5厘米的羊皮纸上。① 除了安排好遗孀和三个女儿的生活，马可·波罗特意要求解除鞑靼仆人彼得的奴隶身份（原文作 Jtem absoluo petrum famulum meum de genere tartarorum），在偿付酬劳后额外赠予他100里拉金币。② 这是遗嘱中唯一与马可·波罗亚洲经历相关的记录，但在14世纪上半叶，意大利贵族家庭中出现东方奴隶的身影并不是一件十分稀奇的事情。作为当时奴隶贸易的垄断者之一，威尼斯商船曾从塔纳（Tana）等黑海港口处大批地运来包括亚美尼亚人、希腊人、犹太人、俄罗斯人和鞑靼人在内的各类东方奴隶，而彼得很可能也是由此来到马可·波罗家中的。③

为了进一步了解马可·波罗曾接触和拥有的东方物品，意大利国家档案馆收藏的马可·波罗财产清单（Inventory of Marco Polo）能够提供更为有力的证据。④ 这份文件主要记录马可·波罗留给长女凡蒂娜（Fantina）的各类财产，其中就包括多件亚洲生产的贵重织物："一件白色鞑靼丝绸袍子"（It uarnimento.j.biancho ala tartaresca）采用的是织造于中亚、西亚地区或蒙元王朝治下的中国境内的素色丝绸，而在当时，鞑靼（tartaresca）一词在用于形容东方织物的地域来源和种类时都带有比较大的模糊性。⑤ "两块白色中国丝绸"（It pece 2 di çe[n]dadiblanchicatai）和"一块黄色中国丝绸"（It peça.j.diçendadoçalochatar）中的契丹（catai/chatar）一词指代中国北方地区，而"一件纳石失长袍"（It uarnimento.j.aoro di nasiço）则是以一类昂贵的织金织物为原料，视觉效果十分华贵。此外，一块大尺寸的"红色锦缎"（chamocabachami）也来自于东方，因为chamoca指代的是一种中国锦缎，而bachami则是一种提取自印度红木（Caesalpinia sappan）的红色染料。⑥ 结合此类织物轻便、易携和昂贵的特点来看，它们是当时东西方国际贸易中大宗流通的商品。如1295年教皇博尼法斯八世（Boniface VIII）的财产清单所示，⑦ 数百件类似的织物被冠以"鞑靼织物"（pannotartarico）之名，其图案、装饰手法和构图方式

---

① 湖南省博物馆编：《在最遥远的地方寻找故乡：13—16世纪中国与意大利的跨文化交流》。

② 刘清华：《威尼斯圣马可教堂图书馆藏马可波罗遗嘱》，罗丰主编《丝绸之路上的考古、宗教与历史》，文物出版社，2011年。

③ Wilhem Heyd, *Histoire du Commerce du Levant au Moyen Age*, Vol II., Leipzig, 1923, pp. 170-178. Iris Origo, "The Domestic Enemy: The Eastern Slaves in Tuscany in the Fourteenth and FifteenthCenturies," *Speculum*, Vol. 30, No. 3 (Jul., 1955).

④ 湖南省博物馆编《在最遥远的地方寻找故乡·13—16世纪中国与意大利的跨文化交流》。

⑤ Henry Yule, *Cathay and the Way Thither*, Vol. II, London, 1866.

⑥ 〔意〕卢卡·莫拉：《13—14世纪丝绸之路上的意大利商人》，湖南省博物馆编《在最遥远的地方寻找故乡：13—16世纪中国与意大利的跨文化交流》。

⑦ Émile Molinier, "Inventaire du trésor du Saint-Siège sous Boniface VIII (1295) (suite)," *Bibliothèque de l'École des chartes*, Année 1885, 46.

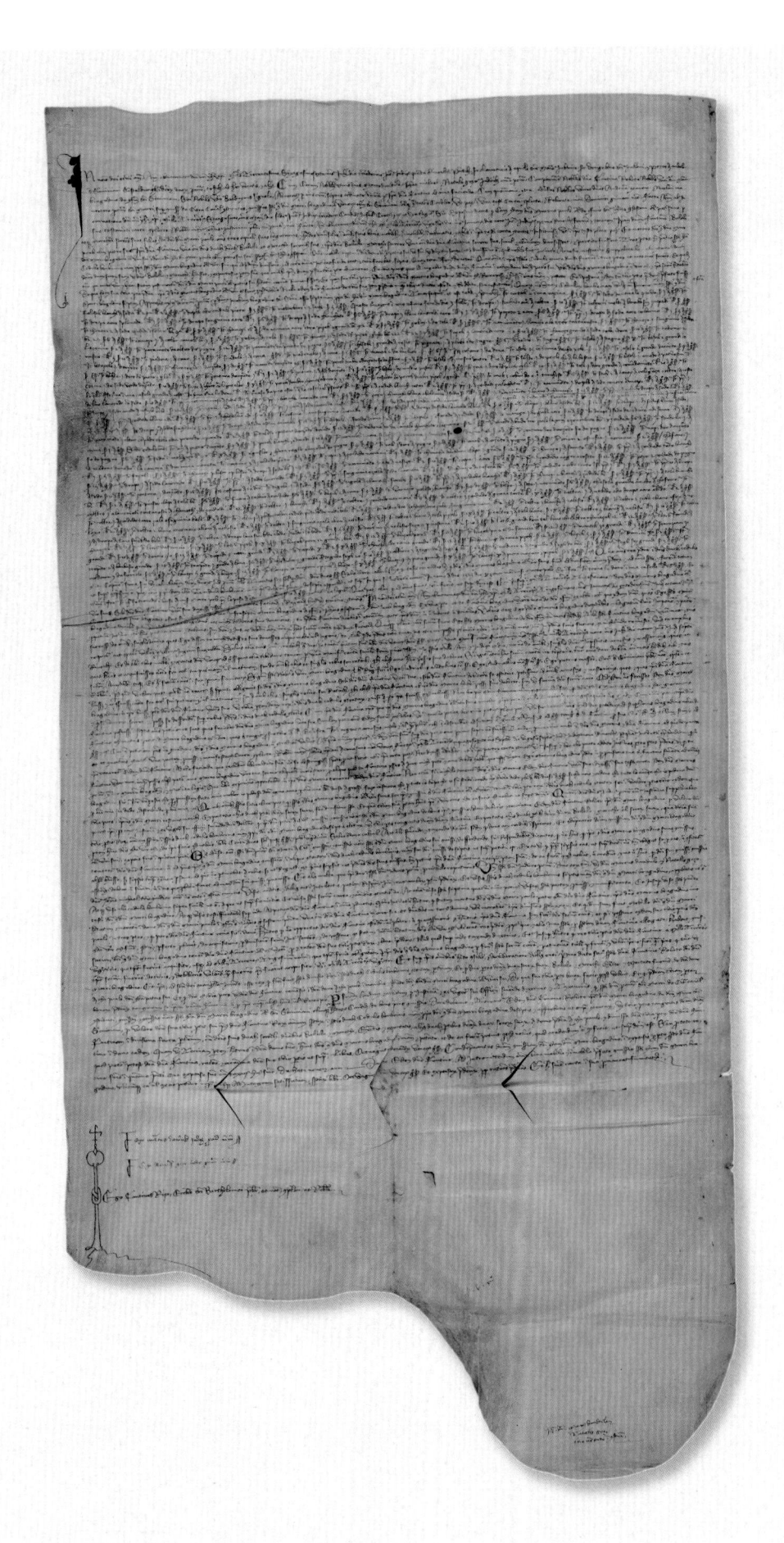

开始迅速流行，对意大利本土织物的面貌产生了巨大的影响。[1]

　　此外，这份财产清单还记录下三件特殊的遗产，能够直接反映马可·波罗对鞑靼政权统治下的中国、中亚和西亚地区的一手知识。第一件是"一件装饰有珍珠和宝石的罟罟冠"（It bochta.j.doro con pierre&perle），外部以丝绸包裹，是一种蒙古贵族妇女的高帽饰，曾频繁引起西方商人和传教士的关注。[2] 第二件则是"一块金质大通行牌"（It tola.j.dorogranda di comandamento），价值达到了200金币，又称作牌子（paiza）。在马可·波罗叔父马菲奥·波罗（Maffeo Polo）于1310年的遗嘱中，也出现了"三块来自鞑靼汗王的金牌"（de tribustabulis de auro que fuerunt magni chani tartarorum）。[3] 对照《马可·波罗行纪》中的记载，马可和马菲奥财产清单中的四枚金牌很可能正是马可、其父尼科洛·波罗（Niccolò Polo）和叔父马菲奥护送公主阔阔真从海路抵达伊利汗国之后，继续从陆路返回威尼斯之前获赐的四枚金质通行牌。"两面是鹰牌，一面是虎牌。一面是净面牌，上有文云：'此三使者沿途所过之地，应致敬礼，如我亲临，必须供应马匹，及一切费用，与夫护卫人役。'"[4] 从用途来看，这些金牌应当均为驿牌，据此可在蒙古帝国境内获得马匹或住宿等服务。

　　与前两件相比，第三件物品或许最不起眼，但它或许能够为我们判断马可·波罗是否亲抵亚洲一事提供全新的视角。根据卢卡·莫拉（Luca Molà）的研究，"一个装有动物长毛的小袋"（It sacheto.j.de. Peelo che dila bestia）虽未说明其来源，但根据《行纪》中马可·波罗对生活在吐蕃和回鹘之间的唐古忒（Tanguth）行省的一类野牦牛的描述，这袋长毛很可能正是他视为稀罕物件并带回到威尼斯的牦牛绒毛，其质地"比丝线更细更白"。[5] 这一对比颇为耐人寻味，揭示出马可·波罗身为威尼斯商人的身份与思维方式，而获得代表着东方的丝绸正是他们远涉重洋的主要目的。（潘桑柔）

---

[1] Rosamond E Mack, *Bazaar to Piazza: Islamic Trade and Italian Art, 1300–1600*, Oakland: University of California Press, 2002.

[2] James C. Watt, *The World of Khubilai Khan: Chinese Art in the Yuan Dynasty*, New York: The Metropolitan Museum of Art, 2010.

[3] 湖南省博物馆编：《在最遥远的地方寻找故乡：13—16世纪中国与意大利的跨文化交流》。

[4] 冯承钧译：《马可·波罗行纪》。

[5] 〔意〕卢卡·莫拉：《13—14世纪丝绸之路上的意大利商人》。

伯希和《马可·波罗注》
Notes on Marco Polo

1959年巴黎梅森内夫出版社
浙江大学图书馆藏

本书是法国汉学家伯希和（Paul Pelliot，1878—1945）对《马可·波罗寰宇记》中出现的专有名词所做的注释和研究，作为伯希和的遗著之一，这部书是在他去世十多年后，在戴密微（P. Demiéville）院士的推动下，经过弟子韩百诗（L.Hambis）的努力，加上突厥学家哈密屯（J. Hamilton）、藏学家麦克唐纳（A. W. MacDonald）的帮助，才得以出版。其中第1—2卷为注释，第3卷为索引，分别在1959、1963、1973年陆续出版。

伯希和的《马可·波罗注》（*Notes on Marco Polo*），原本是他与英国汉学家慕阿德（A. C. Moule，1873—1957）合著的《马可·波罗寰宇记》（*The Description of the World*）的第3卷。但直到1945年去世为止，也未能完成。伯希和首先把书中所有的专有名词提取出来，通过各种写本、印本的拼法，找出《寰宇记》笔录者鲁斯蒂谦（Rustichello）所使用的正确形式，以便于在他们的校译本中使用统一的正确拼法。然后按照字母顺序，对这些专有名词做详细的解说，包括对这些专名的语源考释，找出专名在各种语言中的转译以及异写的原因，根据东西方史料对人名、地名、国名、部族名等按年代或专题加以阐述。由于工作量太大，伯希和生前只写了从A字头的Abacan到C字头的Çulficar，尚未完成C字头的所有条目，其中有些条目也比较简单。伯希和去世后，对蒙古史也有很高造诣的弟子韩百诗将他留下的笔记整理成两卷本《马可·波罗注》，对包括D字头到Z字头的残稿，又编制详细的索引，作为本书第3卷。

（荣新江）

第三节
利玛窦入华与东西交流

龚缨晏

海上丝绸之路自公元前200年左右形成之后，一直是亚洲沿海各地进行文化交流的海上通道。马可·波罗时代，海上丝绸之路最远抵达印度洋地区。1500年前后，欧洲人通过地理大发现，积极寻找通往亚洲的新航路。1492年，哥伦布向西横渡大西洋，到达美洲。1519年，麦哲伦在西班牙国王的资助下进行环球航行，并于次年11月通过美洲南端进入太平洋。1565年，西班牙人占据了菲律宾的宿务岛。就在西班牙人经过美洲自东而西来到亚洲沿海的同时，葡萄牙人则自西而东进入亚洲海域。1498年，达·伽马率领船队抵达印度西海岸的卡利库特城，从而开辟了从大西洋绕过非洲好望角直达印度的新航线。1511年，葡萄牙人攻占了马六甲，打开了通向中国的海上门户。至迟在1513年，广东沿海已经出现了葡萄牙人。欧洲人从东、西两个方向进入亚洲海域，从而使古老的海上丝绸之路延伸到欧洲，并且由区域性的海上航线转变为全球性的交通网络。沿着海上丝绸之路，中国的瓷器、丝绸、茶叶等物产源源不断地运往欧洲，欧洲人则将白银、钟表、玻璃器等商品输入中国。搭乘帆船从欧洲来到中国的，不仅有探险家、商人，还有大量的传教士，其中最为著名的是意大利人利玛窦。

利玛窦于1552年10月出生于意大利中部的马切拉塔城，当时这个城市处于罗马教皇的统治之下。利玛窦的父亲在城中经营药铺，享有较高的社会地位。1561—1566年，利玛窦被其父亲送进当地一所由耶稣会创办的寄宿学校，主要学习拉丁文、希腊文及古典作品。1568年，利玛窦奉父亲之命，来到罗马学习法学。1571年，利玛窦不顾父亲的反对，在罗马加入了耶稣会，并且弃修法学，转入耶稣会的学校学习。1572年，利玛窦进入耶稣会的主要学校——罗马学院。在这里，利玛窦除了学习神学、哲学外，还学习数学、天文学等自然科学。在利玛窦的老师中，有许多欧洲最优秀的学者，包括天文学家、数学家克拉维乌斯（Christopher Clavius，约1538—1612）。现在世界上普遍采用的公历（又称格列高利历），就是在克拉维乌斯的主持下最终制订出来的。克拉维乌斯是利玛窦的终生良师。利玛窦与徐光启共同翻译的名作《几何原本》，所依据的底本就是由克拉维乌斯校订的。克拉维乌斯后来还曾将自己的著作《论天文仪》寄给远在中国的利玛窦。利玛窦与李之藻一起将这本书编译为中文，取名为《浑盖通宪图说》。由于克拉维乌斯的姓名在拉丁语中含有"钉子"的意思，而"钉"与"丁"在汉语中又是同音的，所以，利玛窦在自己所写的中文著作中将克拉维乌斯称为"丁先生"。

在罗马学院，利玛窦萌生了到东方去传教的想法。1577年，耶稣会决定派遣利玛窦等人前往印度传教。1578年3月，利玛窦等传教士从葡萄牙港口里斯本搭乘帆船，启程远航。同行的伙伴中，有个名叫罗明坚（1543—1607）的意大利传教士。经过漫长而艰辛的海上航行，利玛窦、罗明坚等人越过非洲好望角，于同年9月到达印度的果阿，这是葡萄牙人在东方进行殖民活动的大本营。在果阿，利玛窦继续学习神学。罗明坚则于1579年被派到中国澳门，开始学习中文。当时欧洲人对中文几乎是一无所知，全世界根本找不到可以供欧洲人学习中文所用的任何工具书。但年纪已过36岁的罗明坚，凭借着出众的天赋和惊人的毅力，一切从零开始，在短短的几年中不仅能够顺利地阅读中文，并且还能用中文写诗作文。20世纪末，在罗马耶稣会档案馆中发现了罗明坚所写的50首中国古体诗，其中一首是他在游览杭州天竺寺时所作的，全诗如下："僧从西竺来天竺，不惮驱驰三载劳。时把圣贤书读罢，又将圣教度凡曹。"罗明坚学习中文所取得的成就，由此可见一斑。

罗明坚在澳门学习中文时，深感需要一名助手，于是请求耶稣会将利玛窦派来。耶稣会最终同意了罗明坚的要求。1582年4月，利玛窦从果阿上船，经过马六甲，于当年8月到达澳门。此后，利玛窦与罗明坚一起在中国开拓中西文化交流的伟业。

1583年，罗明坚、利玛窦经过种种努力，终于获得肇庆知府王泮等官员的许可，从澳门移居到广东肇庆。王泮是绍兴人，对地图尤感兴趣。1973年，法国国家图书馆发现了一幅中文地图，上面就有王泮作于1594年的题识。由于个人的兴趣，当王泮在利玛窦的寓所里见到一幅欧洲出版的世界地图时，就建议利玛窦将其译成中文。利玛窦立即着手工作，于1584年完成了一幅中文世界地图，这也是第一幅近代意义上的中文世界地图。王泮非常喜欢该图，亲自督促刊印，并将地图作为重礼赠送给亲朋好友。利玛窦本人及其他传教士也曾将此地图寄回欧洲。但遗憾的是，无论是中国还是欧洲，都没有发现过这幅地图。利玛窦本人甚至没有告诉我们这幅地图的中文名称是什么。1936年，洪业在其名作《考利玛窦的世界地图》中推测，利玛窦1584年肇庆版世界地图的中文名称应当是《山海舆地图》。此后的学者一直接受这种说法。最近，汤开建根据新发现的史料，考订出这幅地图的名称应当是《大瀛全图》。根据汤开建的研究，1597年，当时的应天巡抚赵可怀得到这幅世界地图后，对其钟爱有加，让人将它摹刻在苏州姑苏驿的一块石碑上，并将这幅地图命名为《山海舆地图》。

1588年11月，罗明坚根据耶稣会的命令，从澳门启程返回欧洲。他于1589年9月抵达里斯本，几个月后又到了罗马。1607年5月，罗明坚因病在意大利去世。罗明坚返回欧洲后，利玛窦成了在中国的主要传教士。

1595年5月，利玛窦离开韶州，走出广东，首次来到南京。6月底，他又从南京来到南昌，并且很快结识了一大批名人，包括白鹿洞书院院长章潢（1527—1608）。章潢是当时著名的理学家，被誉为"江右四君子"之一。利玛窦在南昌期间，绘制过多幅世界地图。其中有两幅世界地图，被章潢摹入他的《图书编》中。这也是我们现今所能见到的最早的利玛窦世界地图摹本。

1598年6月25日，利玛窦离开南昌，沿着长江航行，于7月初抵达南京。随后，利玛窦沿着大运河继续北行，9月初到达北京。这也是利玛窦首次来到大明帝国的首都。由于利玛窦未能获得在北京居住的许可，只得于11月离开北京南返，最终于1599年2月回到南京，并且居住下来。

1600年5月，利玛窦离开南京，于1601年1月第二次到达北京。利玛窦在给万历皇帝的奏疏中说，自己来自八万里之外的"大西洋"，因为羡慕中国文明，向往"天朝声教文物"，所以专程"航海而来，时历三年"。他还向中国皇帝献上一批"本国土物"，其中包括欧洲出版的世界地图集《地球大观》。但明朝礼部官员认为，《大明会典》中"止有西洋琐里国"，没有利玛窦所说的"大西洋"，因此"其真伪不可知"，建议把他打发回国。后来几经周折，利玛窦终于得到万历皇帝的许可，在北京居住下来。

利玛窦来到北京后，与王公贵族广交朋友，并且以非凡的品德学问而获得人们的欢迎与敬重。在利玛窦所结识的名士中，就有杭州人李之藻和杨廷筠，以及上海人徐光启。这三个人，被人誉为明末中国天主教的三大柱石。在李之藻等人的支持下，利玛窦1602年在北京绘制出了《坤舆万国全图》。

《坤舆万国全图》于1602年秋刊行后，深受欢迎，甚至供不应求。但由于李之藻后来把原刻版片带到杭州老家去了，无法印出更多的地图，所以，当时已皈依天主教的锦衣卫官员李应试就请利玛窦重绘一幅。利玛窦抓紧工作，绘制出一幅新的中文版世界地图，取名为《两仪玄览图》，于1603年秋刊印出版。目前所知的《两仪玄览图》只有二幅，分别收藏在辽宁省博物馆和韩国崇实大学基督教博物馆。

1610年5月11日，利玛窦在北京去世，享年58岁。在众多大臣的强烈请求下，明朝万历皇帝破例赐予墓地及安葬费用。今天，在北京依然可以见到刻有"耶稣会士利公之墓"的利玛窦墓碑。

利玛窦通过海上丝绸之路来到中国，最终在中国长眠。他为中西文化交流做出了重要贡献。直到今天，我们依然可以看到他的许多影响。就地理学及地图学而言，现在出版的中文世界地图，基本布局就是由利玛窦奠定的。今天使用的"罗马""古巴""加拿大""地中海"等地名，也是利玛窦首次翻译出来的。从这些已经成为标准汉语的译名中，我们可以感受到海上丝绸之路的历史作用，可以体会到文化交流的深刻影响。

■ 利玛窦和徐光启画像

利玛窦像

明 | 布面油画
游文辉绘制于万历三十八年（1610年）
长120，宽95（单位：厘米）
罗马耶稣会档案馆藏

游文辉，字含朴，西名 Manuel Pereira Yeou，于1575年生于澳门。从利玛窦的回忆录中得知，他生长在澳门一个天主教信徒的家庭。他于1593至1598年间曾去日本，在耶稣会士所办的学校里得到包括绘画在内的各种课程的训练，他的指导老师是耶稣会士兼画家尼阁老（Niccolo Longobardi，中文名也作龙华民）。后来，在利玛窦的要求下，由耶稣会巡察使范礼安派遣回国协助传教。游文辉是与郭居静神父及钟鸣仁一起由澳门进入内地的，至迟于1598年6月，他已经来到南昌，并在该月的25日陪伴利玛窦、郭居静神父出发前往北京。但此次上京没有成功，他与郭居静、钟鸣仁返回南京。1600年游文辉再次跟随利玛窦、庞迪我神父北上，他们于济宁受到漕运总督刘心同及其好友李卓吾的热情欢迎。1605年，利玛窦在南昌建立中国耶稣会初学院，游文辉是首批三位初学生之一。

1610年5月11日利玛窦逝世时，游文辉也在北京。此外，还有熊三拔与费奇观神父及修士钟鸣仁。5月10日下午四点左右，同住的四位耶稣会友眼看利氏病危，均跪于他的床前，请求祝福，要求留下遗嘱。这时利玛窦脸露微笑，举手祝福大家，并对每人留下几句勉励的话。他首先鼓励游文辉修士矢志不懈："亲爱之教侣，鼓汝之勇气，不必悲泣，如天主许我入天堂，我请求之第一事，则祈天主施汝以坚忍，并许汝殁于会中。"（费赖之《入华耶稣会士列传·游文辉传》）游文辉受大家的委托画一幅利玛窦神父的肖像，作为人们的安慰。这幅油画在1614年由金尼阁（Nicolas Trigault）返回罗马时带回，至今保存在罗马耶稣会总部。当时，利氏的像悬挂在罗马耶稣堂的会院客厅里，利氏像的两旁是耶稣会创始者依纳爵与第一位试图进入中国的沙勿略画像。像下以拉丁文书写："利玛窦神父，马才拉塔城人，为耶稣会第一位把福音传入中国者，一六〇六年去世，享年六十。"（《利玛窦全集》卷4，555页）由此既可以说明当时人们是十分珍视这幅画像的，也可以说明游氏所绘画像具有一定的艺术性与真实性。

这是一幅标准的西方肖像画，构图既饱满又简练，显示出相当的艺术概括能力。画面取利玛窦上半身，他的双手拱放在衣袖里，从而免去了手部细腻刻画的需要，身子完全是朝正面的，而脸部略向左侧，双眼似乎凝视着远方的天际。利玛窦的身后是一片青灰色的天空，远处露出了一些微白的云彩，横向地在天际深处飘浮。云彩与利氏垂直的身驱正好形成十字交错。天空中，利氏头部的后方，有一枚放光的耶稣会像章，以鲜明的红色作底，上面隐约可以看出若干符号，像章的四周有一圈金黄色的光芒。如果大意的话，人们会以为它只是太阳。但正是这一枚会标提示人们：利玛窦

P. MATTHEVS RICCIVS MACERATENSIS QVI PRIMVS E SOCIETAE
IESV EVANGELIVM IN SINAS INVEXIT OBIIT ANNO SALVTIS
1610 ÆTATIS 60

是一位开拓远东天主教传教事业的巨人,在强烈的宗教精神鼓舞下,历经艰险,将自己 26 年的岁月献给中国的教务。我们看到,由于画面中虚拟的地平线放得较低,利氏身驱有微微仰视的透视效果,从而使他的形象显得更为庄重。尤其是他那深紫近黑色长袍的外轮廓线,由腰际开始对称地向上延伸,经双臂、双肩至面部,最后又与近黑色的帽子呼应,将人们的视觉直接引向利氏的面部,使得他的五官面貌显得更加醒目。他的表情确实有点呆板,眼神也似乎流露出对前程的茫然,然而,利氏的神情与整体的构图处理结合在一起,让观者真正感受到利玛窦在中国开教所处的困惑。

该画对明暗的处理也很有特色。光线从画面左上方射去,在眼框、鼻梁、面颊的暗面投下了丰富的阴影,尤其在白色衣领上的投影可以明显感受到强烈的光源。值得注意的是,游文辉将衣服绉襞的明暗关系处理得非常简明,而将面部刻画得十分微妙。利氏略带衰老的面容,眼框深处的上下眼睑,以及高高挺起的鼻子与那一大堆胡子,通过深入细微的明暗刻画都表现得恰到好处。就明暗布局来说,整个暗淡柔和的背景衬托了利玛窦深色的身驱,而他的身驱又将处于光亮之中的面部突现出来。再从色彩角度看,青灰色的背景与带紫色的衣袍产生微妙的对比,将红色的耶稣会徽章与带暖调子的脸衬托出来,使画面具有一种既沉闷又有期盼的氛围。

尽管游文辉还是一名西画初学者,但该图所显示的写实能力令人惊叹。然而,《利玛窦像》更深层的意义在于:中国肖像画由此开始了新的起点。游文辉毕竟是一名中国人,在他仅存的这幅画中,我们看到中国人是如何运用西方绘画特性,并将它与传统肖像画的某些特点相结合的。

1610 年以后,有关游文辉的情况鲜为人知。只知道 1613 年他曾经在南雄做传道员和画家,此后于 1617 年 12 月 25 日,在杭州府城外杨廷筠学士的小祈祷室中发世俗助理愿。就在该年,南京礼部尚书沈㴶等人发起了第一次教难,游文辉一度躲避于澳门,直至 1623 年重新开教之时才返回北京。1628 年他再次来到杭州,于 1633 年在杭州去世,终年 58 岁。(莫小也)

南博本利玛窦《坤舆万国全图》

明 | 纸本
纵 168，横 382（单位：厘米）
南京博物院藏

利玛窦于1608年"木刻墨印+彩色摹绘"的纸质本《坤舆万国全图》，在1922年被发现并入藏北京历史博物馆，1933—1936年间转藏于南京中央博物院，即今南京博物院。

全图保存善，品相佳，是1608年呈贡万历皇帝的原图。利玛窦编制摹绘的参照底本，应是多幅16世纪西方地理大发现时期十分流行、由欧洲编制的、包含绘画图像的椭圆形世界地图。全图一共六幅，图作球形，经纬度数俱全，各地均附注解，五色绚烂，古雅可爱。第一幅及第五幅有利玛窦的题句，款用大明万历壬寅年（1602年），他幅复有李之藻、祁光宗等跋语。图中南北亚墨利加洲已标出，而所述则为印地安土人之生活，这部分文字与现今译名基本相同；其他欧洲诸国译名，均与今大异，中国幅员亦不相同，如满洲东三省之地，统标名女直，黄海称为大明海等等，这些部分的差异尤为显著。图内海洋空隙，绘有怪异鱼类多种，陆地则加绘猛禽厉兽若干，状貌悉狰狞可畏，有很多现在都已灭绝。大洋中复间绘16世纪船只十余艘，作乘风挂帆之状，形式虽不一，均奇特出人意表。

现存利玛窦《坤舆万国全图》藏本有刻印本与摹绘本（包括刻印+摹绘本），迄今已知世界各地所藏摹绘本共有9份：南京博物院藏本（彩绘，1—6幅）、韩国首尔大学藏本（彩绘，1—8幅）、日本大阪北村芳郎藏本（彩绘，1—8幅）、美国凯达尔捕鲸博物馆藏本（彩绘，仅第3幅）、法国人理格（G.Nicolas）藏本（彩绘，1—6幅）、中国国家图书馆藏本（彩绘，仅第4幅）、韩国奉先寺藏本（彩绘，1—8幅；已毁，首尔大学奎章阁存有黑白照片，韩国实学博物馆藏有复原图）、美国鲁德曼古地图商店49843号（彩绘，仅第1、6两幅）、中国国家博物馆藏本（墨线仿绘，1—6幅）。（阙维民）

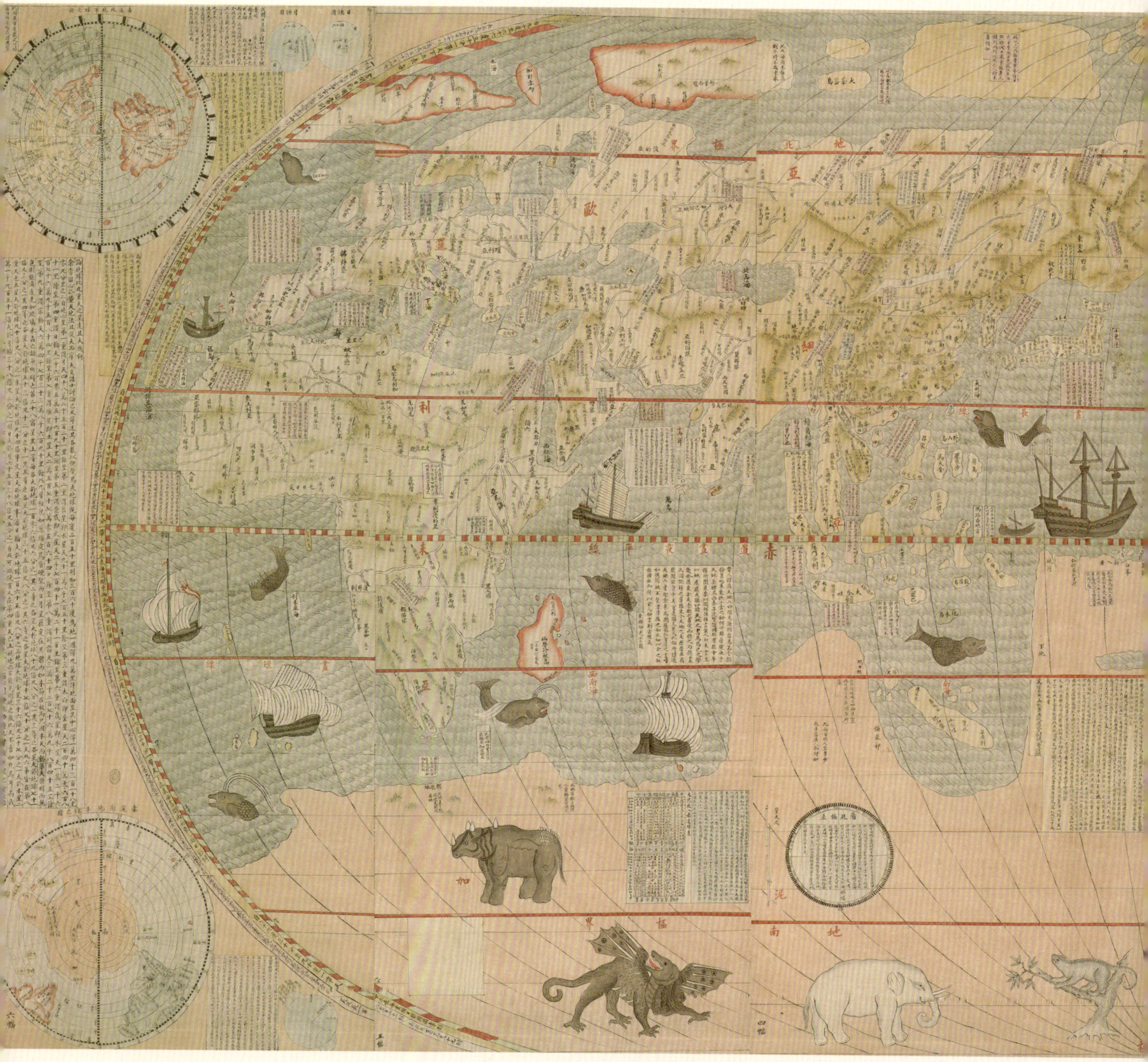

坤輿萬國全圖

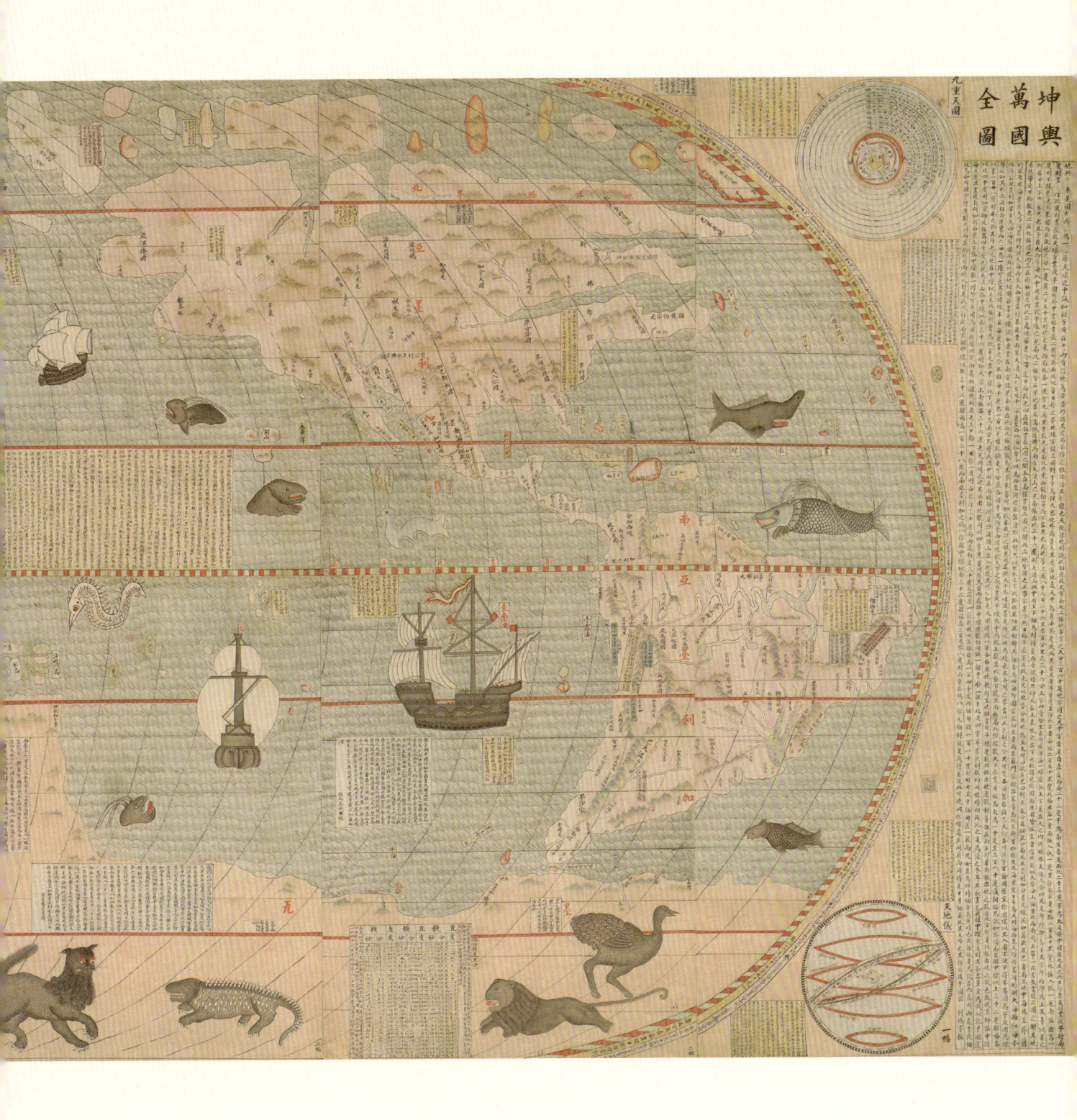

第二单元
丝路命名：李希霍芬和他的时代

19世纪工业革命推动了大规模的经济全球化，欧美等率先开展工业化的国家也兴起全球探险的热潮。19世纪初，"东方学"在以法、英为主的西方学术界出现。此时涌现出一批著名的地理地质学家，开始为科学与政治目的服务，地质勘测、地图测绘、地理研究在这一阶段日趋精确。德国地理学家李希霍芬就受益于此。

1877年，费迪南德·冯·李希霍芬将汉代中国和中亚南部、西部以及印度之间的以丝绸贸易为主的交通路线称作"丝绸之路"，此时这一定义还具有一些"偶然性"。及至19世纪末20世纪初，各外国考察团以及后来的中瑞西北科学考察团进行了以塔里木盆地为中心的西域考古探险，他们这一时期调查所获的资料，才使得李希霍芬提出的"丝绸之路"真正得到确证。特别是李希霍芬的学生斯文·赫定以"丝绸之路"为名撰写了考察记录——《丝绸之路》，对此做出决定性的贡献，丝绸之路学说由此发扬光大开来。

第五章
李希霍芬和他的时代

　　除了把"丝绸之路"视为亚非欧三大洲的历史，还有什么因素会令"丝绸之路"成为一个有意义的术语？学者们对此有共识吗？……李希霍芬选择丝绸作为典型商品来代表跨欧亚贸易，并非偶然或心血来潮之举。公元前1—公元2世纪，丝绸走出中国"国门"，于是这一时期被视为"丝绸之路"的开端。当然，在此之前，欧亚大陆的长途贸易已有几千年的历史，如从东到西的青金石贸易，从西到东的玉石贸易。但是，由于政局变化，欧亚各地对丝绸渴求不止，与此前的贸易相比，丝绸的流动之旅持续时间更长，陆路的，海路的，东西向的，南北向的，整个中亚都被卷进这场交易之中。

〔英〕魏泓《丝绸之路：十二种唐朝人生》

第一节
全球探索的时代

汪海岚（Helen Wang）

19世纪60—70年代，德国地理学家、地质学家李希霍芬（1833—1905）在中国进行了广泛的旅行。1877年，他首次写下了"丝绸之路"，描述了早期横跨欧亚大陆的贸易和通信网络。这个比喻特别便于连接东西方，比中亚复杂的历史更容易理解，特别是考虑到当时中亚几乎没有地图的情形。

19世纪，地图科学测绘广泛兴起，尤其是在殖民国家。例如，印度测量局成立于1767年，并以1800年启动的大三角测量而闻名。20世纪初，印度测量局驻守在德拉敦且经验丰富的测量人员陪同奥雷尔·斯坦因（1862—1943）在中亚进行了考察。

公众对地图、路线和通讯很感兴趣。自19世纪40年代起，欧洲就有了电报通信。1866年，跨大西洋电报成功地将欧洲和美洲连接起来，它相当于20世纪六七十年代的阿波罗太空计划。

第一次，人们不仅可以梦想环游世界，而且可以真正地环游世界。这个想法引发了公众的想象力！到了1871年，著名的旅行社托马斯-库克开始提供环球旅行服务，他们的广告宣称"一张库克的船票把世界带到你身边"。同年，"海洋号"轮船下水，被誉为"海面上最现代、最美丽的轮船"。而在1872—1873年，儒勒·凡尔纳的小说《八十天环游地球》出版。

1873年，第一届东方学国际研讨会在巴黎召开。前十三次大会都在欧洲举行。直到1905年，东方学国际研讨会才在欧洲以外的阿尔及尔（法国统治下）召开。

第一届研讨会在巴黎举行，主要讨论语言学和考古学。第二届在伦敦举行，学者们对罗塞塔石碑进行了研究。罗塞塔石碑刻于公元前196年，上有古埃及象形文字、德米特里语和古希腊语，1799年在埃及被发现，是19世纪20年代让-弗朗索瓦·商博良破译象形文字的关键。

当然，在李希霍芬之前，就有学者对欧亚大陆的联系感兴趣。不过，象形文字的破译引发了学者对欧亚-埃及关系，以及古埃及象形文字与中国古代文字之间联系的可能性的兴趣。著名的埃及学家包括英国的塞缪尔·伯奇（1813—1885）、弗林德斯·皮特里（1853—1942）和法国的加斯顿·马斯佩罗（1846—1916），他们都在1880年奔赴埃及，且至少有一位很希望他的儿子能学习中文。加斯顿·马斯佩罗的两个儿子都在东亚领域产生了影响：乔治·马斯佩罗(1872—1942)是法国外东方学校（EFEO）的创始人之一，亨利·马斯佩罗(1883—1945)是著名的汉学家，他曾研究奥雷尔·斯坦因在中国西北部发现的文献。

东方学研讨会年表：1873 年至 1905 年

1873 年	第一届东方学国际研讨会（法国巴黎），注重语言学与考古学
1874 年	第二届东方学国际研讨会（英国伦敦），《伦敦画报》发表了《学者讨论罗塞塔石碑》之图
1876 年	第三届东方学国际研讨会（俄罗斯圣彼得堡）
1878 年	第四届东方学国际研讨会（意大利佛罗伦萨）
1881 年	第五届东方学国际研讨会（德国柏林）
1883 年	第六届东方学国际研讨会（荷兰莱顿）
1886 年	第七届东方学国际研讨会（奥地利维也纳）
1889 年	第八届东方学国际研讨会（瑞典斯德哥尔摩）
1892 年	第九届东方学国际研讨会（英国伦敦）
1894 年	第十届东方学国际研讨会（瑞士日内瓦）
1897 年	第十一届东方学国际研讨会（法国巴黎）
1899 年	第十二届东方学国际研讨会（意大利罗马）
1904 年	第十三届东方学国际研讨会（德国汉堡）
1905 年	第十四届东方学国际研讨会（阿尔及利亚阿尔及尔）

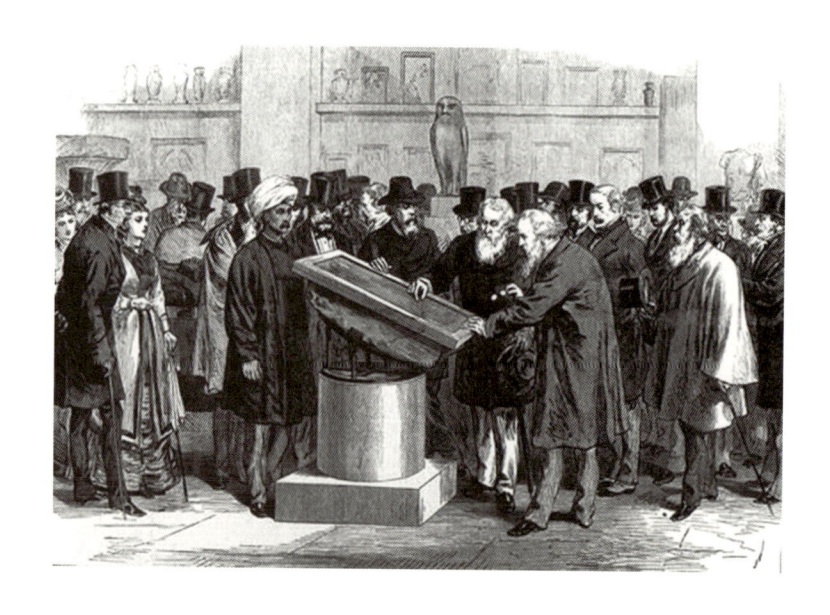

■ 《学者讨论罗塞塔石碑》之图

1886 年，在维也纳举行的第七届东方学国际研讨会上，斯坦因遇到了鲁道夫·胡尔勒，胡尔勒建议他到于阗去寻找东西方之间的联系。与斯坦因同时代的斯文·赫定（1865—1952）是李希霍芬的学生，也曾探索过中国的西北部地区。他在他的书中使用了李希霍芬的"丝绸之路"一词，并取得了很好的效果。

与此同时，斯坦因则避免使用"丝绸之路"一词——只要看看他的书名就知道了：《沙埋和阗废墟记》（1903）、《古代和阗》（1907）、《契丹沙漠废墟》（1912）、《西域考古图记》（1921）、《亚洲腹地》（1928）。

斯坦因和斯文·赫定都注意到媒体对他们工作的报道，也意识到其重要性，例如，利于将来获得资金支持。在《泰晤士报》的报纸上，有 100 多篇由斯坦因撰写或关于他的文章。在斯德哥尔摩的海丁收藏馆中，有一叠关于他的探险活动的剪报。

1911 年，斯坦因藏品在水晶宫世博会上展出；1910 年 6 月至 1912 年 4 月，25 幅敦煌画在大英博物馆展出；1914 年，大英博物馆举办了关于斯坦因藏品的大型展览。

如果说在 19 世纪，世界似乎已经开放，那么到了 20 世纪，随着两次世界大战和冷战的发生，边界发生了变化并被关闭。当二十世纪七八十年代边界开始重新开放时，丝绸之路的"传统"又被恢复。

1988 年，作为"世界文化发展十年计划"的一部分，教科文组织启动了"丝绸之路：对话之路"综合研究（1988—1997）项目。该项目的基本目的是"强调东西方之间交往所产生的复杂的文化互动，帮助塑造欧亚各国人民丰富的共同遗产"。

教科文组织先后组织了五次国际科学考察：西安至喀什的沙漠丝绸之路（1990 年 7 月 20 日—8 月 3 日）；威尼斯至大阪的海上丝绸之路（1990 年 10 月 13 日—1991 年 3 月 3 日）；中亚草原丝绸之路（1991 年 4 月 18 日—6 月 17 日）；蒙古游牧丝绸之路（1992 年 7 月 10 日—8 月 5 日）；尼泊尔佛教丝绸之路（1995 年 9 月 21 日—30 日）。

正如李希霍芬、斯坦因、赫定等人所深知的那样，让大众理解科学工作是很重要的。教科文组织的丝绸之路考察也是"科学与媒体报道相结合"，参与者中有大量的记者。

联合国教科文组织考察的两个重要成果是《塞林迪亚》《佛国》。1994 年 10 月 24 日至 1996 年 2 月 19 日在巴黎大皇宫举办了"丝绸之路上的十个世纪艺术展"。展览首次在西方世界展出了来自全球各地的几家博物馆收藏的中亚佛教艺术的主要作品，其宗旨宣称："我们在这里关注的是一个我们没有具体名称的地区，因此使用了几个术语，包括'塞林迪亚''中亚'甚至'丝绸之路'。"

儒勒·凡尔纳《八十天环游地球》

《八十天环游地球》(*Le Tour du monde en quatre-vingts jours*)是19世纪法国科幻小说家,被誉为"科幻小说之父"的儒勒·加布里埃尔·凡尔纳(Jules Gabriel Verne,1828—1905)创作的长篇小说,是其代表作之一。全书于1872年11月6日到同年12月22日发表在《时代》(*Le Temps*),首次出版于1873年,后被大量翻译成其他语言。

这本书的内容大致是:1872年斐利亚·福克先生在伦敦改良俱乐部和会友们打赌,要在八十天内环游地球一周。在当时的情况下,这确实是一件很难办到的事,因为旅客一定要把时间掌握得非常准确,也就是说一下火车就要上轮船,一下轮船就要上火车,如果有半点延误,就会使整个旅行计划脱节而前功尽弃。但是福克先生从伦敦出发,经过欧、非、亚、美四个洲,以坚定的意志克服了无数自然和人为的障碍,终于在八十天内环游地球一周回到伦

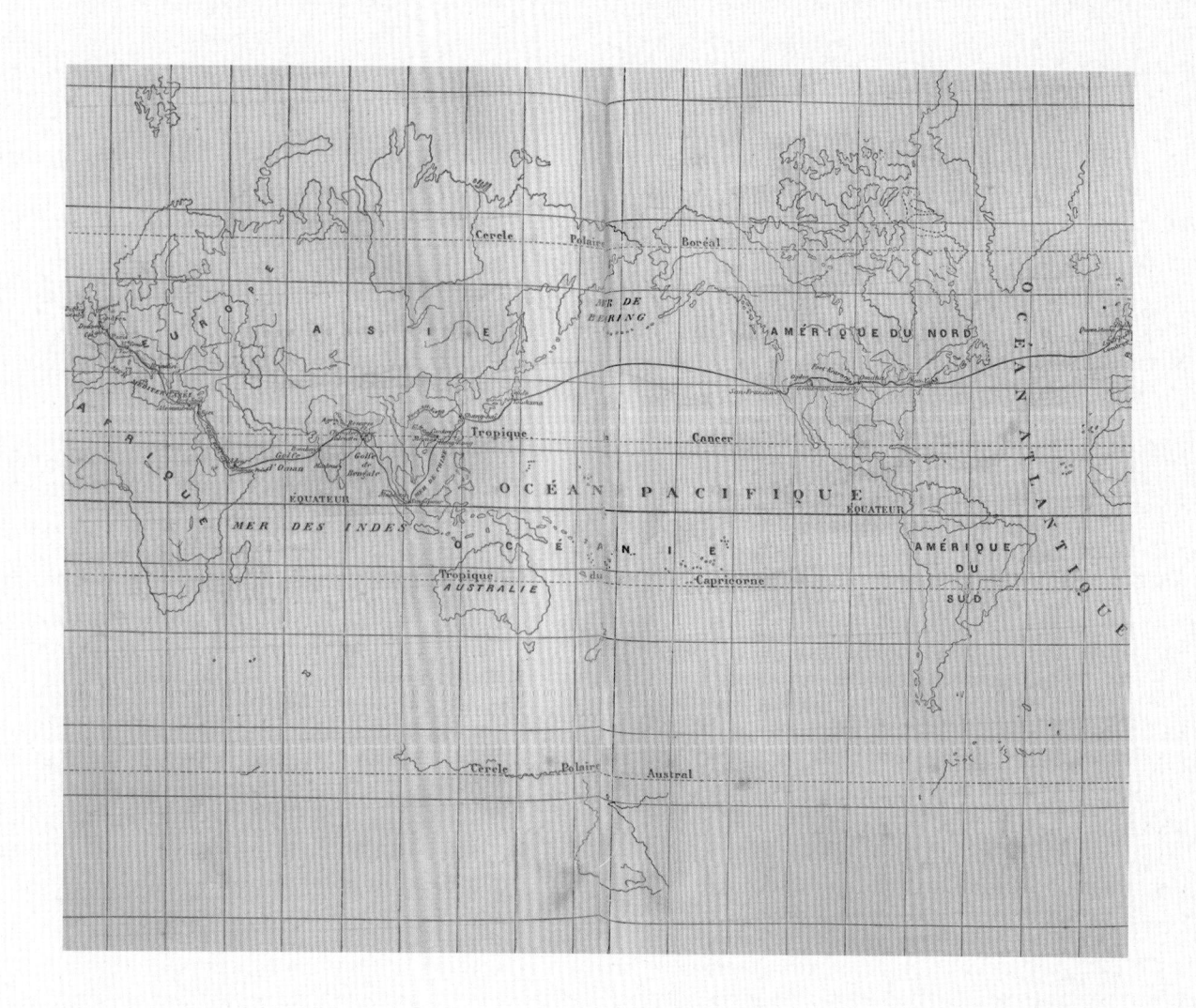

敦，甚至还提前一天完成任务。

19世纪最后的二十五年，人们对科学幻想的兴趣相当旺盛，这与当时物理、化学、生物学领域所取得的巨大成就以及科学技术的迅猛发展密切相关。该书出版之后，许多人都想尝试依书中路线环游地球。首先尝试者是位女性——比斯兰夫人，她于1889年之前，用了79天的时间环游了地球。直到1971年，还有人在按照书中主人公福克先生的路线环游地球。可见此书影响之巨大。

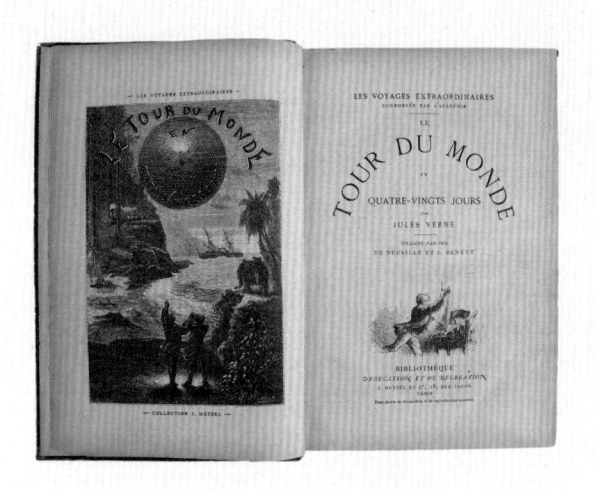

■ 凡尔纳《80天环游地球》，1873年法文版

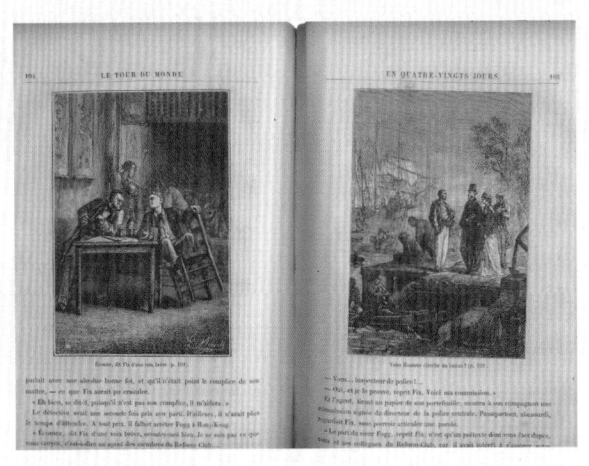

■ 凡尔纳《80天环游地球》，1876年英文版

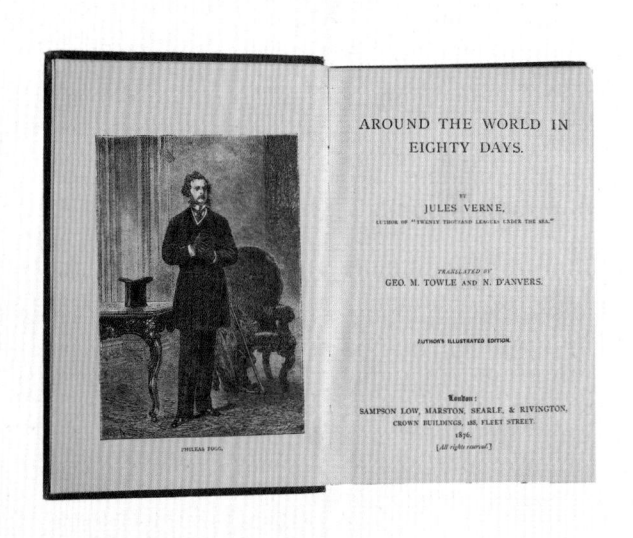

第二节
李希霍芬的中国之行和丝绸之路

杭 侃

现在提到丝绸之路，都会提到德国的地理学家李希霍芬对于丝绸之路的描述。从 1877 年到 1912 年，李希霍芬在学生的帮助之下，整理出版了五卷本《中国——亲身旅行的成果和以之为根据的研究》[①]。

这套书并未被翻译成中文，其中提到的"丝绸之路"一词，美国华盛顿大学历史系的丹尼尔·沃教授通过"概念考古学"的研究分析指出：李希霍芬个人对"丝绸之路"一词的使用并非如今天这样已经具有规范概念的性质。李希霍芬指称这条超远通道，用过"丝绸之路"这个词，但他也用过其他词，如"交流渠道""大路""主干道""丝绸商路"等。在李希霍芬的词汇中，"丝绸之路"还没有最终定型。此外，"丝绸之路"一词所涉的时间范围仅限于汉代，而没有做更广泛的历史概括[②]。

我们先来看看李希霍芬其人。他于 1833 年生于普鲁士上西里西亚卡尔斯鲁赫（今属波兰），1905 年逝于柏林。他曾就读于布雷斯劳大学及柏林洪堡大学，获得博士学位。在 1860 年到 1862 年之间，前往亚洲的许多地方如锡兰、日本、中国台湾、印尼、菲律宾、暹罗和缅甸等地旅行考察。1863—1868 年间，在美国加利福尼亚州进行地质勘查并发现了金矿。1868 年 9 月至 1872 年 5 月的近四年间，在中国进行地质地理考察，走遍了大半个中国（14 个省区）。李希霍芬在中国的考察共分为七次，分别如下：

① Ferdinand Von Richthofen, *China: Ergebnisseeigenerreisen und daraufgegründeterstudien*, Berlin: Dietrich Reimer, 1877–1912.

② 〔美〕丹尼尔·C.沃:《李希霍芬的"丝绸之路":通往一个概念的考古学》,蒋小莉译,载朱玉麒主编:《西域文史》第7辑,科学出版社,2012年。

第一次,1868年11—12月间,主要地区是杭州、苏州、无锡、镇江、南京等地,尤以舟山群岛考察最详。

第二次,从1869年1月开始,再次赴南京、镇江,转入湖北(武汉及汉口)。

第三次,从1869年3月开始,相继有半年时间,主要考察山东郯城、临沂、泰安、济南、章丘、博山、潍坊、芝罘。

第四次,从1869年9月开始,主要是在江西(九江、景德镇附近),转到安徽屯溪,后乘船经新安江、钱塘江到杭州,最后返回上海。

第五次,从1869年末到1870年初,从上海直达香港,进入广州经北江到湖南宜樟、郴州,乘船沿湘江、洞庭湖入长江,到汉口转入河南洛阳,再到山西晋城、太原、阳泉,之后从河北正定到达北京,从天津返回上海,重点考察了山西、陕西煤矿资源。

第六次,1871年6—8月间,先从上海到宁波,进天台山到金华、桐庐等县,经分水县进入天目山,越过千秋关,到安徽的宁国、泾县,到达芜湖,乘船再到镇江,在此往返南京、镇江数次,进行较细致的地质考察和测量。

第七次,从1871年9月至1872年5月,是他七条路线考察中时间最长的一次。从上海乘海轮至天津到北京,再次对西山斋堂等地进行考察,经鸡鸣山、宣化到张家口,转至大同、五台山考察,发现"五台绿泥片

图例

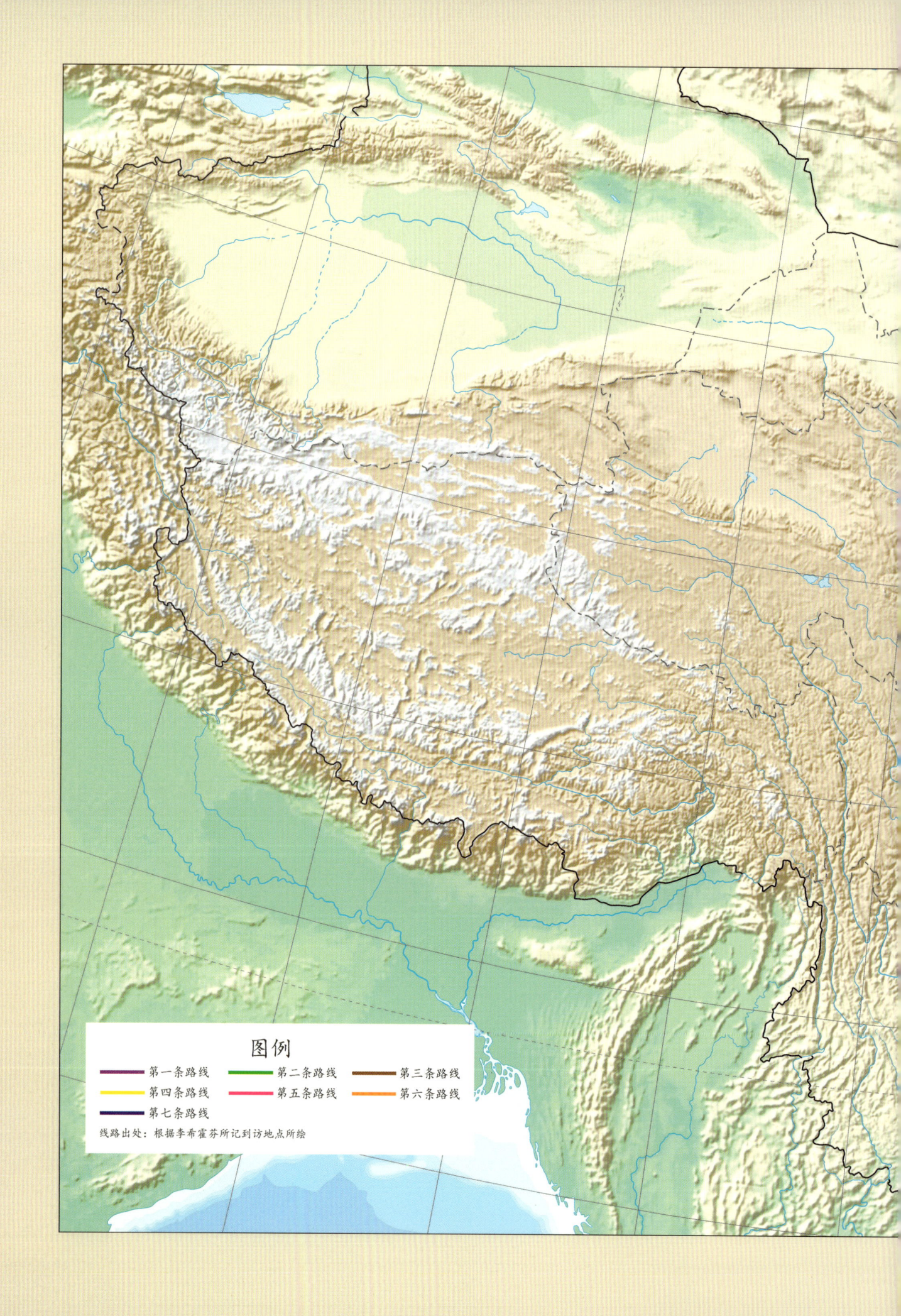

— 第一条路线　— 第二条路线　— 第三条路线
— 第四条路线　— 第五条路线　— 第六条路线
— 第七条路线

线路出处：根据李希霍芬所记到访地点所绘

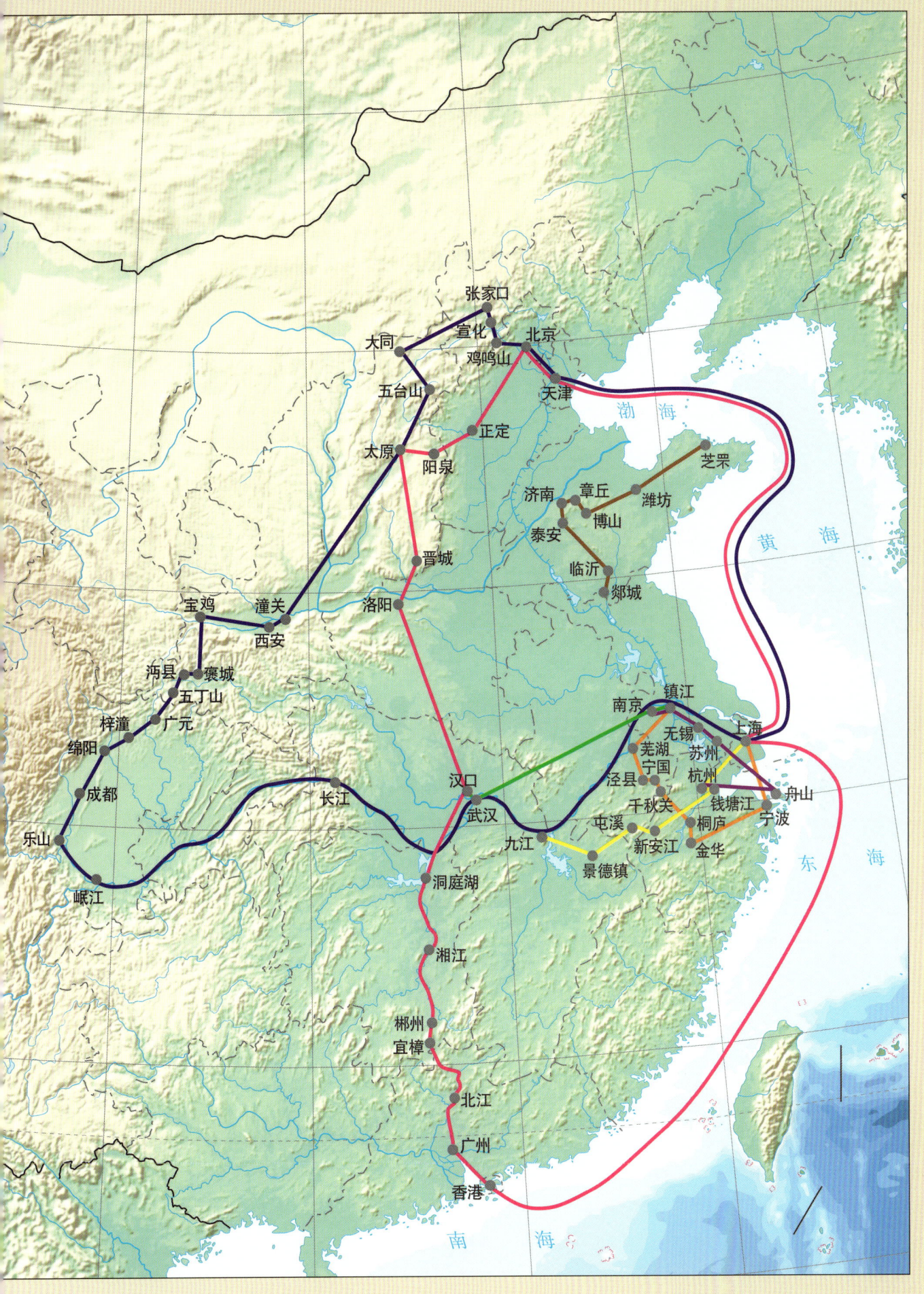

李希霍芬在中国的7次旅行（1868—1872）

■ 老年李希霍芬

岩"。到太原沿汾河河谷南下至潼关，入陕西经西安到宝鸡。此后转向褒城，入沔县，越五丁山后入四川广元、梓潼经绵阳抵达成都。随后，他转入嘉定（乐山），经岷江，顺长江返抵上海。

1872年，李希霍芬返回德国。回国之后，他先后写出并发表了五卷带有附图的《中国——亲身旅行的成果和以之为根据的研究》。这套巨著是他四年考察的丰富实地资料研究的结晶，对当时及以后的地质学界都有重要的影响。

据说，李希霍芬于1870年在其《关于河南及陕西的报告》等著作中，首次提出从洛阳到撒马尔罕（今属乌兹别克斯坦）有一条古老的商路，将其命名为"丝绸之路"。但通常人们所熟知的是，李希霍芬于1877年的《中国——亲身旅行的成果和以之为根据的研究》第1卷上正式提出了丝绸之路的概念。结合他的学术经历及详细写作后，我们可以得出小结：

1. 在我们经常引用的该书第1卷第500—501页的《丝绸之路交通图》上，李希霍芬用了红、蓝两种颜色标示丝绸之路，红色的是他根据文献记载所描绘的丝绸之路，蓝色的是他重点考证的新疆通往中亚的路段。他结合了其他学者的实地考察论述了这部分考证内容。李希霍芬在书中另有一节讨论"通往印度的商路"，但是他认为汉代时期中国和印度之间的联系是间接的，因此他并没有在这张图上标示两国之间的联系线路。

2. 李希霍芬没有去过新疆，但是他将对新疆的研究放在了第1卷。作为一个学者，他对中亚研究投入了巨大的热情[1]。19世纪的学者们对于中亚的热情，与当时对于中亚中心性的认识有关。如李希霍芬的老师李特尔（Carl Ritter，1779—1859）在《亚洲》一书中认为人类起源于中亚；1911年，加拿大古生物学家马修在《气候和演化》中认为中亚因喜马拉

① 唐晓峰:《李希霍芬的"丝绸之路"》,《读书》,2018年,第3期。

② 李四光:《人类起源于中亚么?》,《现代评论》,1926年,第78期。

雅山的崛起,自然环境变得不适宜生存,但对动物演化来说,受刺激产生的反应最有益处,所以这些外界刺激可以促进人类的形成;1926年,李四光发表了文章,讨论人类起源于中亚的学说②。所以,李希霍芬对于中亚的研究热情有其时代的学术背景。

此外,李希霍芬的研究还有地缘政治的考虑。他曾在一份考察报告中建议:

> 毫无疑问的是:中国必将通过一条铁路与欧洲连接。……(关于此路)唯一应考虑的路线乃是穿经西安府、兰州府和哈密的道路。事有凑巧的是,此路沿途——包括北路(Pelu,即塔里木盆地北侧的路)——有丰富的煤矿。这么多有利条件因缘巧合到一起,汇成如此漫长而确定的东西通道,在历史记录中,这可谓唯一的例子。

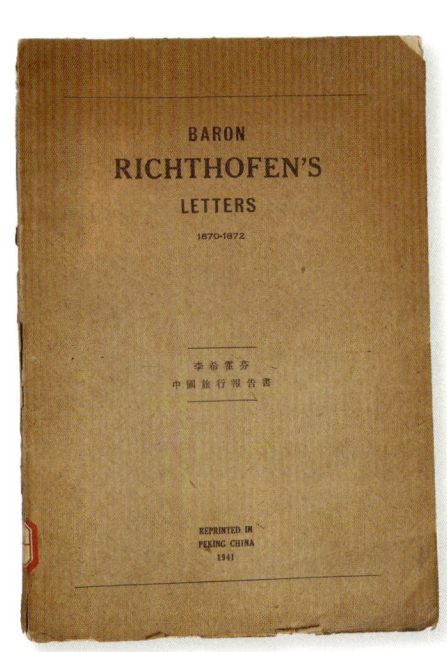

■ 李希霍芬《费迪南·冯·李希霍芬和他的中国日记》,1907年初版

■ 李希霍芬《中国旅行报告书》,1941年版

■ 李希霍芬《山东及其沿海门户胶州》(Schantung und Seine Eingangspforte Kiautschou),1898年初版

① 缪哲:《学术与政治:李希霍芬的"丝绸之路"》,《"丝路文明传承与发展"国际学术研讨会论文集》,2015年。

② 〔德〕费迪南德·冯·李希霍芬:《李希霍芬中国旅行日记》,商务印书馆,2016年。

③ 刘进宝:《"丝绸之路"概念的形成及其在中国的传播》,《中国社会科学》,2018年,第11期。

因此,"从这些背景,我们回到李希霍芬的《中国》一书,或回到书中所提出的丝绸之路概念,不难认识到:他对古丝绸之路的研究,是以铺设欧亚铁路、服务殖民主义与帝国主义利益为最终考量的"。① 这样,我们就不难理解为什么李希霍芬会说他在中国考察的时候,"如果还有一张桌子的话,就铺一面德意志国旗在上面"②。

3. 李希霍芬提出了丝绸之路的概念,这一点固然重要,但是他并没有提出系统的理论阐述,丝绸之路也并不是一个严格意义上的学术概念。在中国国内正式出现"丝绸之路"的名称前,还曾使用过"绸缎之路""丝路""贩丝之道""丝绸路"等简称或代称③。因此,我们有必要对李希霍芬及其"丝绸之路"概念的学术史意义进行更深入的思考和研究。

李希霍芬年表

1833 年	出生于卡尔斯鲁赫市(西里西亚)
1850—1852 年	在布雷斯劳大学学习地质学
1852—1856 年	在柏林师从贝里希、罗斯、李特尔等人学习地质学、矿物学和地理学
1856—1860 年	在维也纳 K.K. 帝国地质研究所从事地质学研究
1860—1862 年	就职于普鲁士驻东亚大使馆立法会
1862—1868 年	在加利福尼亚从事火山岩研究和现场勘查
1868—1872 年	在中国考察,之后开始了对中国的研究
1873—1876 年	担任柏林地理学会主席
1877 年	《中国》第一卷出版
1879—1883 年	在波恩大学任教
1879 年	与伊姆加德·冯·李希霍芬结婚
1882/1883 年	《中国》著作第二、四卷出版
1883 年	在莱比锡大学任奥佩舍尔地理系主任
1885 年	出版《中国地图集》第一卷
1886 年	担任柏林大学地理(自然地理学)教授
1899 年	任柏林普鲁士科学院院士
1905 年 10 月	于柏林逝世
1911/1912 年	《中国》著作第三、五卷出版

第二单元　丝路命名：李希霍芬和他的时代　159

李希霍芬铜像

青铜

850×460×260（单位：毫米）

2015年

项金国作品，中国丝绸博物馆藏

中国提出"一带一路"倡议、丝绸之路成为世界遗产后，这件雕塑作品创作进入我的创作与构思范围。费迪南·冯·李希霍芬作为"丝绸之路"的命名者成为我在创作这一系列作品中的首选。

在收集有关李希霍芬资料的过程中，我了解到这位德国地理和地质学家也是近代中国地学研究的先行者。1868—1872年间，他尽管没有走过丝绸之路，但在中国进行了七次考察，走遍了大半个中国。人物雕塑创作突出的是具体人物的形象，很难像绘画一样呈现过多人物所处的环境和道具，所以在几易其稿的推敲中，我逐渐明确将李希霍芬在中国考察时的造型，浓缩于一个"走"字。

我不是追随李希霍芬的脚步在走，而是追随他的思路在走。我既沿着丝绸之路走，从西安出发，一路经麦积山石窟、炳灵寺石窟、敦煌石窟、克孜尔石窟群等地考察写生；也在他的故乡走，在出访欧洲时，我特别对李希霍芬写作《中国》一书的所在地进行了考察和体验，在德国柏林大学的东亚博物馆内拍摄和收集了大量的资料。

一件精彩的雕塑应该不失对人物的具象写实，但又不避浪漫主义的夸张手法。我眼中的这位地理学、地质学领域的著名科学家，手握笔记本，脚蹬那个时代欧洲人远行的深筒靴，前后历时四年，风尘仆仆地行走在中国大地上。矫健的脚步，散乱的头发，深邃的眼神，飘动的外套，集中表现出李希霍芬的敏锐、才情、专注与贡献。（项金国）

李希霍芬铜像参展与收藏：

2015年"朝圣敦煌·首届国际城市雕塑作品大展"获特别奖（敦煌），敦煌市政府收藏；

"新态·2015太原国际雕塑双年展"（太原）；

"写意中国·中国国家画院2015年展"（北京·中国美术馆）；

2016年"第十一届中国艺术节"（西安）；

"中国姿态·第四届中国雕塑大展"（山东·济南）；

2017年"新丝路：2017中国当代青年雕塑·装置艺术节"（西安）；

2019年"时代经典：2019年中国雕塑学术邀请展"（江苏·海澜美术馆），海澜美术馆收藏。

李希霍芬的《中国》及其中的绘画

作者：李希霍芬
1877—1912年出版
中国丝绸博物馆藏

李希霍芬在普鲁士政府的支持下，在学生的帮助下，从1877到1912年，历时35年，完成了鸿篇巨作《中国——亲身旅行的成果和以之为根据的研究》。全书共五卷，另有地理和地质图册两集。

第1卷于1877年出版，由他自己执笔撰成，主要论及中亚及中国的区域地理概貌，"丝绸之路"一词和《丝绸之路交通图》就出自于此卷。第2卷于1882年出版，由他自己编成，主要包括考察区域的自然、地质、矿产资源，以及社会和经济内容，涉及辽宁、山东、山西、甘肃、陕西、河南等地。第3卷于1912年出版，由他的学生迪森主编，内容包括李希霍芬在四川、湖北、湖南、浙江等地考察笔录、考察资料等。第4卷于1883年出版，主要汇集考察中采集的古生物化石，邀请各门类著名古生物学家鉴定、描述和分类等。第5卷于1911年出版，由迪森主编。

备注：李希霍芬走过浙江、江苏、湖北、山东、直隶（北京和河北）、奉天（辽宁）、山西、江西、安徽、广东、湖南、河南、陕西、四川，如果按照晚清的行政区划应该是14个省区（《中国》一书第2卷涉及甘肃，但是考察路线中没找到具体的地点），如果按照现在的行政区划，则不止14个，可能有18个（含北京、上海、香港等）。（吴凤鸣）

v. Richthofen, China. Bd. I. Cap. X.

S. 500.

| | Gebirgsland | | Gebirge über 3000 Meter | | Steppe Niederste Stufe | | Steppe Mittlere Stufe |

Kwen-lun System · · · Himálaya System · · · Tien-shan System

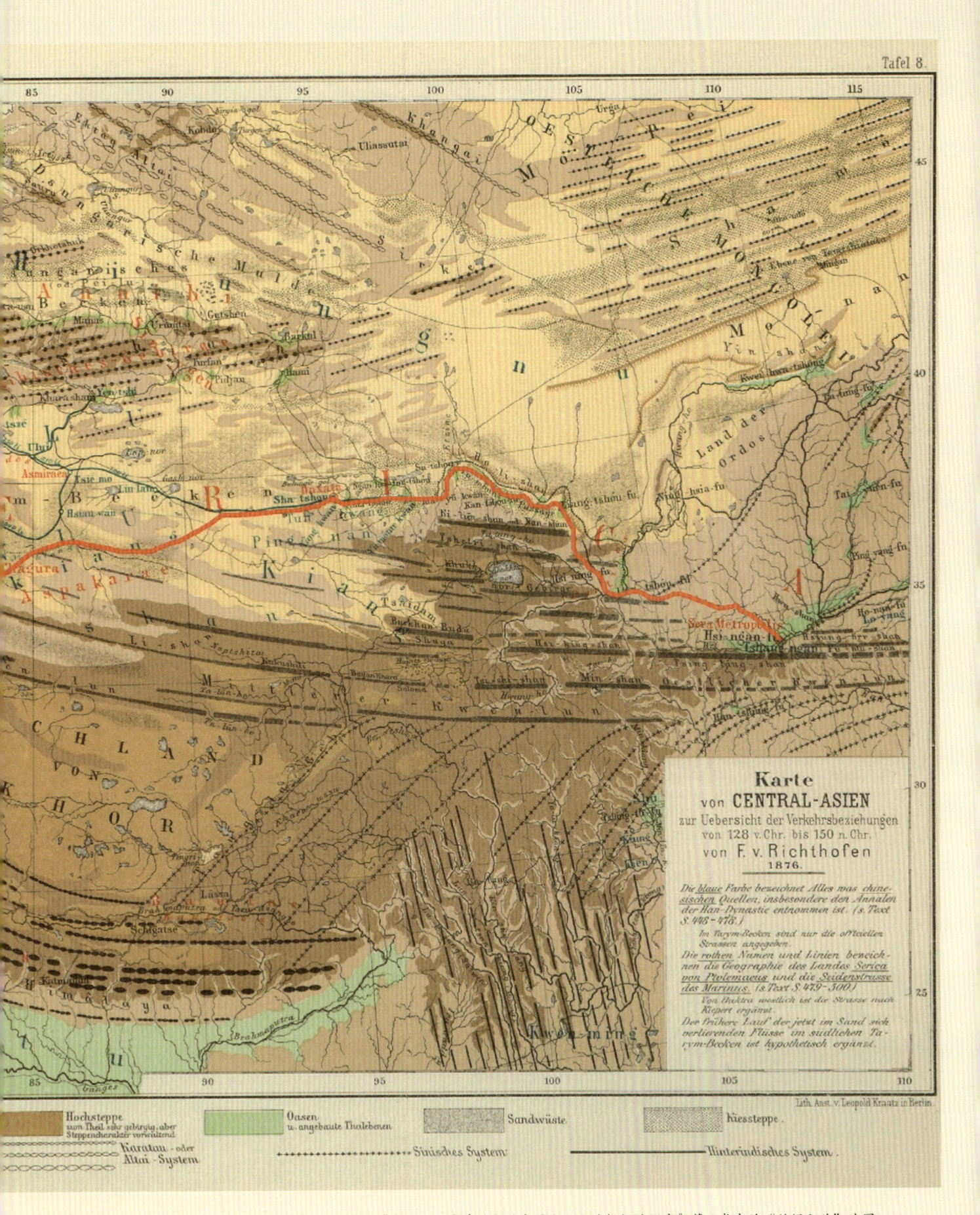

《中国——亲身旅行的成果和以之为根据的研究》第1卷中的"丝绸之路"地图

第三节
李希霍芬的丝绸之路

〔德〕李希霍芬 著，肖灵轩 译

在前面的讨论中，我们很多次都不得不把塔里木盆地南侧宽广的商道看作通往赛里斯（Serica）的路标。汉朝初次探索西域之时，这条路便是交通要道。我们曾经发现，旅行者大多会途径沙洲、罗布泊的楼兰以及于阗，之后他们很少走帕米尔走廊，而是穿过捷列克达坂（Terek-Dawan）山口前往大宛（Ferghana）。我们还发现，公元1到5年开放了一条从沙洲向西北方向延伸的新路，它可能经过哈密，通往吐鲁番。但是，这条路似乎不是通往锡尔河的常规路线。到了今天，我们再一次把注意力放在了通往同一条南线商路的交通之上。

在这一时期，来自东方的道路通常有两个起点：玉门关和阳关。玉门关我们了解得很清楚。它就是后来的嘉峪关，位于肃州以西200里，是长城重要的关口。阳关的位置尚无定论。不过，它在沙洲以西大约170g.M.（译注：距离单位，不明）。从阳关出发有一条交通要道，通往一条已经被勘测清楚的古道。它经过于阗，之后大概分成两路，一路通往阿姆河，另一路通往锡尔河。而玉门关是通往吐鲁番道路的起点。还有一些道路，沿着另一些方向穿过塔里木盆地，就不在我们的讨论范围之内了。

我们又从马利奴斯（Marinus）那里得到了有关一条早期丝绸之路西段的信息。马利奴斯是马其顿人马埃斯（Maes）的代理人（Agent）。后来，托勒密（Ptolemaeus）又对前人详尽的原始资料加以简短地说明，我们才得以了解这一路段。在许多有关古代地理的文献中，这一话题已经被讨论很多次了，以至于我们不必讨论这条道路的第一段，这第一段从希拉波利斯（Hierapolis）出发，沿幼发拉底河溯流而上，经过波斯波利斯（Persepolis）和赫卡通皮洛斯（Hekatompylos），直至大夏（Baktra）。所以下面我们直接讨论尚未解决的问题。

费得申科（Fedschenko）在1868年至1871年间展开旅行，威士尼夫斯基（Wischniewski）、马耶夫（Majew）和施瓦茨（Schwarz）在1875年成功进行了希萨（Hissar）探险；他们的行动像一束意外的启示之光，照亮了锡尔河和阿姆河之间绵延的山地。直到不久前，我们还对这一地区视而不见。有了这些补充信息，我们现在基本能够确定马埃斯的代理人曾走过的巴尔赫（Balkh）以北的路段。长久以来，由于缺失了如此重要的信息，人们只能相信一个普遍的说法，那就是商人要么走那条经过撒马尔罕（Samarkand）、苦盏（Khodjent）和捷列克走廊（Terek-Pass）的长路，要么直接穿过帕米尔走廊向东行进。可这两条路都与记载不符。正因如此，在费得申科旅行和希萨探险之前，裕尔（H. Yule）就提出了质疑：是不是在两条道路中间，藏着一条我们还不知道的路？实际上，这条路在某种意义上被证实了，这也是托勒密的原文所揭示的。因为按照托勒密的说法，道路从大夏首先向北到达了阔梅德人（Komeder）的国家，之后稍稍向南延伸，直到平原与峡谷的交界。对于这第二段路线，我们可以补充进一步的说明，山脉是"东南—西北"走向的，而道路是沿着山脉向东南方向延伸的。从这个地点，即平原与峡谷的交界，也就是山间峡谷的出口；人们自这一交界处出发，在经过石塔后北行 50 shoeni（译注：距离单位，不明）。石塔矗立在沿山谷而上的路上。

如今人们在苏尔克河（Surkhab，或称瓦赫什河）的沿岸重新发现了阔梅迪（Komedi）地区。这一地区的古老名字很有可能被卡巴殿（Kabadian）这座城市的名字所继承。古老的道路在这一地区从大夏向北越过阿姆河到达群山脚下。这里也是阔梅迪人生活的地方。道路沿着山地的边缘向东延伸，遇到高山隔绝的山谷向北转向，不是沿着苏尔克河就是从东部地区向河流上游延伸。这里我们来到了费得申科研究过的区域。这里是海拔 8100 英尺的草原谷底，位于阿莱山脉和外阿莱山脉巨大的山脉间，也是苏尔克河的上游。这里是巨大山脉间的宽阔低洼地带，"东北—西南"朝向。费得申科曾经越过 12000 英尺高的伊斯法兰走廊（Isfairam-Pass）来到这里，并发现了一条沿苏尔克河（在此称 Kizil-Su）顺流而下的道路，这同样也是一条沿草原低洼地带向上通向东方的道路。我们有理由相信，在一个长期有人居住的山地地区，基本上同时存在着多条离开那里的道路。我们因此可以期待，可在如今东方从卡巴殿向北的道路中发现古代的丝绸之路。希萨探险队和哈维尔达（Havildar）的旅行为上述论点提供了两个证明。一队人马途径戈拉布（Kolab）和卡瓦陵（Khawaling）到达喀剌提锦（Karategin），另一队人马从希拉库姆（Kila-Kum）同样到达该地。后者的道路在离开阿姆河之后进入了一条狭窄的山谷，这一事实让我们大致能判断出，这条路就是马埃斯的代理人曾经走过的那条古道。另一条线索也能让我们得出同样的结论，那就是这条路在土耳其人进犯之时所发挥的历史作用。不过，前提条件是，我们对 Rasht 和 Darwas 的区分是正确的。此外，很显然，这条道路从喀剌提锦向北延伸下去，就是费得申科考察过的在阿莱高原（Alai-Plateau）上的道路。

除了大夏，道路上的一个重要地点是"石塔"（der Steinerne Thurm）。很多之前的研究者，包括里特（Ritter）、洪堡（Humboldt）和拉森（Lassen）认为石塔可在费尔干纳的奥什附近的塔赫特苏莱曼（Takt-i-Soleiman，或称所罗门的王冠）遗址中找到。而也有另一些人认为这是错误的，因为阿米阿努斯·马切利努斯（Ammianus Marcellinus）把它说成是一个小村庄（vicus），因此石塔是一个地点，而不应该指某个被隔绝的建筑。哈格尔（Hager）对此已经指出，塔什干（Tashkent）这个名字的意思是"石头宫殿"，他推断是托勒密把这座城市名字从当地语言翻译了过来。在这种情况下莱瑙（Reinaud）补充说，石塔先前被称为 Tashkent，但不意味着石塔建筑就相当于今天以它命名的城市，而是位于更东的地方。尽管如此，我们仍然要把石塔和奥什区别开来。

这也就提出了以下问题：旅行者们是否可能从超过 12000 英尺高的阿莱草原（如今对于

驮马来说仍然是可以通过的）走到只有 2920 英尺高的奥什，之后朝东继续往高处行进，通过捷列克达坂山口；或者他们是否选择费得申科考察走过的线路，即沿着阿莱草原向东北行进？因为他们在这里沿着一条长长的平坦洼地行进。这条道路可能在捷列克达坂山口以南，从费尔干纳直接通向喀什。当我们想到费得申科书中对拥有 25000 英尺高峰的雄伟的外阿莱山脉的描述，我们也会回忆起托勒密书中的叙述，他说："从那里（石塔），高山向东退却了，并与伊美昂山（Imaus）相连，从华氏城（Palimbothra）它又向北延伸。"我们可以通过这些文字推测石塔的位置，它位于一条从南边走出、沿着苏尔克河、穿越外阿莱山的道路上，这条道路最终通向阿莱草原。这当然是有前提的，那就是旅行者们并没有把途经大贸易点当作目标。因为它们不可能存在于草原道路上。人们如果把石塔作为贸易点看待，就必须停下来思考，把它与奥什加以区别。我们无法理解商人们为何打算在走出费尔干纳的山谷之后前往遥远的东方购买丝绸，或者从那边带回这些东西。人们无疑应该在那里减轻他们的过境税。

从托勒密的其他论述中，我们可以推断出，在离石塔不远处，就有一座商栈（Caravanserai），它是通往赛里斯（Serica）途中的一站。托勒密把这座商队客栈设定在了伊美昂山（Imaus）的交通线上，我们需要去紧挨着分水岭的地方寻找它。沙漠商队歇脚的时候，除了在贸易市场，最有可能把帐篷扎在道路交汇的地方。这里一定曾是一个这样的交汇口。因为对于从东方来的人来说，前往阿莱高原的道路，与途经捷列克达坂山口前往费尔干纳的道路在此分开了。

如今，第一条道路几乎被废弃了，因为这条道路的终点大夏已经不再重要，在另一边住着的也不再是安息人中最大的重商民族。更远处的西方人已经开辟了海上之路，以获得供给。不过，去两条道路的交汇口寻找旅行者安营扎寨的地方，这种尝试一定不会徒劳无功。

费得申科找到了一位后继者，并对整个道路系统做了详尽的研究。因此，讨论到现在，我们有望看到一份关于马埃斯走过的古丝绸之路的详尽而可靠的说明。

过了伊美昂山，道路便开始下行。可以肯定的是，它朝着喀什的方向往东延伸。下一站是伊赛顿·斯基泰（Issedon Skythica），它可能随着这座城市一同衰落了。再下面一站是伊赛顿·赛里斯（Issedon Serica），又名于阗。接下来的路我们就清楚了。马埃斯的代理人所走的路就是当时的一条商路。我们应当把这条路看作安息人从赛里斯运出丝绸的道路。不过，不应将这条路视为当时唯一一条路，或者哪怕是最重要的路。因为，正如我们观察到的那样，大多数中国商队都往大宛方向去了，还有一部分走帕米尔走廊。

从后面的一段历史中，我们没发现什么有关马埃斯所走的路的记录。直到 1422 年，帖木儿（Timur）的儿子沙哈鲁（Shah Rukh）的使臣从中国返回时，在从喀什到安集延（Andidjan）的山门之处分道扬镳，一路前往费尔干纳，另一路径直前往巴尔赫。

李希霍芬研究论文目录

李希霍芬逝世已有100余年了，但他对中国地理和地质的考察，特别是他提出的丝绸之路的概念，却一直影响着今天。国际地理学界、科学史界中丝绸之路的研究者们，都在重新研究李希霍芬，特别是中国的学者们应该更为关注，因为李希霍芬为中国地理学界和丝绸之路研究领域留下了巨大的财富。《中国——亲身旅行的成果和以之为根据的研究》是当时中国人自己了解自己、外国人了解中国的重要文献和资料；尤其在国内地质调查处于相对空白的情况下，他的考察及其成果更显影响深远。而书中提出的"丝绸之路"一说，更是成为百余年来众多学者研究东西方文化交流、人类文明发展的一面旗帜。为此，全世界的学者聚集在一起，共同研究、互相交流，发掘出更多的史料和考古实物，为提炼和传播丝绸之路精神提供更为坚实的学术基础。（罗铁家）

以下是我们查得的部分李希霍芬中文研究论文清单。

关于李希霍芬与丝绸之路的研究论文

丹尼尔 C. 沃	《李希霍芬的"丝绸之路"：通往一个概念的考古学》，蒋小莉译，载于朱玉麒主编《西域文史》第7辑，科学出版社，2012年。
唐晓峰	《李希霍芬的"丝绸之路"》，《读书》2018年第3期。
刘迎胜	《丝绸之路的缘起与中国视角》，《江海学刊》2016年第2期。
荣新江	《怎样理解"丝绸之路"》，《理论与史学》2015年00期。
刘进宝	《东方学视野下的"丝绸之路"》，《清华大学学报（哲学社会科学版）》2015年第4期。
刘进宝	《"丝绸之路"概念的形成及其在中国的传播》，《中国社会科学》2018年第11期。
王冀青	《关于"丝绸之路"一词的词源》，《敦煌学辑刊》2015年第2期。
王冀青	《李希霍芬首创德语词组"丝绸之路"的早期法译形式》，《敦煌学辑刊》2018年第4期。
王冀青	《"丝绸之路"英译形式探源》，《敦煌学辑刊》2019年第1期。
佘振华	《丝绸与路：西方视域下的"丝路表述"》，《中外文化与文论》2015年第4期。
王小英	《"丝绸之路"的语言学命名及其传播中的话语实践》，《现代传播（中国传媒大学学报）》2017年第11期。
罗雪梅	《丝绸之路名称的历史演变》，《文史杂志》2015年第6期。
田澍、孙文婷	《概念史视野下的"丝绸之路"》，《社会科学战线》2018年第2期。
邬国义	《丝绸之路名称概念传播的历史考察》，《学术月刊》2019年第5期。
吴浩	《从丝绸之路到"一带一路"——对中国丝绸之路研究思想史意义的考察》，《学术界》2019年第3期。
杨俊杰	《"弄丢"了的丝绸之路与李希霍芬的推演》，《读书》2018年第5期。

关于李希霍芬与中国地理的研究论文

Dieter Jäkel	《李希霍芬对中国地质和地球科学的贡献》,《第四纪研究》第 25 卷第 4 期, 2005 年 7 月。
潘云唐	《李希霍芬在中国地质科学上的卓越贡献》,《地质论评》第 51 卷第 5 期, 2005 年 9 月。
孙继敏	《李希霍芬与黄土的风成学说》,《第四纪研究》第 25 卷第 4 期, 2005 年 7 月。
薛毅	《李希霍芬与中国煤田地质勘探略论》,《河南理工大学学报(社会科学版)》第 15 卷第 1 期, 2014 年 3 月。
张晓平	《李希霍芬的中国考察及其当代人文-经济地理学价值刍议》,《世界地理研究》第 29 卷第 1 期, 2020 年 1 月。
杜轶伦	《德国地理学家李希霍芬对〈禹贡〉研究初探》,《中国历史地理论丛》第 33 卷第 2 辑, 2018 年 4 月。
郭双林	《李希霍芬与〈李希霍芬男爵书信集〉》,《史学月刊》2009 年第 11 期。
唐晓峰	《李希霍芬的中国考察与其学术再造》,刘进宝主编《丝路文明》第 5 辑,上海古籍出版社, 2020 年。

第六章
丝绸之路上的西方探险家

　　丝绸之路本是友好往来之路、文化交流之路，但自18世纪起西方侵略者的魔爪开始伸向这里。19世纪中叶以来，一些帝国主义国家的所谓"探险家""考古家"不断出现在这条路上，干尽了数不清的罪恶勾当。20世纪前半叶，他们更巧取豪夺，大肆盗掘，丝绸之路变成了他们侵略掠夺的捷径。疏勒以东、敦煌以西的重要地点几乎无一幸免，包括大批古代织物在内的许多珍贵历史遗物，被他们抢劫霸占。

《丝绸之路：汉唐织物》说明

第一节
斯文·赫定与丝绸之路

张九宸

19 世纪末至 20 世纪初的欧洲，中亚地理考察和国际东方学形成了一个高潮。进入 20 世纪，大批西方人到中亚探险。瑞典地理学家、探险家斯文·赫定（Sven Hedin，1865—1952）便是其中著名的学者。这里的"中亚"概念由德国地理学家洪堡于 1843 年提出，西起里海，东达兴安岭，南自喜马拉雅山，北至阿尔泰山。目前，中亚包括中国的新疆、西藏、内蒙古等地，以及蒙古等国家和地区。

斯文·赫定出生于瑞典首都斯德哥尔摩的一个中产阶级家庭。他所在的国度和年代，正是探险家被当作民族英雄的国家和时代，这对幼年的斯文·赫定产生了深远的影响。他曾经在瑞典斯德哥尔摩大学学习地质学，在柏林大学学习地理学。在柏林学习期间，他师从著名地理学家李希霍芬。良好的教育背景为他后来的探险事业奠定了坚实的学术基础。

1884 年，19 岁的斯文·赫定高中毕业后离开祖国，到俄罗斯的巴库油田做家庭教师。两年合同期满以后他南下游历，被辽阔的亚洲腹地深深吸引。他在《亚洲腹地探险八年》一书中总结道："自 1885—1909 年，我对亚洲进行了 3 次短途和 3 次长途的探险考察。24 年里，我有 12 年半以上的时间生活在亚洲的大地上。"1890—1891 年，斯文·赫定在德国学习期间，即到中亚做过短途旅行，这是他第一次进入中国新

■ 斯文·赫定签名照片、信件

■ 斯文·赫定《亚洲腹地旅行记》
1929 年作者签名本

■ 斯文·赫定《1899—1902年中亚科学考察成果》

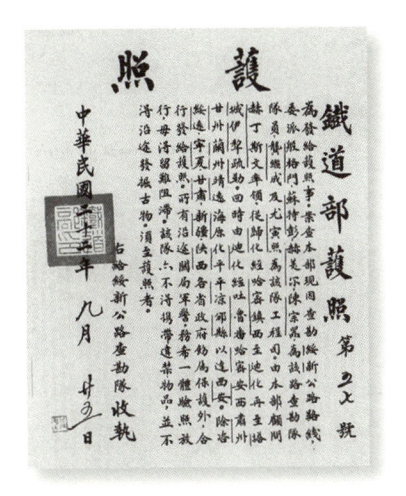

■ 国民政府铁道部颁发的绥新公路查勘队护照

■ 《马仲英逃亡记》1938年版

疆。斯文·赫定以参与考察队的形式对中亚进行的正式探险考察，主要集中于四个时段，分别是：1893—1897年、1899—1902年、1905—1909年和1927—1935年。其中前三次考察，他是考察队中唯一的欧洲学者；而第四次则是由他组织、由不同专业背景的欧洲和中国学者组成的考察队，此次考察取得了丰硕的成果和广泛的国际影响。

1893年10月，斯文·赫定开启了第一次中亚考察。他于第二年2月进入帕米尔高原，5月抵达喀什。1895年2月，斯文·赫定试图穿越塔克拉玛干沙漠。但由于经验不足险遭不测，后被路过的骆驼队搭救才得以生还。第二年初他再次动身，由南向北穿越塔克拉玛干沙漠。这一次不但发现了著名的沙漠古城丹丹乌里克，还到达了罗布泊。这是斯文·赫定第一次到达罗布泊，从此，斯文·赫定就与罗布泊结下了不解之缘。他得意的成就之一，就是在第四次考察后提出的罗布泊游移湖理论。第一次考察结束后，斯文·赫定出版了《穿越亚洲》等著作。

1899年，斯文·赫定的第二次中亚考察到达了塔里木盆地、西藏和克什米尔等地区。他重点考察了塔里木河下游一带，并再次来到罗布泊。这一次他的最大收获是发现了楼兰古城。位于罗布泊西部的楼兰古城，是古代丝绸之路上的重镇。这座建于公元前一二世纪的古城，存在了七八百年以后神秘消失。斯文·赫定的发现，掀起了一次次考察研究楼兰古城的热潮。斯文·赫定在这次野外工作结束以后，撰写了八卷本的《1899—1902年中亚科学考察成果》。

斯文·赫定的第三次中亚考察始于1905年。这一次他的目标是西藏，但是他由印度入藏的计划受阻，于是改道从克什米尔进入西藏西部，此时已经是1907年了。他这次考察途经藏北抵达西藏腹地，虽然考察途中一再受阻，但他仍然查清了印度河和雅鲁藏布江的发源地，此外还绘制了西藏部分地区的地图，收集了大量地质标本。1922年底，他撰写完成了九卷本的《1906—1908年西藏南部科学考察报告》。

斯文·赫定的第四次中亚考察，是由他领导和组织的

斯文·赫定赠送刘衍淮的照片

一次大规模考察，也是他与中国学者合作共同完成的一次考察。八年工作产生了丰硕成果，除了56卷本《西北科学考察团报告集》外，斯文·赫定还撰写并出版了大量游记，如《长征记》《皇城热河》《丝绸之路》《马仲英逃亡记》《漂泊的湖》等。《1927—1935年亚洲探险记》的前三卷，就是斯文·赫定撰写的《亚洲腹地探险八年》，此书全面总结了斯文·赫定最后一次在中国西北考察的经历。

第四次考察分为两个阶段：1927年5月—1933年5月，中瑞联合组建的、由斯文·赫定和徐炳昶共同领导的"中国西北科学考察团"（以下简称"科学考察团"）；1933年10月至1935年2月，斯文·赫定作为中国政府的顾问，在铁道部的资助下组织了"绥新公路查勘队"（以下简称"汽车考察队"），斯文·赫定任队长。"科学考察团"和"汽车考察队"在人员和内容等方面有些重叠，斯文·赫定主持的《报告集》所依据的资料，也难以明确区分其成果源于哪一次考察。因此，有学者把两次考察看作是整体的工作。虽然两者之间有着明显的差异：前者的考察经费主要来自于瑞典和德国；后者则是由中国政府资助的。前者的起因本是受德国汉莎航空公司的委托，准备为开辟柏林至上海的空中航线做一次横贯中国内陆的考察；后者则是受中国政府委托，勘察中国内地到西北的公路建设，有着明确的实用目的。但在两次考察中，斯文·赫定均十分重视中国古代丝绸之路的再次利用。第二阶段的考察，更是为了践行这一理想，并最终使丝绸之路广为人知。

"丝绸之路"的概念，最早是由斯文·赫定的老师、德国著名地理学家李希霍芬正式提出的，但是他本人未曾到过中亚地区。他的学生斯文·赫定则继承了这一伟大的"丝绸之路"旗帜，并提出了复兴计划。正如斯文·赫定所说："这条沉睡了大约1600年的古道，为什么不该再一次苏醒？"因此，斯文·赫定一直在积极倡议推动这项工作，这一想法终于在1933—1935年的绥新公路汽车考察中得以实现。

斯文·赫定回到欧洲以后撰写了一本游记，书名即为《丝绸之路》。他在游记中记录了他的宏愿："旅途中，我一直都在想象，仿佛已看到一条崭新的公路穿越草原和沙漠……公路的路线会忠实地沿着古代丝路上商队和车轮留下的足迹和车辙向前延伸。"他相信"落后的亚洲也会再次进入文明和发展的新时代。中国政府如能使丝绸之路重新复苏……必将对人类有所贡献，同时也为自己树起一座丰碑！"

斯文·赫定不但是著名探险家，还是一位卓越的演讲者。每次从野外归来，他会在世界各地举办演讲会。1931年冬春两季，斯文·赫定利用回瑞典募集资金的机会，做了60余次巡回演讲。结束八年考察回到欧洲以后的一年多时间内，他就在德国91个城市举办了111次讲座，周边国家举办了19次讲座。出色的演讲配以野外考察图片吸引了大批的听众，斯文·赫定的演讲会场场爆满。

■ 斯文·赫定与新疆政界要人

在演讲中，斯文·赫定多次提到了丝绸之路。在1930年的《地理学刊》上，刊发了他在中国地学会的报告《罗布淖尔及最先发现喜马拉雅山最高峰问题》，报告中提到了这条古代中西交通道路在贩运丝绸中的作用。虽然我们目前无法了解斯文·赫定众多演讲的详细内容，也无法统计他在报告中多少次提到了"丝绸之路"的概念，但是斯文·赫定的名字，在20世纪30年代经常出现在中国的各种报刊杂志上。根据民国期刊库和中国历史文献总库中的民国报纸库保存的报刊统计，涉及斯文·赫定本人的报道就有200余条，时间跨度为1927—1948年，其中以1929和1935年的报道最多。1935年以后，"丝路"等概念在报刊杂志上频繁出现，而1935年正是斯文·赫定结束八年西北考察之年。当时中文报刊上关于他的报道中，多有"瑞典探险家斯文·赫定奉我国铁道部命勘察西北交通路线，其所注意之路有古代中国运丝往欧洲之路"等类似的记载。

对于斯文·赫定的贡献，中国人给予了高度的评价。正如《图书季刊》作者所言："此线之成，有助于抗战建国者至巨，而赫氏以古稀之年，长途跋涉，查勘此国际交通路线，厥功至伟。"在中国，斯文·赫定的名字已经与"丝绸之路"连在一起。由于常年在中亚探险，斯文·赫定终身未婚。但他自己说，他已经和中国"结婚"了。

■ 1895年斯文·赫定的探险之旅　　　　　　　　　　　■ 斯文·赫定在罗布泊

斯文·赫定的《丝绸之路》

1937年版
中国丝绸博物馆藏

斯文·赫定博士的探险和他所领导的考察队，在考古学、地质学、地理学、气象学、地形测量学、动物学、植物学和人类学等多方面取得了重大的成就，这些成果集中体现在由他推动和主持的、工程浩大的11大类56卷的考察报告《斯文·赫定博士领导的中国西北科学考察团报告集》(*Reports from the Scientific Expedition to the North-Western Provinces of China under the Leadership of Dr. Sven Hedin*) 中（以下简称《西北科学考察团报告集》）。

但是，真正使"丝绸之路"概念弘扬世界的，是斯文·赫定出版的众多探险游记。他于1924年出版的《亚洲腹地旅行记》，在1930年和1933年分别以《我的探险生涯》和《探险生涯——亚洲腹地旅行记》之名在中国出版。两本书中均提到了丝绸之路（中译本为"运丝大道"）。但一直到他在考察结束后撰写的《丝绸之路》一书，才最终统一了连接亚欧古代商路的名称。

这本《丝绸之路》于1937年出版了瑞典文版和德文版；1938年出版英文版；1939年出版日文版。中国最早介绍此书是在1939年出版的《图书季刊》的图书介绍栏目。该文标题同时使用了英文名"The Silk Road"和中文名"丝路纪行"。更为重要的是，介绍文字中强调："所谓'丝路'者，为秦汉之际丝运入中亚细亚及欧西等地之古道。由洛阳、西安经敦煌出玉门关，以楼兰为中心，而入印度、波斯、西欧各地，汉武帝时，通西域，击楼兰，乃亦取道于此。"并强调："'丝路'之名，非中国所沿用。乃见于德国地质家李希霍芬爵士'dei Seidenstrasse'，赫氏乃引用之以记其书名。"这是目前所见最早关于"丝路"一词的来历和具体路线的详细说明。

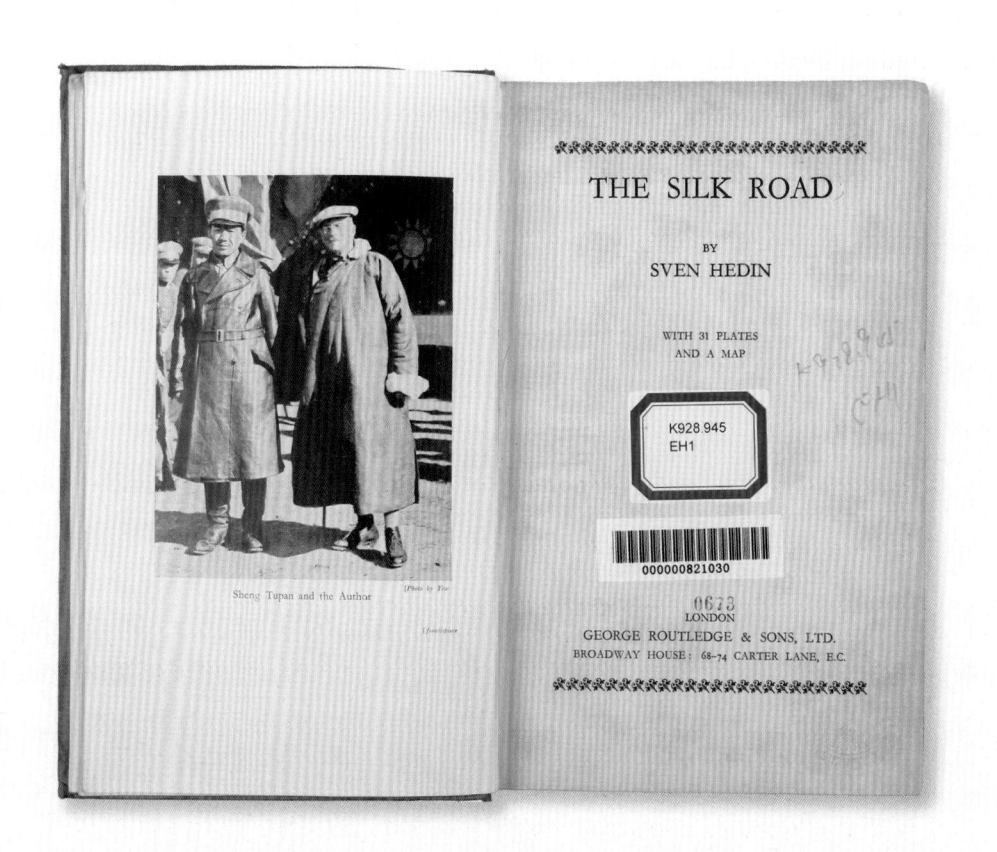

■ 斯文·赫定《丝绸之路》，1938年版，浙江大学图书馆藏

　　目前能够找到的中英文对照的报刊分析，英文中"丝绸之路"的概念一直使用"Silk Road"或者"Silk Route"，但是中文的译名则经历了一个演变过程。1935年以前中文多对应"丝商之路"等说法，1935年以后中文报刊上"丝路"概念的使用才较为普遍。（引自张九辰《斯文·赫定与丝绸之路》）

第二节
斯坦因与丝绸之路的再发现

王冀青

从 19 世纪中叶到 20 世纪中叶，西方各国学者在丝绸之路沿线进行了轰轰烈烈、长达百年之久的地理学、考古学探险活动，有数百位探险家参与了丝绸之路再发现的过程。英国考古学家、地理学家斯坦因（Marc Aurel Stein，1862—1943）是近代唯一全面考察过丝绸之路南亚段、中亚段和西亚段的探险家，因而被英国传记作家安娜贝尔·霍克（Annabel Walker）著《奥莱尔·斯坦因：丝绸之路的开拓者》（伦敦，1995 年）一书誉为"丝绸之路的开拓者"。斯坦因毕生从事丝绸之路探险，其成果推进了丝绸之路的再发现，大大拓展了人类对丝绸之路的知识范围。

斯坦因于 1862 年 11 月 26 日出生在匈牙利布达佩斯一个犹太教徒商人家庭。1871—1879 年在匈牙利布达佩斯、德国德累斯顿读小学、中学、大学预科；1879—1883 年在奥地利维也纳大学、德国莱比锡大学、德国图宾根大学专攻印度学、伊朗学，学习了《大唐西域记》《大慈恩寺三藏法师传》等汉籍法译本，熟知中印佛教文化交流史；1883 年，斯坦因在图宾根大学完成伊朗学博士论文《关于赞德语中名词性词汇变格的研究》，

■ 斯坦因于 1907 年 3 月 16 日第一次看到的敦煌莫高窟

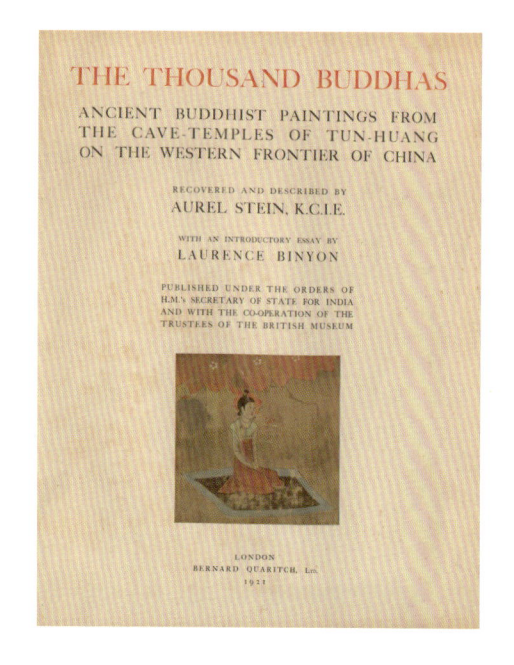

1910 年至 1912 年，大英博物馆展出 25 幅来自敦煌的画

于 1884 年获得哲学博士学位。

此后，斯坦因于 1884—1887 年赴英国从事博士后研究工作，并等待远赴英属印度工作的机会。1891 年 3 月，"鲍威尔写本"被解读并且被认为是世界上现存最古老的梵语、婆罗迷文典籍。此后，斯坦因决定今后要将研究重点从克什米尔转向中国塔里木盆地。

斯坦因于 1898 年 9 月 10 日向英属印度政府呈交了第一次中亚考察（一考）申请书，1899 年 1 月获得批准。1900 年 5 月至 1901 年 5 月，斯坦因在新疆和阗周围进行了一考。1900 年 12 月 30 日，斯坦因在丹丹乌里克遗址发现一块木板画，他认定其题材是玄奘《大唐西域记》中记录的东国蚕种西传于阗国的故事。斯坦因结束一考后，于 1901 年底在伦敦出版了一考初步报告书《在中国新疆进行考古学和地形测量学考察旅行的初步报告书》。1903 年，斯坦因又在伦敦出版了一考游记《沙埋和阗废墟记》。

1904 年 9 月，斯坦因加入英国国籍，并担任英属印度西北边境省和俾路支斯坦的教育总监兼考古分局局长。1904 年 9 月 14 日，斯坦因向英属印度政府呈交了第二次中亚考察（二考）申请书，于 1905 年 1 月获得批准。1906 年 4 月至 1908 年 10 月，斯坦因在新疆塔里木盆地、吐鲁番盆地和甘肃河西走廊进行了二考。其间，斯坦因于 1907 年 3—6 月在敦煌县莫高窟等遗址考古，与莫高窟守窟道士王圆箓（1850—1931）达成秘密交易，骗购大批藏经洞出土文物。斯坦因二考期间，他的一考详尽报告书《古代和阗》于 1907 年在牛津出版。

斯坦因于1909年1月21日返回伦敦后，名声大噪。路透社记者于1月22日采访了斯坦因，并使用不同标题，于1月23日将采访报道刊登在《泰晤士报》等25家英国的著名报纸上，使斯坦因一跃成为当时最著名的探险家。1909年1月30日出版的《伦敦新闻画报》上，刊印了全世界十五大探险家的肖像照片，总标题是《在未知世界的诱惑下去填补空白的人们：当代的伟大探险家》，斯坦因排名第一，比斯坦因出道更早的瑞典丝绸之路探险家斯文·赫定仅排名第十五。1909年5月24日，伦敦皇家地理学会将本年度的"创建者奖章"金质奖章（国际地理学最高奖）授予斯坦因。1909年6月，法兰西研究院碑铭学与美文学科学院将本年度的"斯坦尼斯拉斯·儒莲奖"（国际汉学最高奖）授予斯坦因，以表彰他的《古代和阗》。1912年6月14日，斯坦因被封为"印度帝国序列高级骑士"，从此号称"奥莱尔·斯坦因爵士"。1912年，斯坦因在伦敦出版了二考游记《契丹沙漠废墟——在中亚和中国西部地区考察实纪》。

1912年11月23日，斯坦因向英属印度政府呈交了第三次中亚考察（三考）申请书，于1913年4月获得批准。1913年8月至1915年7月，斯坦因在新疆塔里木盆地、吐鲁番盆地和甘肃河西走廊等地进行了三考。其间，斯坦因于1914年4月第二次访问敦煌莫高窟，于1914年5—6月在额济纳旗黑城遗址进行发掘，于1914年10月至1915年2月在吐鲁番盆地诸遗址进行发掘。斯坦因结束了在中国境内的三考后，还于1915年7—10月在俄属中亚考察，于1915年10月至1916年2月在波斯东部考察，于1916年3月结束考察。

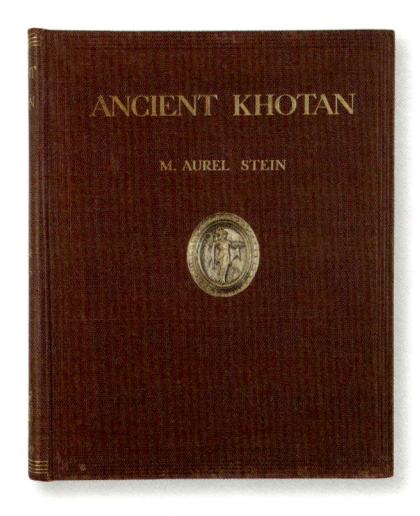

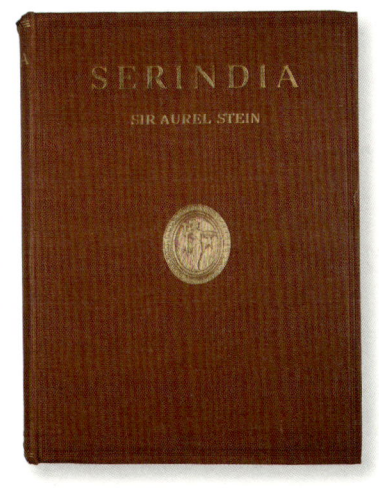

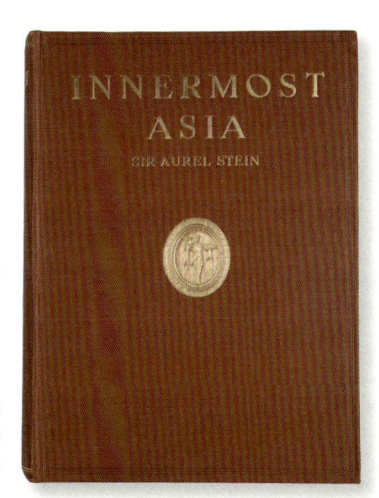

■《古代和阗》　　　　　　■《塞林迪亚》　　　　　　■《亚洲腹地》

斯坦因结束三考后,主要从事二考、三考期间所获中国西北文物的整理工作,以及两部详尽报告书的撰写工作,也开始考察亚历山大大帝东征路线。1921年,斯坦因二考详尽报告书《塞林迪亚(中国、印度)》在牛津出版。1921年,斯坦因还在伦敦出版了《千佛》一著,首次刊布了他二考期间在敦煌所获藏经洞出土绢画。1923年,斯坦因前三次中亚考察期间测绘地图的研究成果《奥莱尔·斯坦因爵士于1900—1901、1906—1908、1913—1915年进行探险期间测绘的中国新疆和甘肃地图研究报告》在印度德赫拉·顿出版。1928年,斯坦因三考的详细报告书《亚洲腹地》在牛津出版。1929年,斯坦因考察亚历山大大帝东征路线的成果《在亚历山大前往印度河流域的道路上》在伦敦出版。

1930年1月13日,哈佛大学任命斯坦因为福格艺术博物馆亚洲研究名誉研究员,哈佛-燕京学社等机构为斯坦因提供了10万美元的资助,1930年8月至1931年7月,斯坦因在新疆塔里木盆地进行四考。但由于中国各界的反对,南京国民政府迫于全国各界的压力,宣布吊销斯坦因的护照。斯坦因环游塔里木盆地完毕后,新疆省政府将其驱逐出境,斯坦因四考所获文物也在喀什噶尔被没收。

斯坦因四考失败后,他在西方学界的影响力未受影响。1932年6月16日,英国皇家亚细亚学会将三年颁发一次的最高金质奖章授予斯坦因,以表彰"他在东方学研究领域做出的杰出贡献"。1933年,斯坦因在伦敦将自己在哈佛大学的讲演稿出版,书名为《沿着古代中亚的道路》。1934年7月31日,英国皇家人类学会将学会最高奖"赫胥黎纪念奖章"授予斯坦因。1935年4月30日,英国古物学会将其最高金质奖章授予斯坦因,以表彰"他在考古学领域做出的杰出贡献"。

毫无疑问,斯坦因是近代最著名的丝绸之路探险家。他沿丝绸之路南亚段、中亚段、西亚段进行的一系列考察,扩展了人类对丝绸之路沿线考古学、地理学、语言学、历史学、美术学等学科知识的认识范围,开创了"敦煌学""吐鲁番学"等一系列国际显学。但是,对斯坦因的评价,西方与中国迥然不同。斯坦因在作为主权国家的中国进行考察的过程中,违背中国政府的相关法律和规定,将数万件珍贵文物劫往英国和英属印度,当属非法掠夺行为。在殖民主义和帝国主义的时代背景下,斯坦因的行为无疑是秉承了英国政府和英属印度政府的意志,但他对中国西北的文物古迹造成了无法弥补的破坏。

斯坦因签名本《1906—1908 中亚探险》

作者：斯坦因
1933 年出版
中国丝绸博物馆藏

英国探险家、考古学家斯坦因（Marc Aurel Stein）进行了四次中亚考察（分别为1900—1901 年、1906—1908 年、1913—1916 年、1930—1931 年），活动涉及范围为印度西北部和中国新疆、甘肃等地。

该书内容为斯坦因在 1909 年 3 月 8 日皇家地理学会第八次会议上宣读的《1906—1908 中亚探险》报告，该报告后来刊登于《地理学刊》1909 年第 3 期。该书是杂志中此篇报告的单行本，共 66 页，还包含 24 张摄影照片和第二次中亚探险的路线图。该书虽未提及具体印刷出版时间，但开卷首页上留有斯坦因的签名。

参考张存良《斯坦因中亚考察著作综述》和国内其他关于斯坦因论著的出版情况，斯坦因第二次中亚探险的主要出版物包括旅行记《契丹沙漠废墟——在中亚和中国西部地区考察实纪》（Ruins of Desert Cathay: Personal Narrative of Explorations in Central Asia and Westernmost China, 1912），对应中文版为 2004 年春风文艺出版社的四卷本《斯坦因中国探险手记》；考古报告《塞林迪亚——在中亚和中国西陲考察的详细报告》（Serindia: Detailed Report of Explorations in Central Asia and Westernmost China, 1921），对应中文版为 1998 年广西师范大学出版社的五卷本《西域考古图记》，2019 年有修订版。关于《西域考古图记》，2002 年广西师范大学出版社将书中相对独立的章节翻译出版了 6 本通俗易读的单行本，作为"西域游历丛书"。2020 年，"西域游历丛书"扩展到 15 本，内容涉及斯坦因前三次中亚探险。

更多关于斯坦因第二次中亚探险的出版物、十多篇论文和研究报告未见中译本。比如本次展览开本最大的书目为《千佛——中国西陲千佛洞的古代佛教绘画》（The Thousand Buddhas: Ancient Buddhist Paintings from the Cave-temples on the Western Frontier of China），借自浙江大学图书馆。此书收录了斯坦因第二次中亚探险所获绢画，最初于 1921 年出版。全书 48 幅图版中近一半为彩版，并附有英国著名美术史学家劳伦斯·宾雍（Laurence Binyon）的导言。（罗铁家）

■ 斯坦因《1906—1908 中亚探险》，1933 年版，中国丝绸博物馆藏

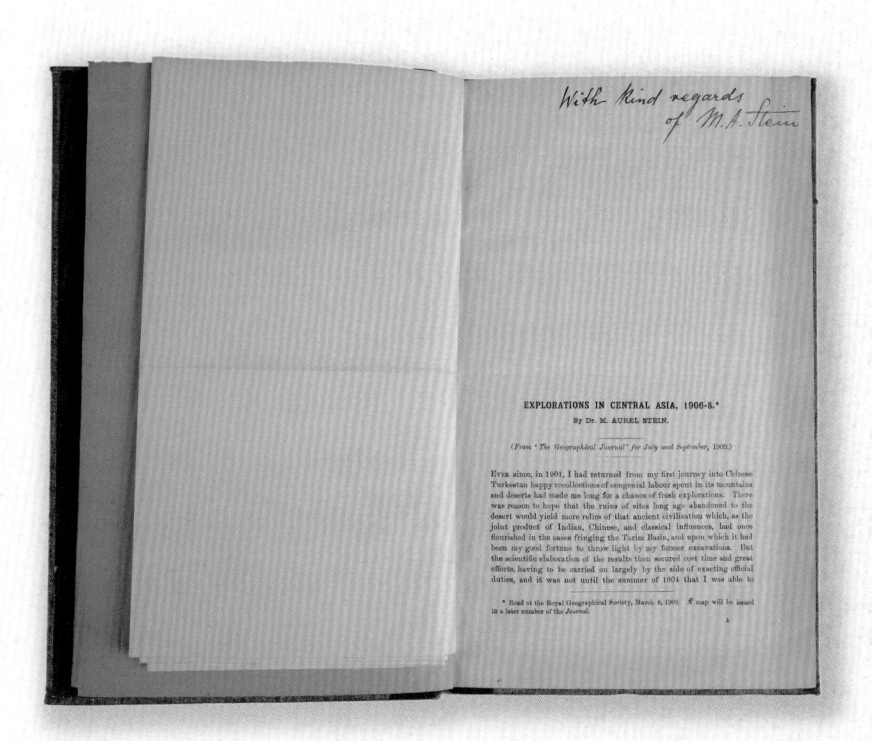

第三节
中国西北地区的外国探险队

荣新江　罗　帅

19世纪末20世纪初，西方国家掀起了一股中亚探险的浪潮，各国争先恐后派遣探险队前往我国西北，在新疆、甘肃、内蒙古等地调查和挖掘了众多古代遗址，获得了大量文书、绘画、雕像等各种文物材料。在众多外国探险者中，除了引人瞩目的瑞典人斯文·赫定和英国人斯坦因之外，还有俄国人克莱门茨（D. A. Klementz）和奥登堡（S. F. Oldenburg）、德国人格伦威德尔（A. Grünwedel）和勒柯克（A. von Le Coq）、日本人大谷光瑞和橘瑞超、法国人伯希和等。

1. 俄国考察队

1898年，俄国科学院派克莱门茨率队到达吐鲁番盆地，他们考察高昌故城（Khocho），发掘阿斯塔那墓地，测绘柏孜克里克千佛洞。1905—1908年，别列佐夫斯基（M. M. Berezovsky）率考察队到库车地区考察，他走访了库木吐喇、克孜尔等石窟。1906—1907年，科卡诺夫斯基（A. I. Kokhanovsky）率考察队再访吐鲁番。1909—1910年，奥登堡亲自率领

鄂登堡探险队合影

■ 斯坦因考察队部分成员在吐鲁番

俄国第一次中亚考察队赴新疆考察。他主要的目的地是吐鲁番盆地，在那里，他走访了高昌故城、交河古城、阿斯塔那、柏孜克里克、胜金口等遗址，并发掘部分遗址。此外，奥登堡还到过焉耆的七格星和库车的苏巴什、森姆塞姆、克孜尔尕哈、库木吐喇、克孜尔等遗址。由拉德洛夫（W. W. Ladloff）发起、由马洛夫率领的考察队，对新疆和甘肃进行了两次考察，时间分别为1909—1911年和1913—1914年。1914—1915年，奥登堡率团队沿塔城、奇台、乌鲁木齐、吐鲁番、哈密到敦煌进行考察。

2. 德国探险队

俄国克莱门茨在吐鲁番的惊人发现和英国斯坦因在和田的巨大收获，诱使德国进行了四次新疆探险：

第一次探险时间为1902—1903年。1902年8月，格伦威德尔和胡特（Georg Huth）、巴图斯（Theodor Bartus）三人组成了第一次吐鲁番考察队，他们从柏林出发，经俄属突厥斯坦，于11月底到达吐鲁番盆地。从1902年12月初到1903年4月初，考察队在高昌故城、胜金口、木头沟进行发掘。

第二次时间为1904—1905年。1904年11月，勒柯克和巴图斯组成的考察队到达吐鲁番，继续发掘高昌故城并绘制测量图，在此他们发现了据说由二十四种文字拼写的十七种语言的文献；此后，他们前往胜金口、柏孜克里克、木头沟、吐峪沟等地考察，用切割的方法剥取了大量的石窟壁画。1905年8月，勒柯克一行又往哈密进行考察，但收获甚微。

第三次时间为1905—1907年。1905年12月，当格伦威德尔到达喀

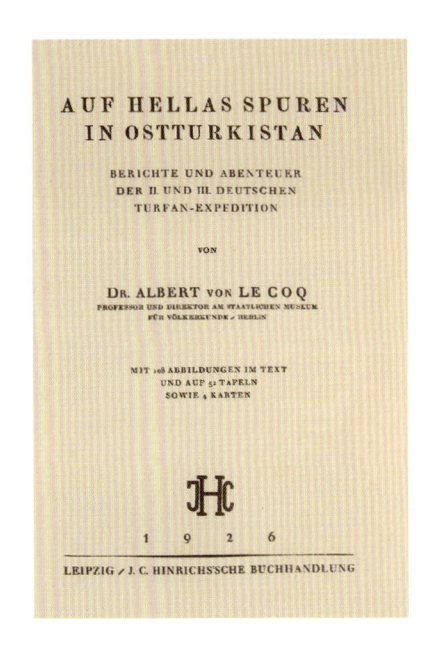

勒柯克:《中亚发掘记》,1926年,中国丝绸博物馆藏

什后,即与勒柯克一起东行,开始了第三次吐鲁番考察活动。他们在图木舒克做了短暂逗留后,即往库车西面的库木吐喇和克孜尔石窟剥取壁画,并获得大批梵文、吐火罗语、回鹘文等文献材料。1906年5月,考察队继续东行到焉耆附近的硕尔楚克,同样割取了大批佛教壁画和雕像,并获得不少佛教写本。此后,勒柯克由于身体不适而先期回国,考察队由格伦威德尔率领继续东行到吐鲁番,在高昌故城和哈密一带,一直工作到1907年4月止。此行时间较上两次吐鲁番考察为长,而且范围也超出吐鲁番,扩大到几乎塔里木盆地北沿的全线。

第四次时间为1913—1914年。1913年5月末,勒柯克和巴图斯不顾德国外交部的警告,离开柏林奔赴喀什。他们此行的主要目的地是库车,除考察了第三次吐鲁番考察队所访问过的石窟寺外,还考察了阿及里克、苏巴什、克日西、森姆塞姆等古代佛寺或石窟寺。之后,他们东行发掘库木吐喇,于11月西返至图木舒克,一直工作到1914年1月中旬。

3. 大谷探险队

日本人的西域探险主要由日本西本愿寺法主大谷光瑞派遣的大谷探险队进行。1902年8月,大谷光瑞率领随行人员渡边哲信、堀贤雄、本多惠隆、井上弘圆自伦敦出发,经布哈拉、萨马尔罕,越帕米尔高原,到达喀什噶尔。大谷光瑞率本多、井上二氏由此南下印度,在此过程中得到父亲光尊逝去的讣告,急忙回国,继任为本愿寺第22代宗主(镜如上人)。渡边哲信、堀贤雄由喀什噶尔去往叶城、和田,1903年北上阿克苏,东行库车,对其周边克孜尔、库木吐喇千佛洞和通古斯巴什、苏巴

■ 橘瑞超

■ 大谷探险队与英国事务官及其他官吏在喀什的合影

什等古遗址，做了约四个月的考古调查。二人然后到吐鲁番，发掘了阿斯塔那、哈拉和卓古墓等遗址。最后，他们经乌鲁木齐、哈密、兰州、西安，于1904年5月携带收集品回国。此即大谷探险队第一次中亚探险（1902—1904年）。

1908年，大谷光瑞派遣橘瑞超、野村荣三郎二人再次前往中亚。他们从北京出发，出张家口，北越戈壁，入外蒙古，考察了鄂尔浑河畔突厥、回鹘、蒙古等游牧民族的遗迹，然后西进南下，越阿尔泰山，到达天山北麓的唐朝北庭都护府遗址。在此调查完毕之后，二人经乌鲁木齐，于同年11月到达吐鲁番。他们对吐鲁番盆地的古代遗址，如交河古城、木头沟、柏孜克里克、吐峪沟千佛洞、阿斯塔那、哈拉和卓古墓群等，都进行了调查发掘。1909年2月，二人在库尔勒分开，橘瑞超南下罗布泊，考查楼兰古城，然后沿南道西行。野村氏则沿北道，经库车、阿克苏，于7月到达喀什噶尔，与橘氏会合，然后奉命回国。此即第二次中亚探险（1908—1909年）。

1910年8月，橘瑞超从伦敦出发，经西伯利亚进入新疆。首先到吐鲁番，做了一个月的发掘，然后南下楼兰，剥取米兰遗址壁画。1911年2月，他从且末北进，横越塔克拉玛干大沙漠，西至喀什。3月，东南到和田，发掘古物。由于较长时间得不到橘瑞超的消息，大谷光瑞于同年初派遣吉川小一郎前往联络。吉川氏由兰州到敦煌，拍摄了敦煌莫高窟的部分洞窟。1912年1月26日，吉川氏与沿南道东来的橘氏在敦煌巧遇。在敦煌期间，两人分别购得一些敦煌写卷。此后，二人一起到吐鲁番，发掘古物，然后，橘瑞超经西伯利亚铁路回国。吉川小一郎则留在吐鲁番继续工作。1913年2月，吉川氏由此往西，经焉耆到库车，调查库木吐喇、苏巴什等遗址，然后西进喀什，南下和田，又北上横断塔克拉玛干大沙漠，经阿克苏、札木台，到伊犁，而后东返乌鲁木齐，经吐鲁番、哈密、敦煌、肃州等地，1914年5月回到北京。此即第三次中亚探险（1910—1914年）。

4. 法国探险队

1905年，"中亚与远东历史、考古、语言、民俗考察国际协会"法国分会会长塞纳（Emile Senart）委任伯希和为法国中亚考察队队长。1906—1908年，伯希和与测量师瓦扬和摄影师努瓦特一起，赴中亚考察。伯希和考察队由俄属中亚进入新疆，先调查了喀什三仙洞佛教石窟，然后沿丝路北道到巴楚，发掘了图木舒克地区的托库孜萨来佛寺遗址，发现大量包括精美的佛像在内的美术品，文献资料所获不多。在库车范围内，伯希和考察了克孜尔和库木吐喇石窟，并重点发掘了库木吐喇石窟南面渭干河口西侧的都勒都尔·阿护尔遗址，这里一说是玄奘所记的"阿奢理贰伽蓝"。所以除了佛教美术品外，伯希和在此发现了一批梵文佛典、吐火罗语B（即龟兹语）木简文书及大约二百余件汉文佛典和文书残片。而后，伯希和考察队又发掘了苏巴什东西寺址，同样获得了许多美术品，以及梵文、吐火罗语B和少量回鹘文文书。

考察队于1907年10月到达乌鲁木齐做必要的休整。伯希和在偶然一次会面中，从清朝官员载澜那里，得到一件敦煌藏经洞出土的写经，他一眼判定它的价值。于是，伯希和放弃了考察满地是宝的吐鲁番的计划，直赴敦煌，于1908年2月25日到达敦煌千佛洞。伯希和廉价购走藏经洞中文献的精品和斯坦因所遗绢纸绘画及丝织品。5月30日，考察队带着丰富的敦煌收集品离开了莫高窟。

《高昌——吐鲁番古代艺术珍品》

作者：勒柯克
1916年出版
浙江大学图书馆藏

《高昌——吐鲁番古代艺术珍品》既是一部宝贵的历史资料，又是学术著作。在原著作问世已85年、中译文也经历了14年坎坷之后，此书现在终于出版了。译者同新疆人民出版社的同志们一样感到欣慰，因为我们相信这本书会产生较大的社会效益。

此书原作名为《火州》（Chotscho），国内某些学者已对它有所知晓，有的人称之为"高昌画册"。但由于各种各样的原因，我们总觉得这一称呼并未概括此著作的全部内涵。此中译本的出版，希望能消除某些缺憾，填补学术空白。此书学术价值之高，不仅因为保存了距今一千年前吐鲁番地区的壁画等精美艺术作品，让我们从中欣赏古人的高超艺术水平，而且还给我们提供了多方面的学术信息，例如宗教、民族、服饰、乐器、武器、建筑、语言文字等等。学术界把吐鲁番称之为"东西方文化的交汇点"，这一特点也体现在《高昌——吐鲁番古代艺术珍品》收录的艺术品中。绘画、雕塑等艺术作品所反映的信息直观而生动，这是任何文字描述都无法取代的。

这本书之所以宝贵，还有一个原因是其中所介绍的艺术品原件，有一半左右都毁于"二战"之中。它们本来收藏在柏林的一个博物馆，但"二战"中盟军对柏林的空袭轰炸，使其大部分葬于火海，只在《高昌——吐鲁番古代艺术珍品》中尚能欣赏它们的艺术风韵。

详细内容参见以下文献：

A. von Le Coq, "A short account of the origin, journey, and results of the first Royal Prussian (Second German) expedition to Turfan in Chinese Turkistan," *JRAS*, 1909, pp. 299–322.

A. von Le Coq, *Chotscho: FacsimileWiedergaben der wichtigeren Funde der ersten königlich preussischen Expedition nach Turfan in Ost-Turkistan*, Berlin 1913. 汉译本《高昌——吐鲁番古代艺术珍品》，赵崇民译，新疆人民出版社，1998年。

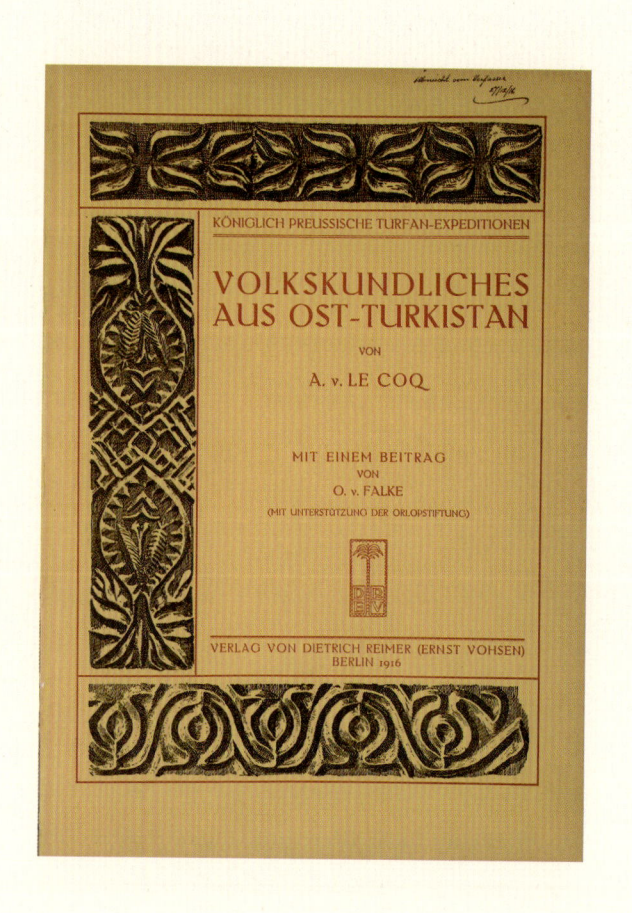

《伯希和敦煌石窟笔记》

作者：伯希和
1920—1924 年出版
中国丝绸博物馆藏

敦煌藏经洞的开窟、敦煌文献的发现和敦煌学的诞生，距今已经 100 余年了。但我国西域与敦煌历史文物和文献的外流，其实已经远远地超过了 100 年。在西方和日本的科考、探险以及考古学家们劫掠敦煌西域文物的狂潮中，法国探险家、语史学家、东方学家和汉学家伯希和的西域敦煌探险，则颇为引人注目。

《大谷文书》

唐代（618—907）
收录残片 171 片
旅顺博物馆藏

旅顺博物馆共藏有 52 册蓝册《大谷文书》，册子封面加装蓝色毛纸纸套，因而称之为"蓝册"，又因尺寸不同而分为大蓝册和小蓝册。其中大蓝册 41 册，纵 45.4 厘米，横 30.5 厘米；小蓝册 11 册，纵 24.2 厘米，横 18.2 厘米。这部分蓝册很可能是橘瑞超在 1912 年于二乐庄整理制作的，之后随大谷光瑞移居旅顺。本件展品属于小蓝册，其中收集纸质写本残片 9 片。如左上编号为 2 的残片，其内容中有"彼六群比丘，春夏冬一切时中为僧受功德衣"等字样，应该来自佛经《大般若波罗蜜多经卷》第五十。其他各片也基本是佛经残片。（王振芬）

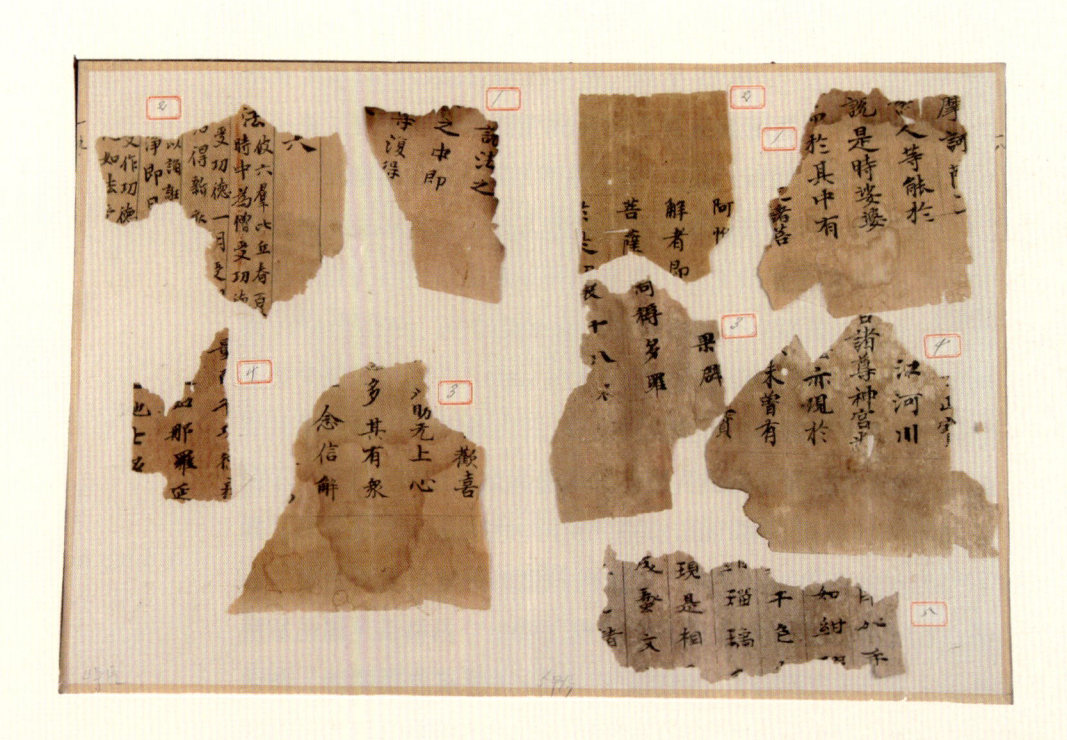

《新西域考古记》

1937年
长38，宽26，厚6（单位：厘米）
旅顺博物馆藏

上原芳太郎编，共两卷。日本东京有光社1937年出版。书中收录大谷探险队三次西域探险成员的日记、通信、回忆类文章，这是有关大谷探险队最原始的记录。附录为《朝鲜总督府博物馆中央亚细亚发掘品目录》和《关东厅博物馆大谷家出品目录》。大谷探险队三次考察的探险记录，主要收入上原芳太郎编《新西域考古记》上下卷，其中部分重要记录，亦收入长泽和俊编《大谷探险队シルクロード探险》。其中橘瑞超的第三次探险记录《中亚探险》单行本，由东京博文馆1912年出版；现收入中公文库，由东京中央公论社1989年出版。（王振芬）

第七章
丝绸之路上的中国学者

> 经费支绌，设备不周，交通工具不够，做这些工作的困难，是可想而知的。……将来中国考古学发达后，以更精密的方法和更宏大的规模来做这些工作，必定有更丰富的收获。我们这次筚路蓝缕的工作，所收获到的一些古物，数量上仅是沧海一粟，质量上也成为不足轻重的普通品。反倒是我们所留下来的这些充满人间味的工作情况的记载，成为较稀有的东西，或许更可珍贵呢！
>
> 夏鼐《敦煌考古漫记》

第一节
西北科考团里的中国学者

朱玉麒

西北科考团，实际上就是中瑞西北科学考察团的简称。1927年4月26日，中瑞双方正式签署协议，协议共19条，规定西北科学考察团由中国学术团体协会主办，协会组织西北科学考察团理事会监察并指挥该团进行一切事务。该协议对中外团长职责、考察团的经费、往返路线、所获材料归属、考察成果发表办法以及涉及文物保护、国家安全等方面的问题都做了明确规定。这样西北科学考察团全团27人，中方10人徐炳昶为团长，外方17人斯文·赫定为团长。1927年5月9日从北京出发，正式投入科学考察。经包头、巴彦淖尔至阿拉善额济纳河流域，于1928年2月到达乌鲁木齐。实地考察持续至1933年，前后长达8年，为中国现代学科建设积累了丰富资源。特别是参与其中的中国学者日后成为丝绸之路研究的第一代专家。90年后，让我们重温那段困苦的岁月，分担他们的艰辛，分享他们的成果，跟随他们一同走上丝绸之路的漫漫征途。（姓氏拼音为序）

陈宗器（1898—1960），字步青，英文名字为Packer C. Chen，浙江新昌人。我国地磁学奠基人，中国地球物理学会的主要发起人之一，国际知名的罗布泊学者。

1929年3月，在中央研究院物理所任助理研究员的陈宗器，作为第二批团员参加考察团，与霍涅尔合作，在内蒙古额济纳、甘肃和青海南山地区以及新疆罗布泊从事测量工作。1933年，他又参加了"绥新公路查勘队"的汽车考察团，再次赴新疆、内蒙古考察。他在西北考察历时将近五年，是中方当时在西北地区考察与工作时间最长的学者之一。由于他在西北考察期间的出色表现，瑞方授予他"北极星奖章"。

陈宗器一生著述颇丰，在西北考察方面的成果有《绥新勘路报告》《罗布淖尔与罗布荒原》《西北之地理环境与科学考察》等。

崔鹤峰（生卒年不详），字皋九，河北安国县人。曾是北京大学学生，后转学北洋大学。曾任扬子江水道讨论委员会技术委员会地形测量队练习工程师、郑州商阜督办公署工程主任。

1927年，崔鹤峰作为首批团员参加西北科学考察团。到了内蒙古额济纳后，他于1927年11月7日押送采集物品东归，1928年3月到达北京。本拟再到包头建气象观测站，因经费无法落实，随即离开考察团，崔鹤峰是最早离开考察团的团员。

丁道衡（1899—1955），字仲良，贵州织金人。地质学家、古生物学家、教育家、社会活动家，是白云鄂博铁矿的发现者。

上排：
左边：黄文弼；右边：徐炳昶

下排：
左一：斯文·赫定；左二：贝格曼；左三：马叶谦；左四：刘衍淮；下中：崔鹤峰；右四：陈宗器；右三：李宪之；右二：霍涅尔；右一：袁复礼

1919年至1926年，就读于北京大学，毕业后留校做助教。1927年5月，作为首批团员参加西北科学考察团，赴内蒙、新疆考察。同年7月，发现了白云鄂博的主矿体，对矿区进行综合分析研究。白云鄂博铁矿的发现，既是考察团初战告捷的重要成果，也为新中国在此建立大型工业奠定了基础，更为我国地质科学和钢铁工业的发展做出了重大贡献。1928年至1930年，丁道衡主要对天山西南部区域进行了地质调查，绘有地质图百余张，采得地质标本数十箱。

丁道衡的著作和论文主要有《新疆矿产志略》《中国标准化石·无脊椎动物》《绥远白云鄂博铁矿报告》《蒙新探险生涯》等多部著述。

龚继成（1900—1945），字骏声，江苏海门人，著名筑路专家。

1923年，毕业于交通大学唐山工学院（唐山交通大学），毕业后任津浦铁路北段的工程师。1929年，调任杭江铁路（即后来的浙赣铁路）的测量队长，协助勘测钱塘江大桥，拟订施工方案。1933年10月由铁道部派出，作为工程师参加斯文·赫定领导的"绥新公路查勘队"，与尤寅照共同负责工程技术方面的工作。1935年2月返回南京。与尤寅照、陈宗器一起完成了《绥新勘路报告》。

龚元忠（生卒年不详），字狮醒，江苏吴县人，毕业于上海中学。1927年，作为首批团员参加西北科学考察团，时任北京历史博物馆（中国历史博物馆前身）馆员，由该馆派遣任考察团照相员。1928年至1929年，主要随黄文弼到南疆考古。其后又与白万玉等其他团员一道到阜康南山考察。1930年秋，与丁道衡、黄文弼一同经西伯利亚铁路返回北平。

郝景盛（1903—1956），字健君，河北正定人，林学家、植物学家，是我国最早系统研究杨柳科和裸子植物分类的学者，农林牧全面发展的早期规划人和开拓者，也是最早到青海采集植物的国内学者。

1924年，就读于旅顺工科大学。1925至1931年，在北京大学学习期间，参加了西北科学考察团。1930年4月，作为第二批团员加入西北科学考察团，是中方团员中的唯一一位植物学家，与医生赫梅尔同行，由重庆沿嘉陵江、白龙江到甘肃南部、青海湖、阿尼玛卿山一带，收集植物标本。同年11月，回到北平。

郝景盛一生在植物学方面的著述颇丰，其在德国完成的博士论文《青海植物地理》是与西北科考团考察直接相关的重要论著。

胡振铎（1904—2002），字金如，甘肃靖远人，毕业于甘肃省立第一师范学校。1930年，在南京气象研究所做测候实习生。1931年，以学生助手的身份作为第二批团员参加考察团，赴内蒙古考察。在内蒙古的益诚公和瓦因托尼两处做气象观测工作一年余。他先在五原北部的益诚公做测试工作，后在弱水的瓦因托尼气象站做同样的工作。

其著作有《游历内蒙各地简略报告》《胡振铎回忆录》等。

李宪之（1904—2001），字达三，河北赵县人。气象学家、气象教育家，我国气象科学研究和气象高等教育的开拓者和奠基者之一。

1927年，作为首批团员参加西北科学考察团，主要从事气象观测。1927年9月，随赫德、狄德曼前往额济纳河，建立了考察团的第一个气象站。同年12月，前往乌鲁木齐，并在乌鲁木齐建立气象台，负责观测工作。1928年5月，前去若羌建立气象台。同年，又前往铁木里克气象台观测寒潮，此次观测是其后来气象科学生涯的起点，并根据此次观测情况完成其博士论文《东亚寒潮侵袭的研究》，获得德国柏林大学博士学位。

刘慎谔（1897—1975），字士林，山东牟平人。植物分类学家、地植学家和林学家，我国植物学研究的开拓者和奠基人之一。

1920年至1929年，赴法留学，获巴黎大学理学博士学位。1931年，参加中法考察团

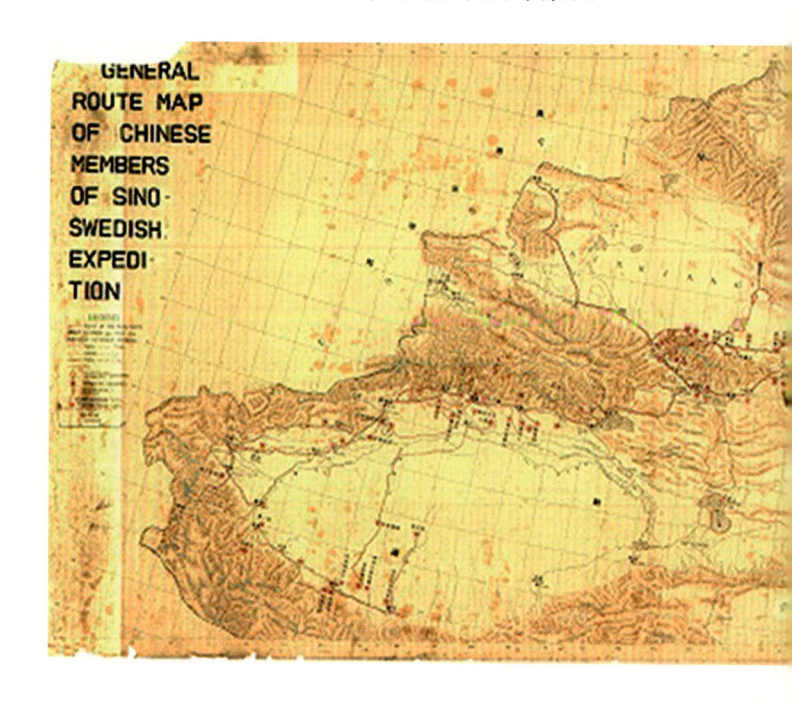

赴新疆考察，后转入西北科学考察团，在新疆及藏北考察。1933 年返回北平。

其著作有《中国北部及西部植物地理概论》《中国北部植物图志》等。

刘衍淮（1907—1982），字春舫，山东平阴人。我国气象事业的开拓者之一，近代中国空军气象学的创始人，台湾气象教育的奠基人。

1927 年，作为首批团员参加西北科学考察团，时为北大预科二年级学生，在团中承担气象的观测、路线地图的测绘、气象台的建立等工作。曾在额济纳河、乌鲁木齐等地设立的观象台做气象观测，并主持考察团在库车设立的气象台观测工作。1930 年与李宪之一道赴德留学，获得柏林大学博士学位，并终身从事气象与气象教育事业。

主要论著有《天山南路的雨水》《西北科学考察团之气象工作》《迪化与博克达春季天气之比较》《历史年代中亚气候变化的证据》《斯文·赫定与新疆、西藏》《中国西北科学考察团的气象观测结果》等。

马叶谦（1904—1929），字益占，河北河间县人。1927 年，作为首批团员参加西北科学考察团，时为北京大学物理系二年级学生。到达内蒙古额济纳后，在葱都尔进行气象观测。1929 年 4 月 29 日，马叶谦精神失常自杀，年仅 26 岁。

徐炳昶（1888—1976），字旭生，河南唐河人。古史学家、考古学家、教育家。

1913 年春，赴法国留学，在巴黎大学学习哲学。1921 年，在北京大学任教，并曾担任北大哲学系系主任、教务长等职。1927 年 5 月，作为首批团员加入西北科学考察团，并担任西北科学考察团中方团长，为协调团中的各项工作及与地方当局的联系发挥着重要作用。1929 年 1 月回到北平。

其著作有《徐旭生西游日记》《斯文·赫定小传》等。

徐近之（1908—1982），字希朗，四川江津人。气象学家，地理探险家与考察者。

1927 年，考入东南大学。1931 年 2 月作

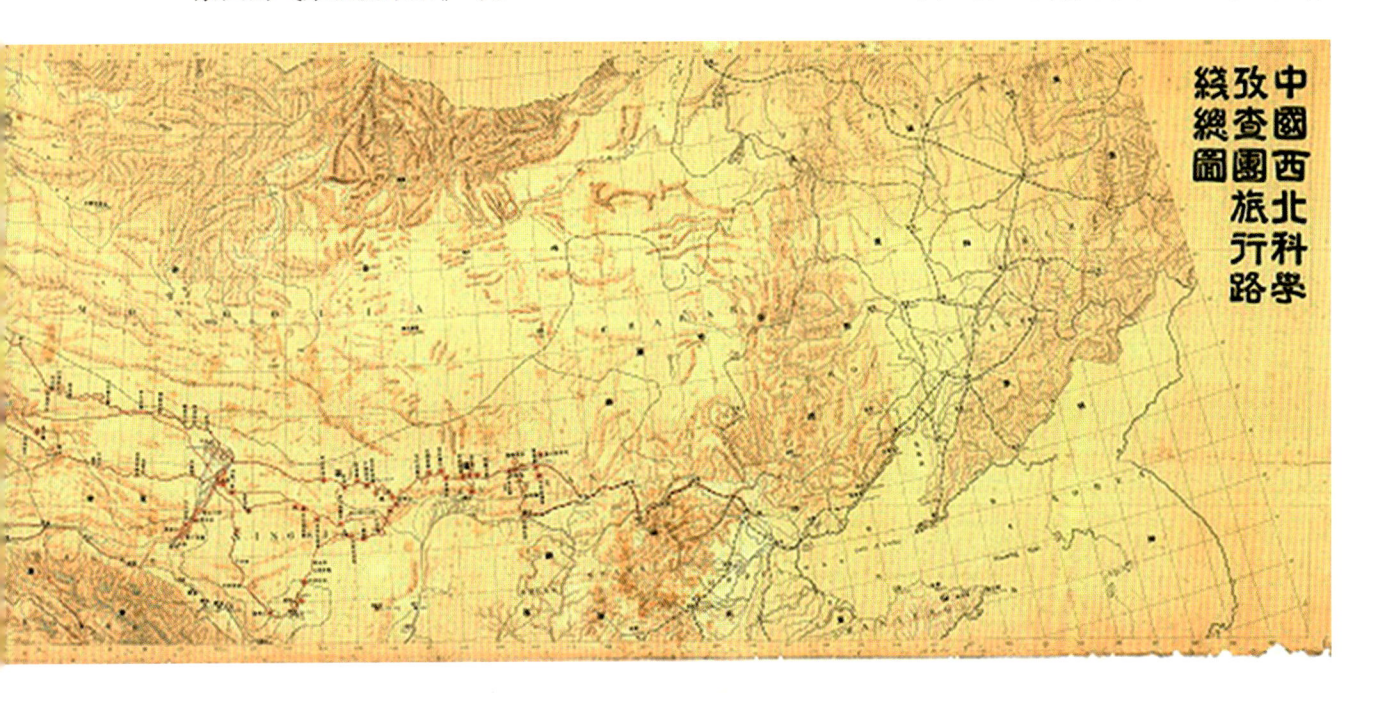

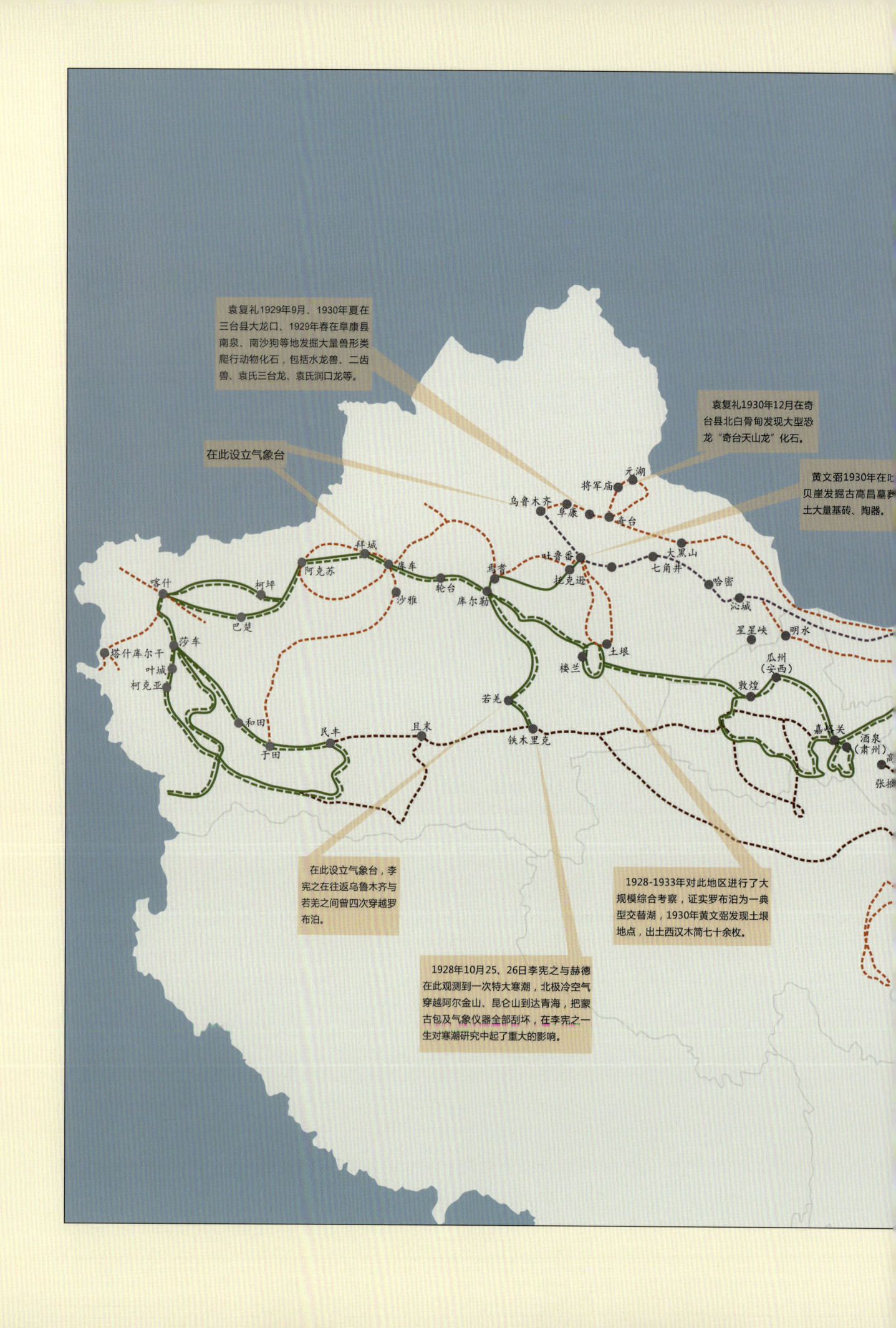

袁复礼1929年9月、1930年夏在三台县大龙口、1929年春在阜康县南泉、南沙狗等地发掘大量兽形类爬行动物化石，包括水龙兽、二齿兽、袁氏三台龙、袁氏润口龙等。

在此设立气象台

袁复礼1930年12月在奇台县北白骨甸发现大型恐龙"奇台天山龙"化石。

黄文弼1930年在吐贝崖发掘古高昌墓葬土大量基砖、陶器。

元湖
将军庙
乌鲁木齐　阜康　奇台
吐鲁番　大黑山
拜城　　　　　　　　　　七角井　哈密
阿克苏　库车　焉耆　托克逊
喀什　　　　　轮台　　　　　　　　　沁城
柯坪　　沙雅　　　　　　　　　星星峡　明水
巴楚　　　　　库尔勒
塔什库尔干　莎车　　　　　　　　　　　　　　　瓜州(安西)
叶城　　　　　　　　　　　　　楼兰　土垠　　敦煌
柯克亚　　　　　　　　　　　　　　　　　　　　　　　嘉峪关
　　　　和田　　　　　　　　　　　　　　　　　　　　酒泉(肃州)
　　　　　于田　民丰　且末　若羌　　　　　　　　　　张掖
　　　　　　　　　　　　　　　铁木里克

在此设立气象台，李宪之在往返乌鲁木齐与若羌之间曾四次穿越罗布泊。

1928-1933年对此地区进行了大规模综合考察，证实罗布泊为一典型交替湖，1930年黄文弼发现土垠地点，出土西汉木简七十余枚。

1928年10月25、26日李宪之与赫德在此观测到一次特大寒潮，北极冷空气穿越阿尔金山、昆仑山到达青海，把蒙古包及气象仪器全部刮坏，在李宪之一生对寒潮研究中起了重大的影响。

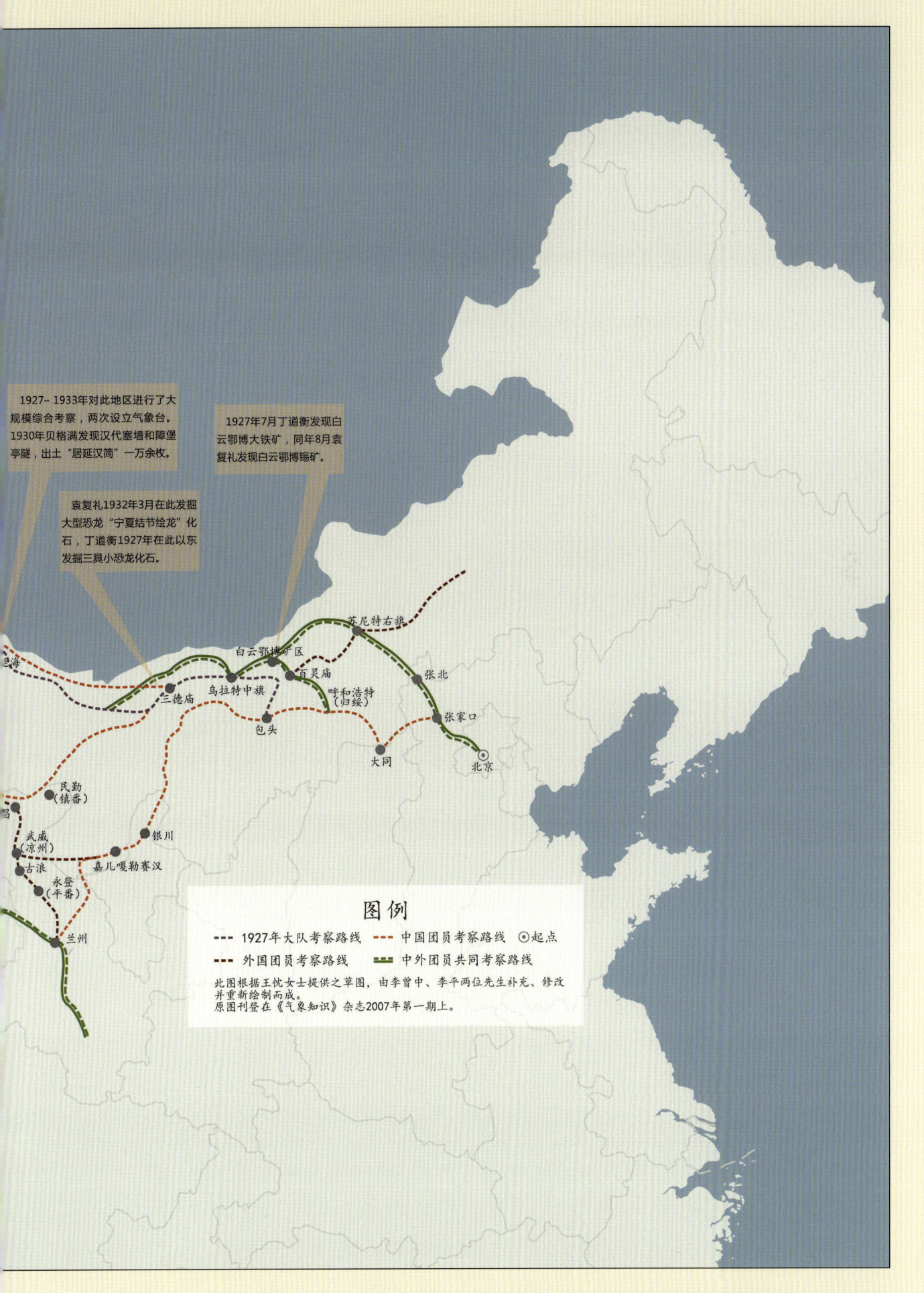

1927—1933年对此地区进行了大规模综合考察，两次设立气象台。1930年贝格满发现汉代塞墙和障堡亭燧，出土"居延汉简"一万余枚。

1927年7月丁道衡发现白云鄂博大铁矿，同年8月袁复礼发现白云鄂博锡矿。

袁复礼1932年3月在此发掘大型恐龙"宁夏结节绘龙"化石，丁道衡1927年在此以东发掘三具小恐龙化石。

苏尼特右旗
白云鄂博矿区
百灵庙
张北
三德庙
乌拉特中旗
呼和浩特（归绥）
包头
张家口
大同
北京
民勤（镇番）
银川
武威（凉州）
嘉儿嘎勒赛汉
古浪
永登（平番）
兰州

图例

---- 1927年大队考察路线　　---- 中国团员考察路线　　⊙ 起点
---- 外国团员考察路线　　==== 中外团员共同考察路线

此图根据王忱女士提供之草图，由李曾中、李平两位先生补充、修改并重新绘制而成。
原图刊登在《气象知识》杂志2007年第一期上。

■ 中国西北科学考察团考察经过简要示意图（1927—1933年）

为西北科考团第二批团员参加考察团,赴内蒙古考察,时为中央大学地理系学生、中央研究院气象研究所测候实习生。与胡振铎一起在内蒙古的益诚公和额济纳河畔的瓦因托尼协助做气象观测工作,其详细记录的气象资料为南京中央气象台研究冬季寒潮的发生和演变以及欧亚航空线飞行提供了可靠数据。1932年6月返回南京。

著有《青海纪游》《关于青康藏主要西文文献介绍》《青藏高原自然地理资料》《青藏高原及毗邻地区西文文献目录》等。

尤寅照(1896—1998),字敬清,无锡锡山人。毕业于南洋大学(上海交大前身),1922年曾到美国康奈尔大学进修,获得土木工程硕士学位。学成回国后曾在北洋大学任教。

1933年10月由铁道部派出,参加由斯文·赫定领导的"绥新公路查勘队",任工程师。与龚继成、陈宗器一起完成了《绥新勘路报告》。

袁复礼(1893—1987),字希渊,河北徐水人。地质学家、地质教育家,中国地貌学及第四纪地质学的先驱,中国地质学会的创始会员之一。在甘肃武威最早发现中国的早石炭世地层,在西北最早发现大批爬行动物化石。

1915年至1917年,赴美国留学,先后在布朗大学、哥伦比亚大学学习。1921年,学成回国后,在农商部地质调查所任技师。1927—1932年,参加西北科学考察团,并在后期代理中方团长。1932年返回北平。

袁复礼是西北科学考察团成员中连续考察时间最长、采集品最多的团员,共发现4个化石点、5个化石层位、10个古脊椎动物的新物种、72具爬行动物化石,是首个挖出大批恐龙化石的中国学者,在中国古生物学发展史上有重大意义。

其著作有《蒙新五年行程记》《甘肃平凉奥陶系笔石层》《甘肃东部地质略记》等。

詹蕃勋(生卒年不详),字省耕,安徽婺源(今属江西)人。毕业于北洋大学。1927年,作为首批团员参加西北科学考察团,时为华北水利工程师,主要从事地形测量工作。在参加考察团的一年零八个月的时间中,詹蕃勋每日记录气压、海拔高程,从未间断。其间曾协助丁道衡绘制了1:20000的白云鄂博矿区地质草图,并在天山中测绘地图。1928年4月,与丁道衡一道前往焉耆、库车考察,后返回乌鲁木齐。1929年初返回北平。

袁复礼西北科学考察野簿

长 16，宽 10（单位：厘米）
中国西北科学考察团代团长袁复礼后人捐赠
新疆师范大学黄文弼中心藏

"野簿"即田野工作者在野外工作的记录簿。袁复礼先生是中国西北科学考察团中杰出的地学家，也是在西北连续考察时间最长、获得采集品最多的工作者。袁复礼先生的西北考察，往返均以驮马代步，行程万里，历经艰险，留下了大量的野外工作记录簿。这些记录簿记载了他在内蒙古和新疆期间长达五年、行程万里的丰富经历，反映了他在考察期间第一时间的第一观感；其中举凡考察路线、化石发掘、地图测量、冰川地貌、人员交往、考古绘图，无不备载。这些野簿记录，不仅帮助他完成了后来《蒙新五年行程记》《三十年代中瑞合作的西北科学考察团》等的行程记录，也帮助他完成了《新疆准噶尔东部地质报告》《新疆准噶尔东部火山岩》等学术论著。这些在西北考察学术史的第一手研究资料，至今仍有很多的内容值得我们去发掘。

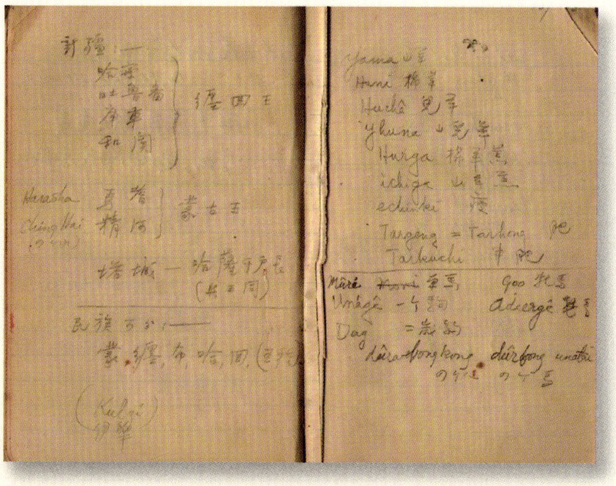

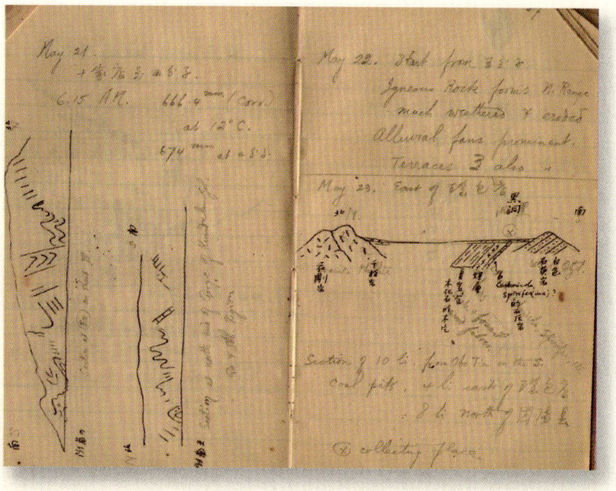

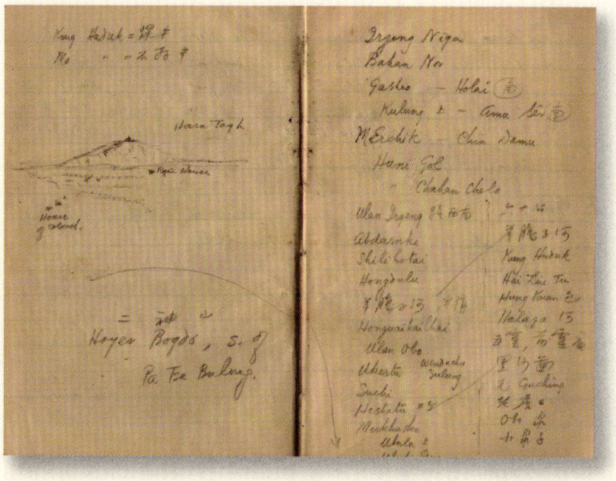

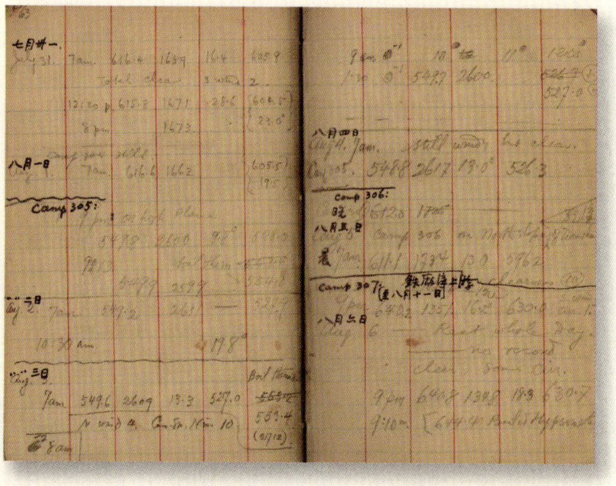

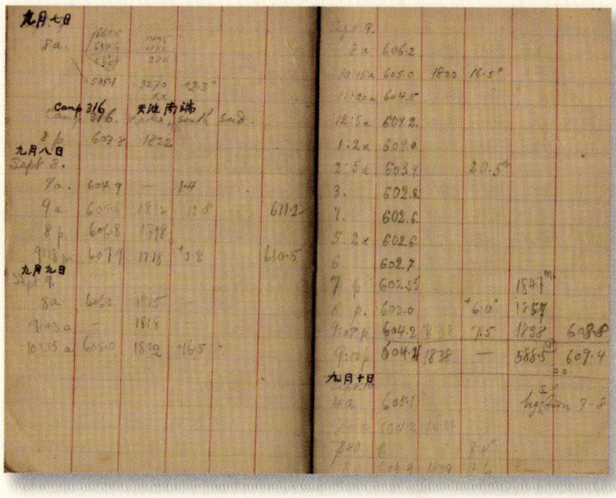

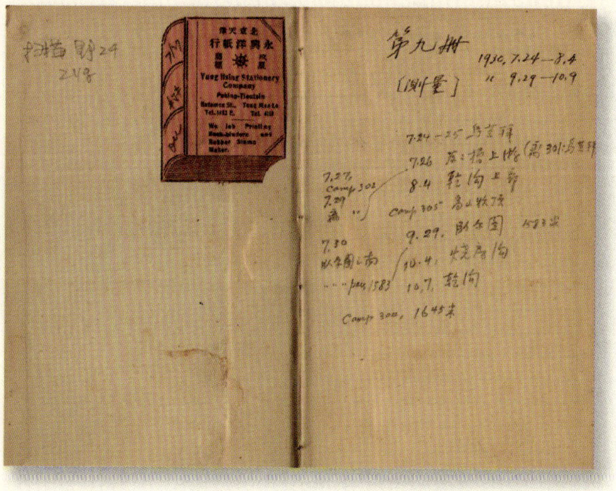

西北科学考察速写

作者：刘衍淮
长 15，宽 22（单位：厘米）
中国西北科学考察团成员刘衍淮后人捐赠
新疆师范大学黄文弼中心藏

1927年5月9日，北京大学预科二年级学生刘衍淮在通过严格的考试之后，和他的同学崔鹤峰、马叶谦、李宪之胜出侪辈，以19岁风华正茂的年龄，成为中国考察团中最年轻的成员，从事气象观测的工作。此后，他不仅经行大漠、天山，更走上了中国气象学、气象教育学的人生征途。在将近三年的考察历程中，刘衍淮留下了将近600页、35万字的日记，同时还留下了上千张照片。他以生机勃勃的笔触，留下了几十张考察途中的速写稿。这些画稿，主要创作于从内蒙古高原跋涉进入新疆哈密的一段时间，大部分又在他于库车从事气象观测时期进行了重绘，因此，不仅是其气象考察的观测实录，也反映了西北地区的自然风貌。

NW
SW
黑城 26.9.1927.

No 13
24.9.1927.

No 11
24.9.1927.
14.7.1928

21.9.1927

No 5
黄先生的帐篷 20.9.1927.

林中住所
6.7.1928

第二节
丝绸之路考古的奠基者

朱玉麒

黄文弼（1893—1966），字仲良，是20世纪著名的考古学家、西北历史地理学家。

他于1893年出生在湖北汉川一个世代务农的贫苦家庭。其父由木匠而经商，家境稍裕，黄文弼得以在1911年开始就读于汉阳府中学堂。辛亥革命的浪潮激发了他寻求新思想、新知识的渴望，黄文弼于1915年负笈北上，考入北京大学哲学门就读。1918年，黄文弼毕业留校，担任国学研究所助教，历任讲师、副教授。

1927年中瑞西北科学考察团的成立，改变了黄文弼的学术命运。他以唯一的中国考古学者身份加入其中，于1927年5月9日开始首次征途，这既开启了长达三年多的内蒙古和新疆考察之旅的序幕，又是他终生从事的西北研究的起点。

黄文弼一生四次到达新疆。他的第一次征程，先在内蒙古地区获得了丰富的田野考察经验，并从姥弄苏木（鄂伦苏木）发现的一处废墟和数

■《黄文弼蒙新考察日记》封面

■ 黄文弼日记手稿

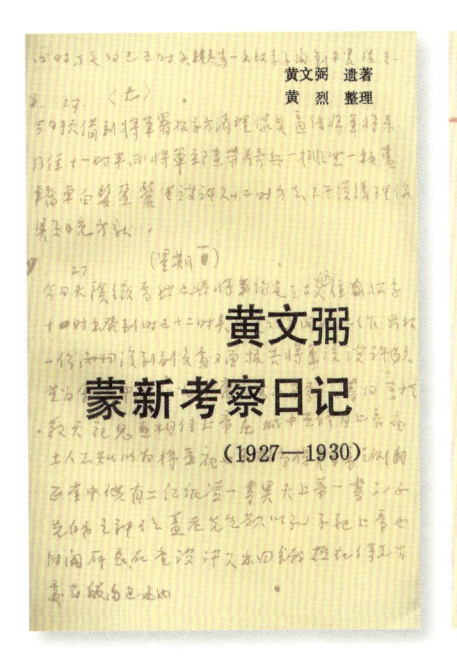

■ 黄文弼先生在考察途中

段残碑中，找到了汪古特部的根据地，标志着此次考察首战告捷。其后他考察的秦长城、黑柳图、居延堡等遗址，都为日后北方史地研究提供了重要的考古材料。进入新疆之后，黄文弼独立作业，在吐鲁番盆地、塔克拉玛干沙漠和罗布泊地区进行了中国学者第一次新疆考古的科学调查和发掘。后来此次艰辛的调查工作成为发现土垠遗址、南北两河，以及高昌陶罐、吐鲁番墓志成书的开始。

1933—1934年间，黄文弼以教育部考察新疆教育文化专员的身份，做第二次蒙新考察之旅。他对内蒙古地区的长城、居延塞，新疆的罗布淖尔，又再次进行了新的考察。著名的"居卢訾仓"汉简也正是此次在土垠考古所得。

1943年，黄文弼受西北大学委托，随国父实业计划考察团第三次赴新疆考察。这次从河西走廊西行，他主要考察了敦煌和北疆地区，足迹遍及巴里坤、木垒、奇台、吉木萨尔、阜康、昌吉、呼图壁、玛纳斯、乌

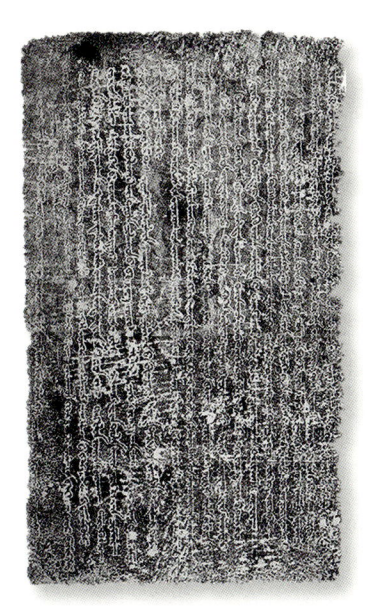

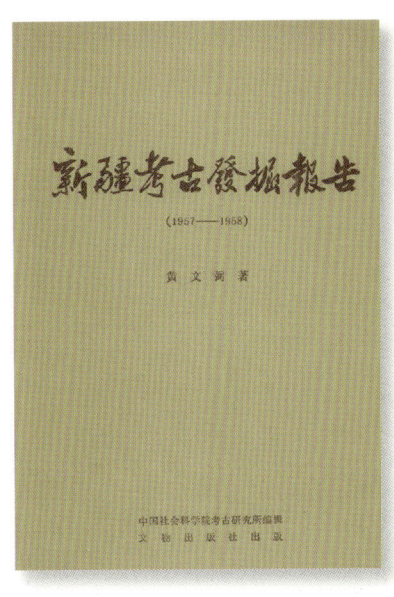

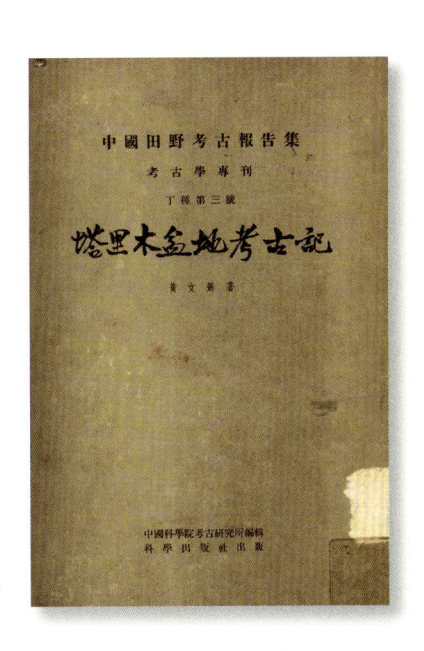

第二单元　丝路命名：李希霍芬和他的时代　**205**

■ 黄文弼在劳伦苏木古城发现的蒙古文《阿勒坦汗碑》

■ 黄文弼：《新疆考古发掘报告（1957—1958）》，北京：文物出版社，1983年。

■ 黄文弼：《塔里木盆地考古记》，中国科学院考古所编辑，北京：科学出版社，1958年。

苏、精河、伊宁、博乐、额敏、塔城、布尔津、阿勒泰等地。他再度到南疆，考察了塔里木盆地北缘自焉耆、库车直到阿瓦提、乌什的一线，回程又在库尔勒、吐鲁番、哈密等地进行了访问，对当地的教育、民族状况给予充分关注。第三次考察填补了前两次考察所留下的大片空白，并为第四次的考察做了准备。

新中国成立之后的1957年，黄文弼以64岁的高龄，率领中国科学院的考古队前往新疆，这是他人生第四次也是最后一次西域考古。在一年多的时间里，除了对以往调查地区如库车的龟兹国古城遗址做重点挖掘外，他主要初次进行了区域考古，如探查塔里木盆地东南隅的若羌古城遗址和米兰古城遗址。在巴里坤和伊犁草原游牧地区，他率队对土冢、石雕人像、岩画等过去被忽视的民族文化遗存进行了详细的调查工作。

除了新疆文物考古事业是其终身的追求之外，黄文弼还在文物博物学的科研和教学的许多方面取得成就。他曾在1935年以中央古物保管委员会委员的身份在西安主持碑林的整理工作，以三年时间完成了新的西安碑林的开馆。抗战爆发后，他辗转内地，先后担任西北联大、四川大学教授，1942年起，黄文弼专任西北大学历史、边政两系主任。抗战胜利后，他担任北平研究院史学研究所专职研究员，在1948年完成了《罗布淖尔考古记》的写作，并于当年出版。解放战争胜利以来，他担任中国科学院考古所研究员，始终从事在动荡年代里未能完成的新疆考古资料研究工作，先后出版了《高昌专集（增订本）》《吐鲁番考古记》《塔里木盆地考古记》等专著。1965年起，黄文弼担任第四届全国政协委员。但是，"文化大革命"爆发，黄文弼先生受到批斗、抄家等巨大的冲击，不堪屈辱，不幸于 1966 年 12 月 18 日辞世,终年 73 岁。

黄文弼先生是丝绸之路考古尤其是新疆考古学的奠基人,是中国考古学的先驱者。他的四次新疆考察,共计行程在 38000 千米以上,探查过数百处遗址,重点发掘其中数十处,对所有的遗址都有详略不同的记录。在第一次长达三年多的艰苦考察中,黄文弼就获得了 80 多箱采集品,并在 1931 年之后,陆续公布相关的报告和研究成果。因此,无论就其从事西北史地和新疆考古的时间之早、之长,还是就其考察领域之广、之深,以及取得成果之丰硕而言,黄文弼先生都是中国当之无愧的从事新疆考古的第一人。同时,黄文弼的西北考察,担负着重大的使命,代表着中国学术界对新疆地区从事学术研究主权意识的觉醒。

黄文弼最早发表和出版的成果,主要是吐鲁番盆地的考古收获。他相继出版了《高昌专(砖)集》(1931)和《高昌陶集》(1933),以及后来的《吐鲁番考古记》(1954)。黄文弼以《罗布淖尔考古记》为代表的著作,体现了中国学者在罗布泊地区研究的最早成果。他在这一领域的突出贡献,一是发现和研究土垠遗址及其汉简,二是发现与研究孔雀河北岸古道和各类遗址。《塔里木盆地考古记》更体现了黄文弼在更大的区域内对新疆环塔里木盆地周边绿洲古国遗址的深入调查和研究成果。他对塔里木盆地的焉耆、库尔勒、轮台、库车、沙雅、拜城、和田、于田、皮山、叶城、巴楚、喀什、阿克苏等地区的各类遗迹都做过丰富的考察,并且从沙雅出发,穿越塔克拉玛干沙漠抵达于田,细致调查沙漠腹地的河流和遗址。他在焉耆、龟兹、于阗(今于田)等古国都城及重要遗址的研究中,发挥自身熟悉传世文献的优势,与实地考察结合,从而做出了二重证据法的切实考证。

黄文弼的最后一份新疆考古报告是《新疆考古发掘报告(1957—1958)》,在其在世时已经完成初稿,在其身后由孟凡人先生根据遗稿整理出版。报告中在哈密、伊犁等地的考古工作,填补了黄文弼在北疆草原遗址考古方面的空白。《元阿力麻里古城考》也是草原丝路遗址研究的重要成果。

以"三记"(《罗布淖尔考古记》《吐鲁番考古记》《塔里木盆地考古记》)和"两集"(《高昌专集》《高昌陶集》)为代表的黄文弼先生的西北科考成果,铸就了中国学者丝绸之路考古的里程碑,黄文弼先生是当之无愧的丝绸之路考古的奠基者、新疆考古的第一人!

黄文弼吐鲁番研究手稿

长 17.5，宽 27.5（单位：厘米）
中国西北科学考察团成员黄文弼后人捐赠
新疆师范大学黄文弼中心藏

黄文弼在 1927—1930 年间参加中国西北科学考察团，作为中方成员中唯一的考古工作者，他在内蒙古和新疆地区的大部分考古工作均属中国学术史的首创。在新疆的考古工作中，他先后三次在吐鲁番盆地考察，前两次对于吐鲁番地区的考古遗址进行了广泛的调查，第三次则对交河古城的寺院建筑及交河沟北汉代墓地、交河沟西晋唐墓地进行了考古挖掘工作。1931 年开始，黄文弼陆续发表了《新疆古物概容》《高昌第一分本》《高昌砖集》《高昌疆域郡城考》《兽形足盆形象考释》《高昌陶集》等一系列论著，最后则有集大成的《吐鲁番考古记》的出版，形成了他在新疆考古方面与《罗布淖尔考古记》《塔里木盆地考古记》鼎足而三的开创性考古报告。此处展示的手迹是黄文弼中心收藏的黄文弼先生关于高昌文化总体思考的学术研究提纲，大致的写作时间是抗战后期作者在西北联大从事教学科研工作期间。手稿内容分别按照历史时间、文化类型等不同的体例，讨论了吐鲁番盆地在东西方文化交流下创造出的文明特点，记录了他在考古工作中逐渐形成的关于区域文化的综论式思考。（朱玉麒）

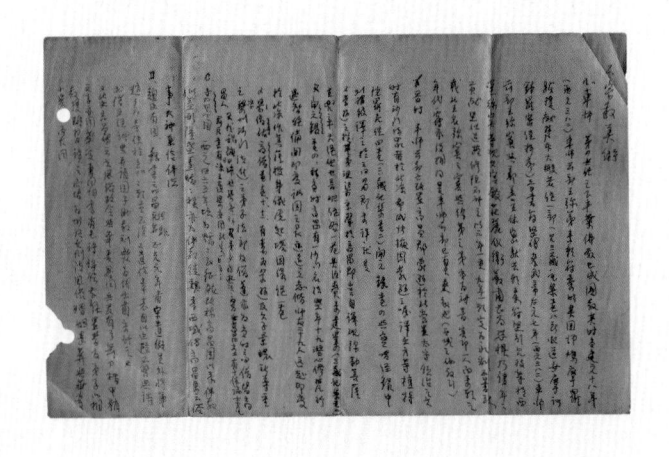

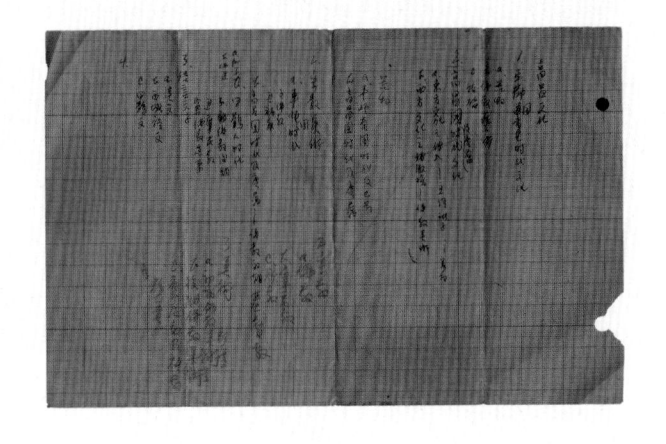

黄文弼克孜尔石窟平面图

长 53，宽 70（单位：厘米）
中国西北科学考察团成员黄文弼后人捐赠
新疆师范大学黄文弼中心藏

在汉代西域三十六国中，龟兹是丝路北道上的大国，其地域范围还包括今库车、新和、沙雅、拜城、阿克苏等地，汉、唐时期均在此地设置西域都护府，与中原地区往来密切。库车拥有灿烂的历史，尤其是丰富的佛教文化遗存。黄文弼自然将这一地区作为西北考古的重中之重。1928年，自9月中旬到11月中旬两个多月时间内，黄文弼"沙漠湖滩，有古必访"，将古龟兹国境全部走遍，这也是他第一次考察新疆时历时最久的地区。鉴于龟兹是著名的佛国，黄文弼详细考察了

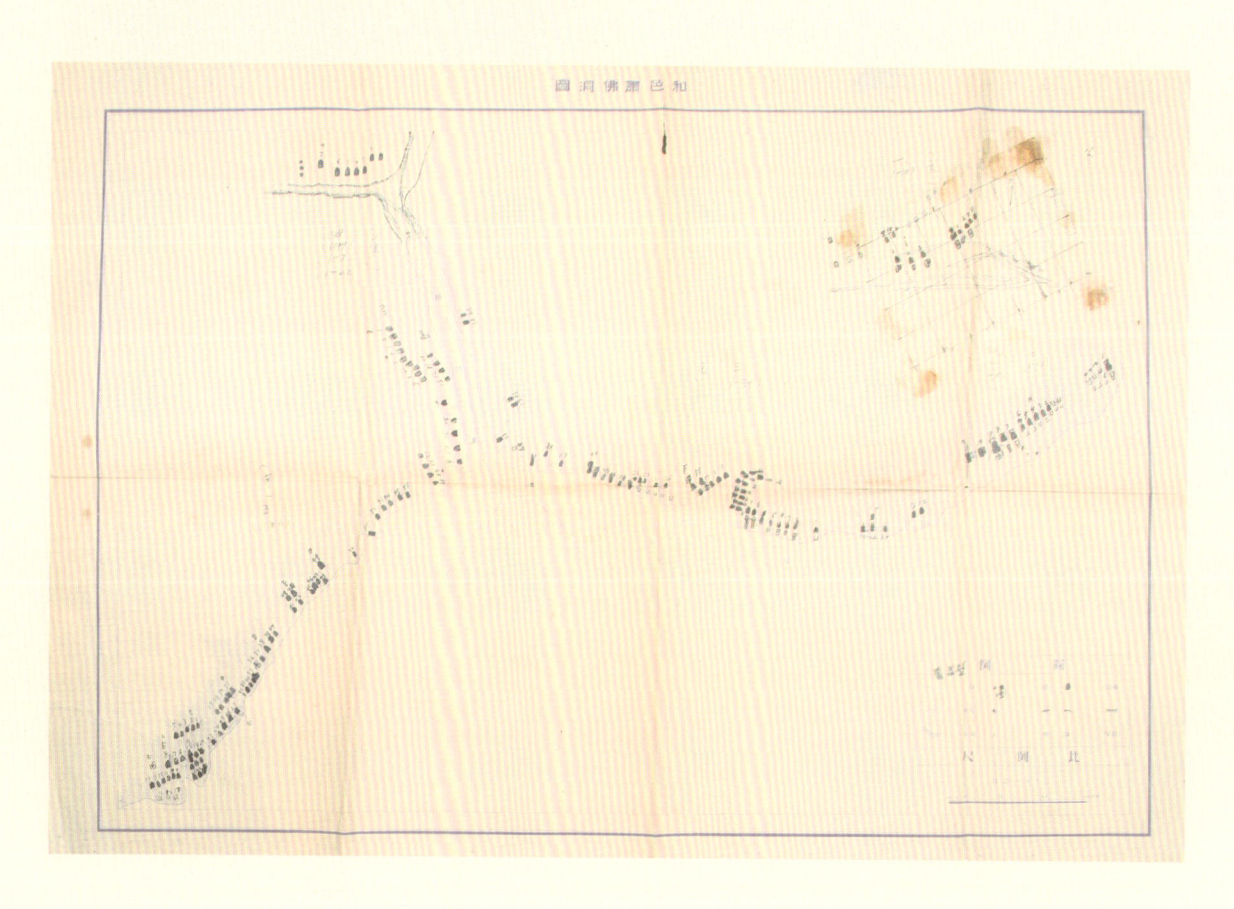

库车境内三大著名佛窟遗址：库木土拉石窟、森姆塞姆石窟、克孜尔石窟。对克孜尔石窟的考察与发掘，是黄文弼在库车最重要的成果之一。克孜尔今存200余处洞窟，除当时尚未发现的、过于险要的和已经倾圮的以外，黄文弼自东而西探查了146个洞窟，并对洞窟以"天地玄黄宇"为区域代号进行了编号，同时对洞窟中题记、壁画与佛像形制均做了详细记录。黄文弼所绘制的这幅克孜尔石窟佛洞分布图，便是当时艰苦卓绝的佛教考古的实录。（朱玉麒）

第三节
常书鸿和敦煌学

陆庆夫

常书鸿是我国著名画家，敦煌学者，敦煌艺术研究所的创始人，敦煌文化事业的开创者。他于1927年赴法国学习西洋美术史和油画技法，成绩突出。1935年秋天，他在塞纳河边的旧书摊上看到了法国人伯希和写的《敦煌千佛洞》一书，这使他产生了极大震动，人生的道路也随之改变。他下定决心回到祖国，去保护、介绍敦煌的文物，使它们重放异彩。

半年后，他毅然回到了阔别多年的祖国，被聘为国立北平艺术专科学校造型艺术部主任、教授。其时，国内学术界、文化界对于保护敦煌遗产的呼声越来越高，1942年，在一些爱国人士的呼吁下，国民党政府责令教育部筹备成立国立敦煌艺术研究所，常书鸿被任命为筹备委员会的副

■ 1942年1月13日，国防最高委员会"批准设立敦煌艺术学院"的行政院公文

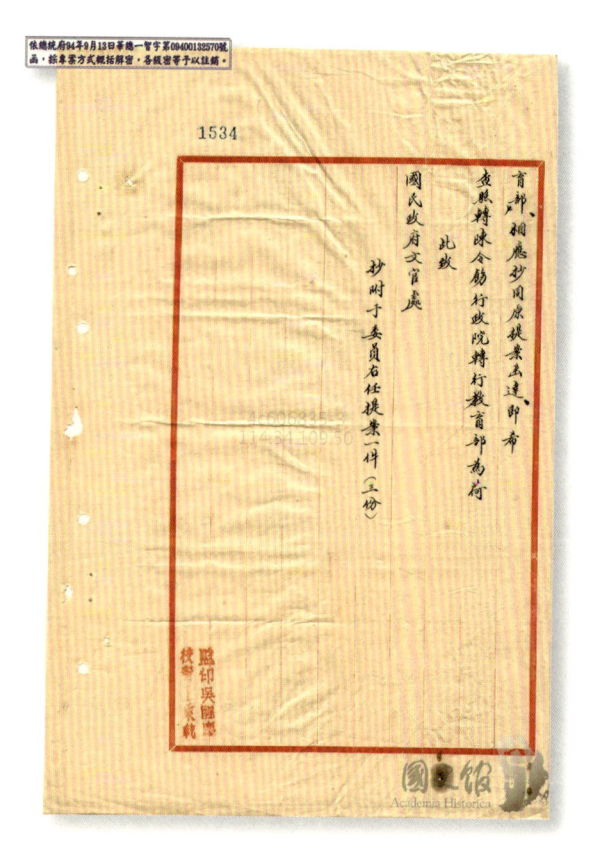

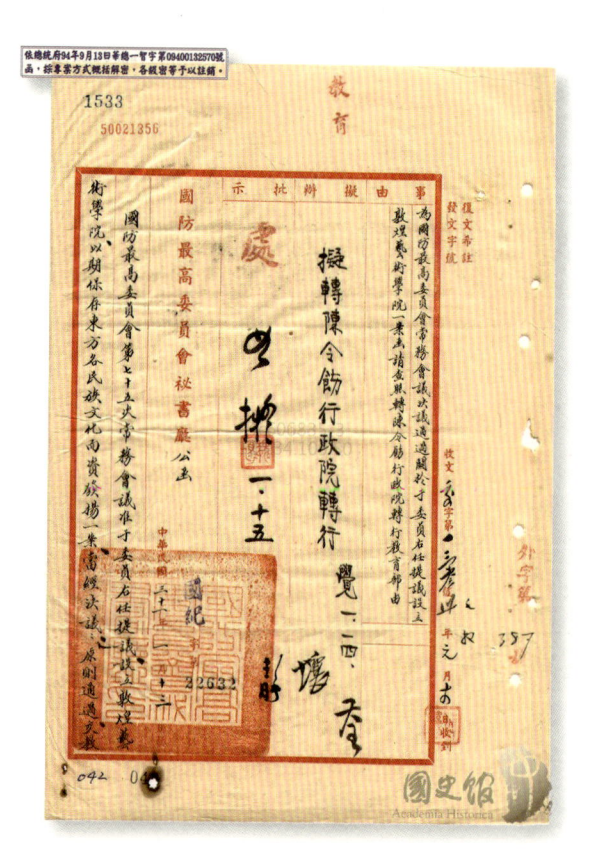

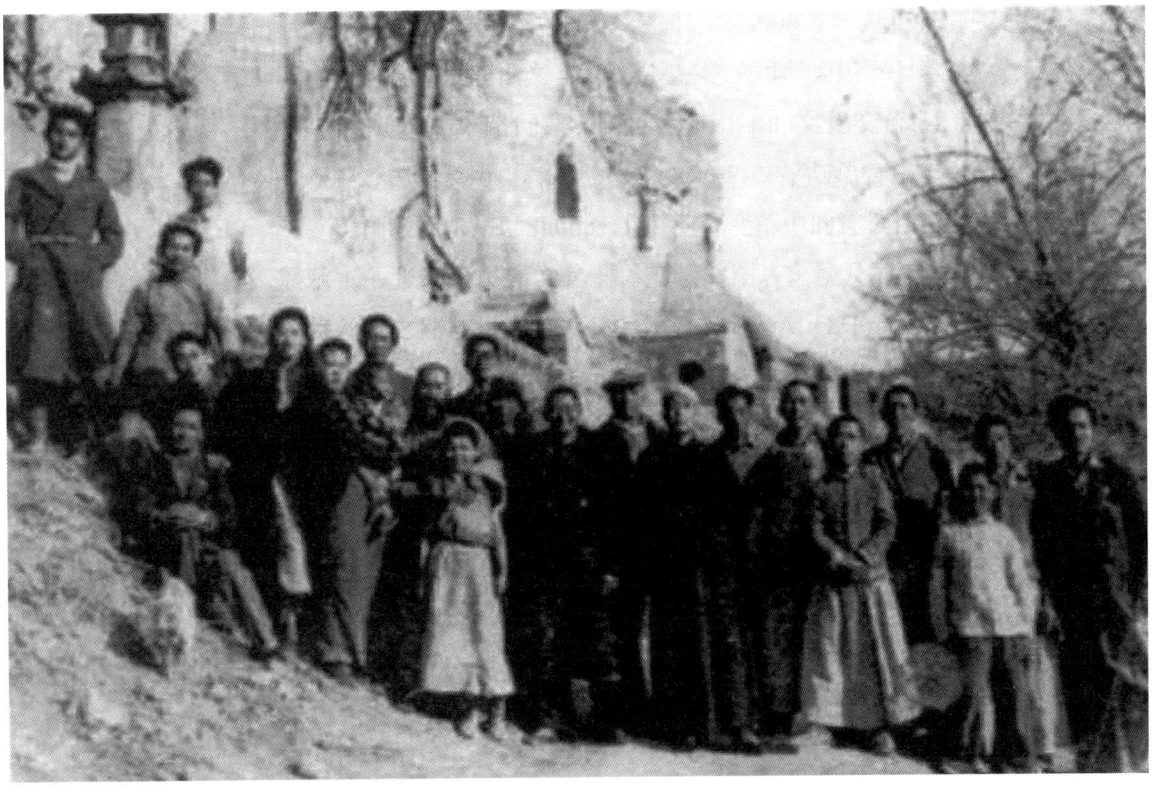

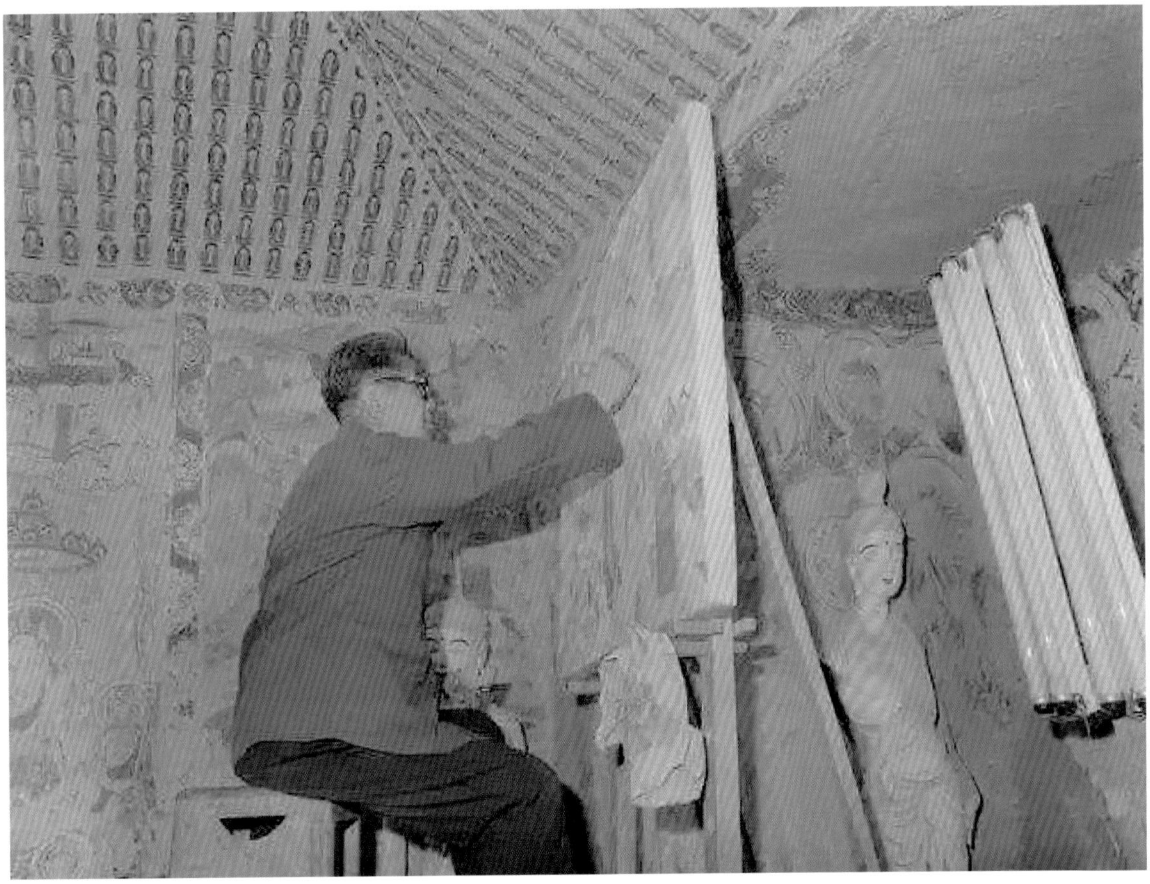

主任委员，并实际负责筹备工作。

经过筹备，1944年2月，国立敦煌艺术研究所（敦煌研究院前身）在莫高窟成立，常书鸿被任命为第一任所长。随着敦煌艺术研究所工作的逐步开展，常书鸿又先后从重庆、成都等地聘请了史岩、李浴、董希文、张琳英、邵芳、龚祥礼、赵冠州、乌密风、周绍淼、潘洁兹、苏莹辉等一批专家。

不过敦煌事业也面临着困难。随着抗战胜利，教育部将撤销敦煌艺术研究所的命令风传而至，聘请的专家携带一些研究成果纷纷离去。为了使刚刚开始的敦煌事业继续下去，常书鸿前往重庆做了很多活动，以寻求各界支持。傅斯年听闻常书鸿的事迹之后深为感动，决定恢复敦煌艺术研究所，改隶中央研究院。当常书鸿再次返回敦煌时，不仅有了经费、设备，还从四川、兰州等地罗致了一批人才，其中包括段文杰、霍熙亮、郭世清、凌春德、钟贻秋。1947年，四川省立艺术专科学校、重庆国立艺术专科学校又向敦煌艺术研究所输送了一批年轻师生，有孙儒僩、史苇湘、欧阳琳、李承仙、黄文馥等。他们中的多数人后来成为敦煌研究所的栋梁之材。

为了保护莫高窟文物免受人为和风沙的破坏，研究所的成员们想尽办法，筑起了一道石窟保护区的围墙，一个洞窟一个洞窟地清除流沙，进行详细调查与全面编号，并对窟中的塑像和壁画摸底分类、编号和命名。

为了弘扬敦煌艺术瑰宝，常书鸿还积极组织所里的美术工作者对壁画进行临摹。到1948年，他们已按计划完成了《历代壁画代表作选》

《历代藻井图案选》等十多个专题壁画的编选工作，共临摹壁画八百多幅。为了及时将研究所的工作成果向国内各界进行汇报，常书鸿携带这些呕心沥血之作前往南京、上海、北京等地举行"敦煌艺术展"，在当时引起轰动，甚至还走出国门，被邀请到了印度、缅甸、日本等国进行展览。

常书鸿既重视敦煌佛教艺术的临摹与弘扬，也关注对佛教艺术的探索研究，提倡将临摹和研究二者结合起来。从1954年起，常书鸿组织工作人员就各自临摹的壁画进行相应的科学研究，写出了一批文章。到了60年代，敦煌研究所在以前的基础上进一步拓宽了敦煌石窟保护、研究领域，扩大吸收了历史、考古、文学、建筑、工艺美术等多方面的专业人才。在常书鸿的主持下，不仅开始了历时三年、规模宏大的莫高窟危崖加固工程，同时在学术研究上开展探讨，范围涉及美术、壁画故事、壁画经变、窟前遗址考古、石窟时代断年、所藏文书整理等多方面，由此产生了一批研究成果，还连续举办了30多次学术讲座。

1900年，敦煌藏经洞被意外发现，这引起了各国学者的广泛关注和研究，也形成了一门世界性的显学——敦煌学。敦煌学以敦煌遗书、敦煌石窟艺术、敦煌史迹和敦煌学理论等为主要研究对象，其专门的研究机构即为敦煌艺术研究所。

《敦煌石室画像题识》二册（1947年）

敦煌研究院藏

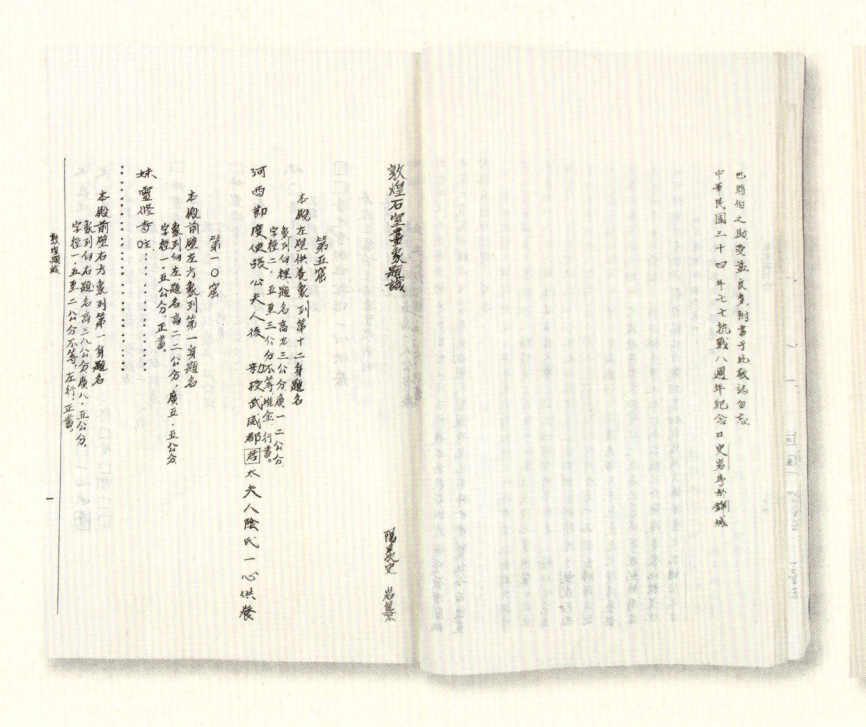

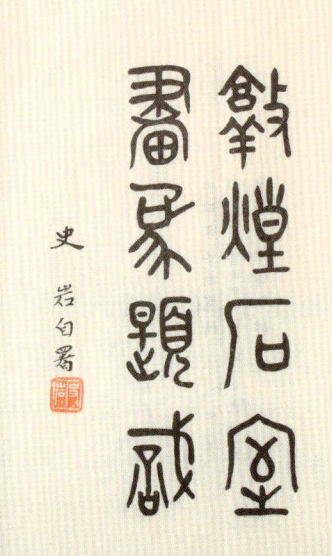

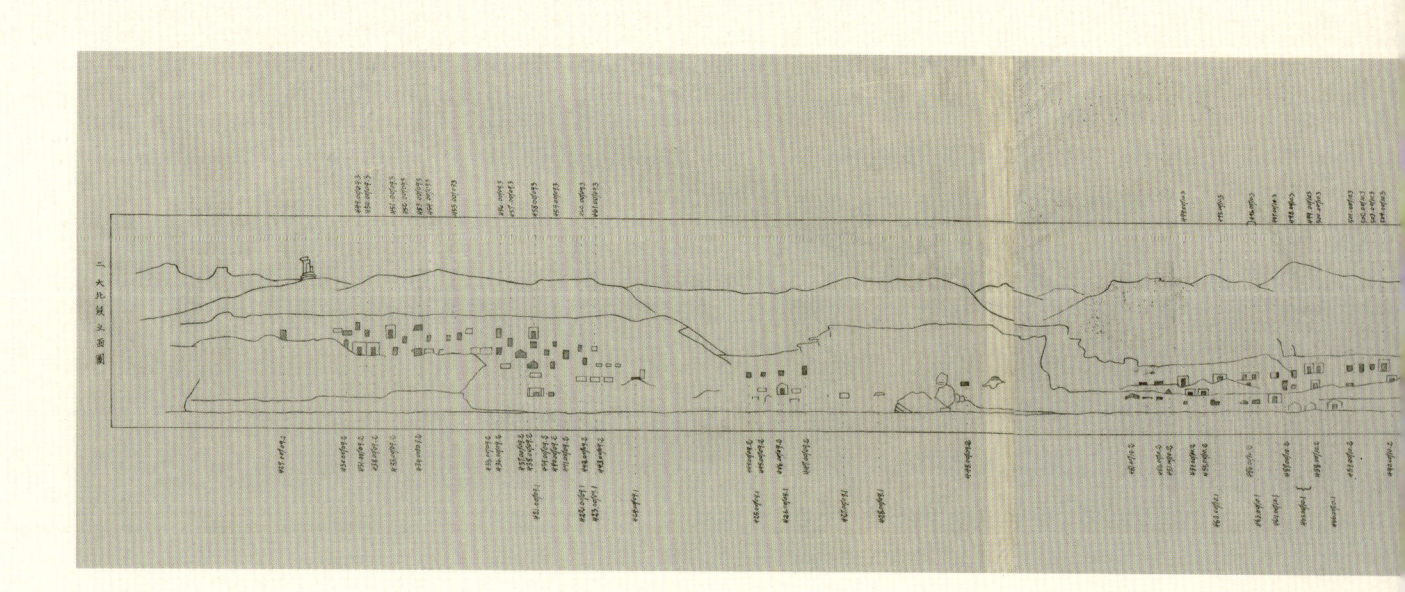

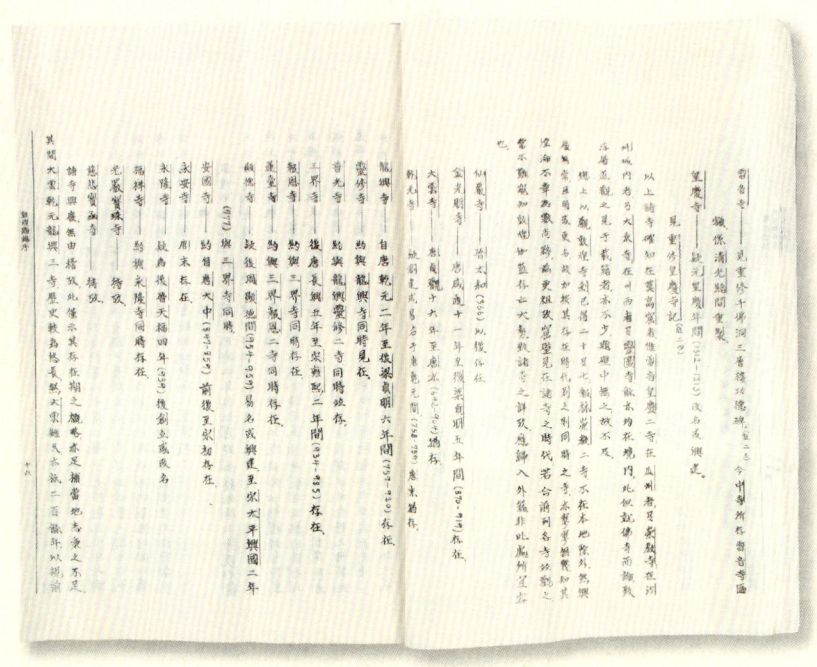

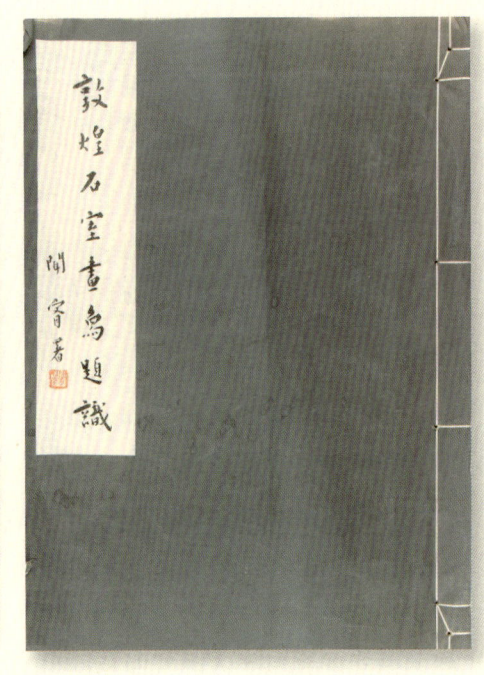

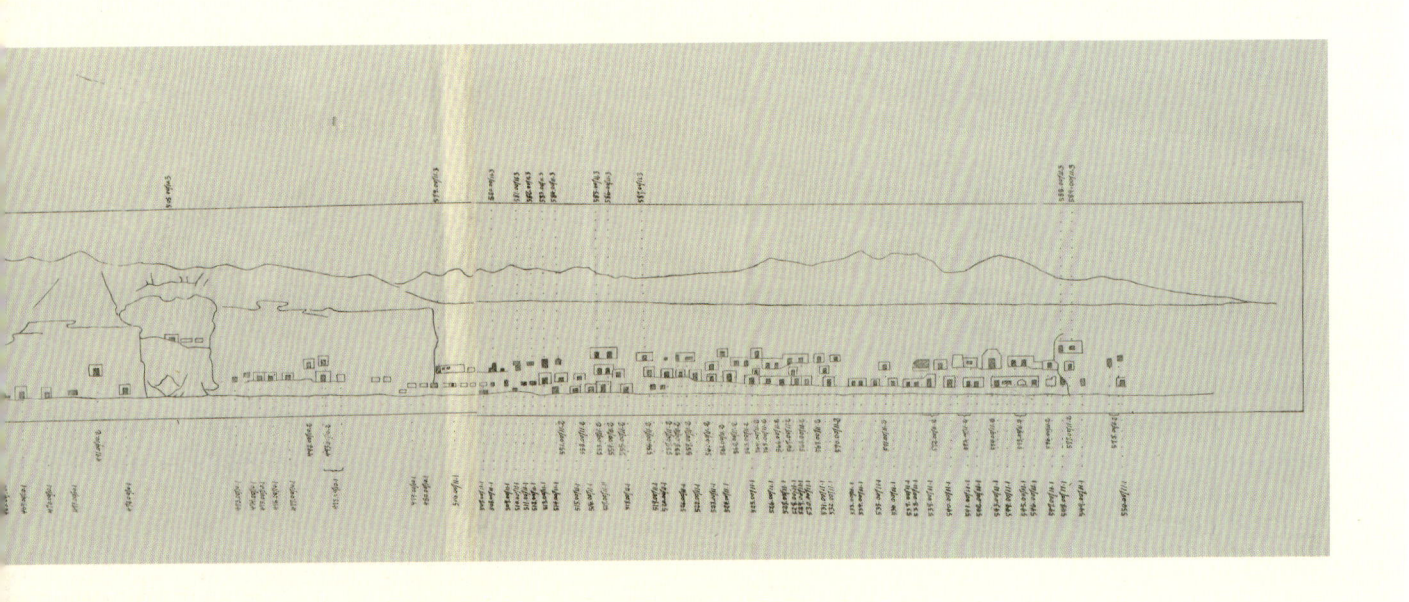

第二单元　丝路命名：李希霍芬和他的时代　215

史苇湘《千佛洞画像题识覆校》

敦煌研究院藏

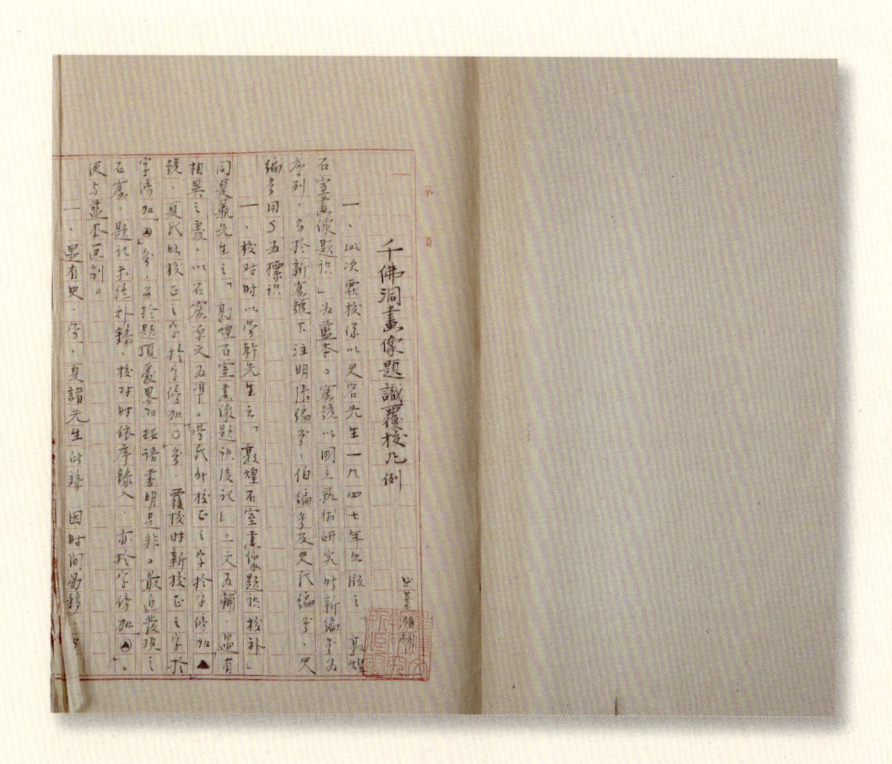

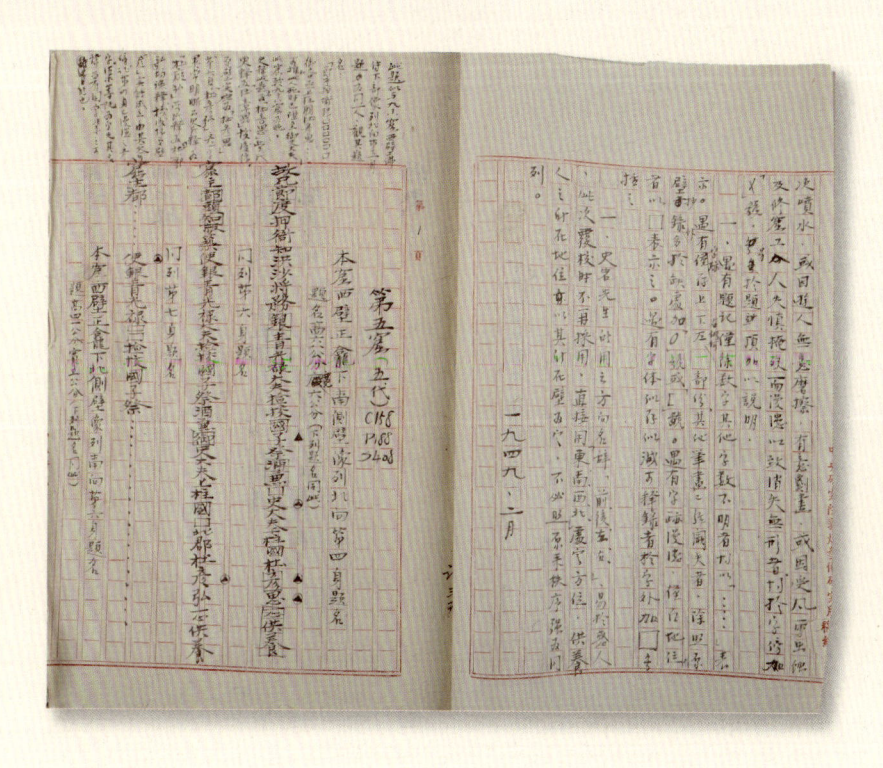

第三单元
丝路申遗：成为世界遗产

19世纪末20世纪初，国内外学界基于西域考古探险时代的研究和交流，对"丝绸之路"的概念逐渐有了一种认同。随着"丝绸之路"研究的深入和细化，其概念也在不断扩大或充实。

出于带动中亚遗产保护工作的目的，早在1988年，联合国科教文组织就在《对话之路：丝绸之路整体性研究》报告中提出了"丝绸之路"的申遗设想。从提出构想到成功，丝绸之路申遗工作走过了26年。只有从人类文明的高度去解读"丝绸之路"，才能最终把"丝绸之路"的普遍价值呈现给世界，使之成为全人类共同的遗产。

第八章
丝绸之路概念的普及

　　世界闻名的"丝绸之路",就是叙利亚人、波斯人、阿富汗人、中亚各族人民和中国人从公元前6世纪开始,赶着骡马,牵着骆驼,孜孜不倦,披星戴月地开辟出来的。公元前2世纪时,中国探险家张骞就是经由这条道路,访问了中近东各国,将中近东各国的民族文化传统、地理情况和花果的种子带回给中国人民。这条通道就好像一条彩霞似的纽带,联系着中国人民和中近东各国人民的文化生活。

楚图南《关于促进亚非国家间文化交流的报告》
1957年12月27日

第一节
从"丝路"到"丝绸之路"

刘进宝

"丝绸之路"一词虽然已经出现一百多年了,但在很长一段时间,国内学者在研究相关问题时,并没有使用"丝绸之路"一词,而是用"中西交通史""中外关系史"等名称。

20世纪20年代中期,国内学者在翻译和介绍李希霍芬、赫尔曼、斯坦因、勒柯克等外国考察家或探险家的论著与游记时,就使用了"古丝商之道""蚕丝贸易通路"等说法。到20年代末,不仅出现了"丝道",甚至使用了"丝路"一词。如在《地学杂志》1929年第1—2期发表的译文《亚洲腹地之商路》中所刊载:匈奴在西域"扼由甘肃至哈密、吐鲁番、乌鲁木齐商路之冲者甚久,遂迫华人另辟艰难险阻之'丝道'","而中国开辟'丝道',在历史期上,实为此地通行税之权舆也";此外还记载,中国通西域的道路主要有两条,分别沿天山南北,"至于沿阿尔泰之'游牧进行方向'及由罗布淖尔荒地经过之'丝路',已陷入废弃矣"。朱杰勤在1935年发表的《华丝传入欧洲考》一文中也使用了"丝路":"欲考华丝传入欧洲之情况,不可不先探其丝路",并以斯坦因在西域的考察及其《古代于阗》为依据,初步介绍了"古代东西经过中亚之交通"的具体路线。

国内由于当时已有"丝路"的称呼,在转引海外报道和翻译海外论著时也使用"丝路"一名。如1936年4月,《西北导报》以《新疆欧亚"丝路"》为题报道斯文·赫定的演讲:"谓彼在新疆时,曾探得中欧'丝路'为历史上极有价值之发现,此项'丝路'负有欧亚交通商务之重要使命,乃为欧亚航海途程未开辟以前,中国丝商运丝赴欧所经之途径。"

1938年,斯文·赫定的《丝绸之路》英文版出版,《国际月刊》1939年创刊号便以《丝路》为题作了报道:"(斯文·赫定)设法调查是否可以沿着那条古时的丝路——古时从西安到撒马尔罕及欧洲去的马车道路——而砌造一条现代化的汽车公路。"斯文·赫定在书中还讲述了"在古丝路上一切的消息"。

由以上材料可知,在20年代后期,我国学者已经使用"丝路"的称谓。1936年,在报道和翻译欧洲的相关信息和论著时,也使用这一名称。

1939年1月,苏联乌兹别克斯坦至我国新疆惠远的公路开通,苏联在报道中也出现了"丝路"一词。《申报》以"苏联赶工,修筑公路,通至新疆惠远"为题转载了来自莫斯科的报道:"古昔所谓'丝路',乃系印度波斯各国与中国通商必由之路。其时之骆驼队,均自搭什干城、萨玛肯特城、蒲哈拉城（均在苏联乌兹贝吉斯坦邦境内）通至库尔嘉城（在新疆省即惠远城）。"苏联乌兹别克斯坦和我国新疆都位于丝绸之路的要冲，由于"丝路"一名已为中欧学者所使用，苏联方面也使用了"丝路"的名称。

黄文弼从1927年参加中瑞西北科学考察团开始，多次赴新疆考察，从1939年便开始整理《罗布淖尔考古记》一书。在该书中，他将这条中西交通线路称为"贩丝之道"。朱家骅在1941年的演讲报告中将其称为"丝绸路"，还有称为"绸缎之路"。

上述"丝路""贩丝之道""绸缎之路""丝绸路"的称呼，显然是指"丝绸之路"。

1943年，《申报》在南洋各地特辑之四《马来亚纵横谈》中，讲述了16世纪葡萄牙占领印度和马六甲的情况，"当时还没有橡胶，也没有石油与锡，欧洲人所追求的是南洋特产的香料。所以，当时北循陆路越天山以至中国以取丝的道路，叫做'丝绸之路'，而南线麻六甲出南海以取南洋香料的路就称为'香料之路'"。这是目前所见我国媒体最早使用"丝绸之路"一词的报道，同时还出现了"香料之路"一词。从其内容可知，"丝绸之路"就是指传统的陆上丝绸之路，"香料之路"则是指海上丝绸之路。

■ 1939年《申报》提及"丝路"的报道

第二节
从政府到学界

刘进宝

二十世纪三四十年代我国已开始使用"丝路"和"丝绸之路"一词，明确指代传统的陆上丝绸之路，但使用频率很低。"丝绸之路"较多出现于二十世纪五六十年代政府间的对外友好交往中。

二十世纪五六十年代，新疆以西的中亚地区主要是阿富汗、巴基斯坦和苏联中亚地区（今中亚五国），这一地区与中国交往的国家主要是阿富汗。阿富汗既是中国的友好邻国，又是古丝绸之路的要冲之地，"丝绸之路"就成了中阿交流的纽带与媒介。这一时期，"丝绸之路"主要是描述中阿之间的友好关系。如1957年12月27日，中国代表团副团长楚图南在《关于促进亚非国家间文化交流的报告》中就使用了"丝绸之路"一词："世界闻名的'丝绸之路'，就是叙利亚人、波斯人、阿富汗人、中亚各族人民和中国人从公元前六世纪开始，赶着骡马，牵着骆驼，孜孜不倦，披星戴月地开辟出来的。"另如1959年9月6日，周恩来总理在欢迎阿富汗王国副首相纳伊姆亲王宴会上的讲话中也提到了"丝绸之路"："中国和阿富汗有着悠久而深厚的友谊，早在两千多年前就已经开始了密切的经济和文化往来。著名的'丝绸之路'，在一个相当长的历史时期内，一直是我们两国人民友好关系的标志。"

正是由于政府层面在对外友好交往中使用了"丝绸之路"，这一术语遂为社会大众和学界所熟知，并逐渐传播开来。

"丝绸之路"是一个历史学命题，其研究者也主要集中在史学领域。早期的"丝绸之路"被纳入"中西交通史"或"中外关系史"的范畴之中。当然，开始时使用的称谓是"丝路"而不是"丝绸之路"。史学界较早使用"丝绸之路"一词的是新疆文物考古、历史研究工作者和研究新疆历史文物的学者。例如，新疆维吾尔自治区博物馆《吐鲁番县阿斯塔那——哈拉和卓古墓群清理简报》中谈道："我国自古被誉为'丝绸之国'，穿过我国新疆，通往西亚、欧洲的交通大道被称为'丝绸之路'。从出土的精美丝织物看来，确实是当之无愧的。这些丝织品的发现，为研究我国丝织工艺史提供了丰富的实物资料，也是研究中西交通史的珍贵资料……通过'丝绸之路'，中国人民同西亚、欧、非各国人民之间，建立了历史悠久的友谊。"在新疆维吾尔自治区博物馆《吐鲁番阿斯塔那363号墓发掘简报》中也出现了"丝绸之路"。阿斯塔那363号墓发现的文物，"对古代中西陆路交通'丝绸之路'的物质文化遗存及其他各个方面也提供了实物例证……古代我国的绢锦等丝织品，沿着这条'丝绸之路'源源由东方向西方输出，曾远达波斯、罗马。高昌正是位于这条'丝绸之路'的运输驿站上"。夏鼐在《吐鲁番新发现的古代丝绸》中也多次提到"丝绸之路"：新疆吐鲁番"是古代'丝绸之路'上的一个重要中间站"，"'丝绸之路'的兴旺，促进了高昌地区的繁荣"，高昌故城发现的"丝织物，生动地反映了当时这个'丝绸之路'中间站的繁荣景象"。

与此同时，1972年文物出版社出版了由新疆博物馆编著的《丝绸之路——汉唐织物》一书，这是我国第一本以"丝绸之路"命名的学术著作。此后不久，新疆人民出版社编辑了《新疆历史论文集》（征求意见稿），其中许多论文如章左声《论张骞的历史功绩》、王炳华《从出土文物看唐代以前新疆的政治、经济》、王仁康《汉唐时期新疆与内地的交通》都使用了"丝绸之路"一词，尤其是赵永复的《丝绸之路》一文，是目前所见最早以"丝绸之路"为题的史学研究论文。1979年5月由新疆社会科学院民族研究所编辑完成的《新疆简史》（第一册）也有"丝绸之路"相关表述。

这一阶段，"丝绸之路"一词在新疆研究中的广泛出现，是有一定历史原因的。20世纪60年代中后期至70年代末期，中苏关系处于不正常时期，包括新疆大学、新疆民族研究所在内的西北相关学术单位组织编写了《沙俄侵略中国西北边疆史》。与此同时，文物考古工作者也发表文章，从学术上声讨沙皇俄国对中国的侵略，如1971年底，郭沫若专门研究了新疆发现的两件古代写本，发表《卜天寿〈论语〉抄本后的诗词杂录》和《〈坎曼尔诗签〉试探》两文，以卜天寿和坎曼尔之口声讨了沙皇俄国。

历史学界一方面要研究中俄关系史，揭露沙皇俄国对我国的侵略；另一方面要研究新疆的历史、文物，强调中国与亚非拉各国源远流长的友好关系，从而出现了较多关于"丝绸之路"的论述。如夏鼐在《吐鲁番新发现的古代丝绸》一文结尾部分写道："这些古代丝绸说明了，通过著名的'丝绸之路'，我国人民和各国人民不仅互通有无，进行贸易，而且不断地互相学习，促进了文化交流；这对于进一步阐明我国人民和各国人民之间深远的友好关系，也有十分重要的意义。"

从1978年开始，"科学的春天"到来，各学科学术研究开始勃兴。在前一阶段的良好基础上，有关"丝绸之路"的研究如雨后春笋般出现。同时期的史学著作中，开始较多使用"丝绸之路"一词，如1979年出版的郭沫若主编的《中国史稿》、1979年出版的冯惠民《张骞通西域》、1980年出版的王治来《中亚史》等。高校教材也频繁使用"丝绸之路"。1979

年，朱绍侯主编的十院校《中国古代史》教材和刘泽华等主编的《中国古代史》教材中出现了"丝绸之路"一词。

到了20世纪80年代，以"丝绸之路"命名的著作逐渐增多，如"中国历史小丛书"之一的《丝绸之路》，杨建新、卢苇的《丝绸之路》，武伯纶的《传播友谊的丝绸之路》等。

史学界从"丝路"到"丝绸之路"的使用有一个演进过程，不论是学术论著、高校教材，还是通俗读物，主要限定在学术层面。但该词的使用也体现了史学"经世致用"的作用，它既与政府、行业界有所联系，又与时代的发展变化紧密结合，使"丝绸之路"扩展到整个文化界，成为社会大众熟知的词语。

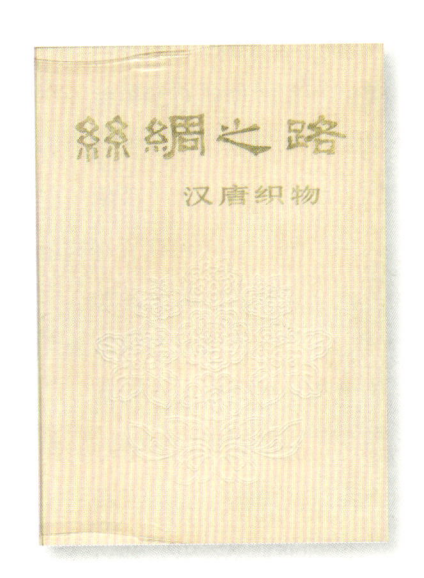

■ 新疆维吾尔自治区博物馆出土文物展览工作组编：《丝绸之路——汉唐织物》，北京：文物出版社，1972年。

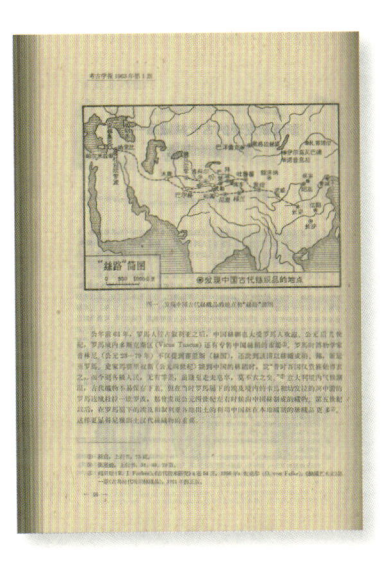

■ 夏鼐：《新疆新发现的古代丝织品：绮、锦和刺绣》，《考古学报》，1963年，第1期。

■ 1992年《丝绸之路》试刊号

第三节
从日本到欧洲

刘进宝

地处东方的日本,对"丝绸之路"关注较早,"日本学界对于汉文中国典籍的学习和掌握具有悠久传统,其熟悉程度优于西方汉学界,自明治维新以后,日本勃兴'脱亚入欧'思潮,学术研究亦极力追踪西方研究之法",日本学者很早就在东方学的潮流中,运用历史比较语言学研究"丝绸之路"。

1944年,赫尔曼的《中国和叙利亚间的古代丝绸之路》和斯文·赫定的《丝绸之路》两书的日译本出版,这是以"丝绸之路"为名的最早日译本。日本学者以"丝绸之路"命名的著作,最早的可能是1962年出版的长泽和俊的《丝绸之路》。随后,以"丝绸之路"命名的著作逐渐增多,如林良一《丝绸之路》(《シルクロード》,校仓书房,1962年),岩村忍《丝绸之路》(《シルクロード东西文化の溶炉》,日本放送出版协会,1966年),三杉隆敏《探索海上的丝绸之路》(《海のシルクロードを求めて》,创文社,1967年),护雅夫、别枝达夫《丝绸之路与香料之岛》(《绢の道と香料の岛》,文艺春秋社,1968年)等。这些著作均以知识性的介绍为主,在学术界的影响并不大。

但也正因为这些普及性读物的出版,"丝绸之路"在20世纪中后期,受到日本的广泛关注,从学术界到新闻界,乃至普通民众,对"丝绸之路"倾注了大量热情。日本作家、诗人和社会活动家井上靖自1957年起27次到访中国,创作了大量以丝绸之路为主题的小说作品,如《敦煌》《西域物语》《楼兰》《丝绸之路诗集》,其中《敦煌》被译成中文出版并由中日双方合作拍成电影。

1979年8月至1981年5月,日本广播协会(NHK)与中国中央电视台联合拍摄了大型电视纪录片《丝绸之路》,以古丝绸之路的重要地点为线索,按空间顺序排列,由东到西进行拍摄,以游记的形式追寻丝绸之路的历史。广袤无边的沙漠、戈壁滩中行进的驼队将历史古迹和自然风情融合在一起,展现了一幅幅厚重而又恢弘的丝绸之路画面。《丝绸之路》系列是NHK最具影响力的作品,至今保留着日本电视史上评价最高的纪录片的地位,同时还在38个国家传播。其中,艺术家喜多郎为纪录片创作了背景音乐《丝绸之路》,他针对分集中不同的需要,制作了符合当时情境的音乐,包括"丝绸之路""宋家皇朝""黑水河幻想""天地创造神""地平线""永远的路"等段,乐曲风靡全球,并一举成名。

日本学界虽然发起了"丝绸之路热",创办了《丝绸之路》学术月刊和《丝绸之路事典》,从学术上介绍和研究"丝绸之路",但认可"丝绸之路"这一称谓的却主要是社会大众,"丝绸之路"也成了广播和电视宣传的重要题材之一。自 20 世纪 60 年代以来，许多学者、作家、画家、摄影家到丝绸之路沿线旅行，有关新闻社还举办丝绸之路的报告会和讲座，这些都推动了丝绸之路的大众化。对于日本的"丝绸之路热"，长泽和俊有一段总结："这种倾向迄今仍在扩大，在书店，任何时候都摆着几册有关丝绸之路的书籍，各种各样的旅行社也在计划着各方面的'丝绸之路的旅行'。不仅如此，由于这一名称比较时髦，所以以书店、旅行社、饮食店为首，各种店名也开始盛行使用'丝绸之路'这一名称。"但日本学界认为，"丝绸之路"是一个通俗性的称呼，学术性不强，所以学者较少使用"丝绸之路"的概念，而是用"东西交涉史"或"东西交通史"的名称。

■ 安卡拉，平山郁夫绘

■ 帕特农，平山郁夫绘

■ 犍陀罗遗迹，平山郁夫绘

■ 印度教寺院遗迹，平山郁夫绘

而在欧洲，有关丝绸之路的著作继斯文·赫定之后就鲜有出版，直到法国学者吕斯·布尔努瓦的《丝绸之路》于1963年在法国巴黎出版，才算又走出了重要一步。但是，布尔努瓦的《丝绸之路》与斯文·赫定的《丝绸之路》完全不同，如果说斯文·赫定的《丝绸之路》主要是其"汽车考察"的记述和见闻，那么布尔努瓦的《丝绸之路》就是一部真正意义上的研究著作，它所论述的时间从公元前200多年持续到鸦片战争前夕，可以说是一部完整的"中西交通史"。

第四节
平山郁夫与丝绸之路

平山东子

　　平山郁夫是日本著名的画家、艺术家、社会活动家，1930年出生于广岛。1945年，15岁的平山郁夫成为广岛"原子弹事件"的幸存者。1952年，平山从东京美术学校（现为东京艺术大学，日本唯一的公立艺术大学）日本画科毕业。1959年，他以《佛教传来》在日本美术界崭露头角，其后相继以《入涅盘幻想》《大唐西域壁画》等佛教题材的画作，成为日本最顶尖的画家。此后他倡导和平的壮大世界观，采用静谧又充满幻想的画风，作为"丝绸之路画家"享誉全球。

　　在日本崭露头角之后，平山就开启了他的海外留学经历。他于1962年赴意大利学习，进行了东西方宗教艺术比较研究，是年32岁。1966年，平山首次参加东京艺术大学第一次中世纪东方遗迹学术考察，在土耳其临摹基督教修道院壁画，次年又在日本奈良法隆寺金堂临摹第三号壁上的观音菩萨立像，这些为他积累了丰富的经验。

　　从1968年起，平山对丝绸之路充满了向往，他开始进行相关旅行。由于当时的中国还没有对外开放，所以他就沿着玄奘去印度的路线走向阿富汗、哈萨克斯坦、乌兹别克斯坦、巴基斯坦等地。他于1970年和1971年去了伊朗、伊拉克、印度，1973年又参加由江上波夫率领、井上靖等人参加的亚历山大东征之路

■ 丝绸之路天空，平山郁夫绘

嘉峪关，平山郁夫绘

考察团，从阿富汗一直西行到土耳其。

1975年，平山终于实现了自己的愿望，进行了他对中国的首次访问。他到达了大同云冈、洛阳龙门，还有西安、西藏等地。在1979年9月，平山终于到达敦煌。如同唐玄奘在印度取到佛经一样，平山在敦煌的唐代壁画中也找到了日本艺术的源头。从此，平山就一直以丝绸之路为题进行创作，因此被称为"丝绸之路画家"，深受世界艺术界的敬仰。而他最为重要的丝绸之路作品，是2000年在奈良药师寺三藏院伽蓝内完成的《大唐西域壁画》。

1962年起，他访问了位于意大利罗马的文化遗产修复研究所，后来又与位于阿姆斯特丹的荷兰国立博物馆亚洲艺术部商谈。平山开始思考丝绸之路上的文化遗产保护事业，提出了"世界文物红十字组织"的构想，用超越国界、民族、宗教和意识形态的"红十字"精神来抢救濒危的人类文化遗产。由于中国是佛教艺术的宝库，特别是甘肃敦煌壁画的保护有重要意义，他于1979年见到了常书鸿所长，并就敦煌壁画保护问题与常书鸿和段文杰几位所长进行交流，终于在敦煌研究院建成了敦煌石窟保护研究陈列展示中心。该中心于1996年开放，直到现在都是敦煌研究院展示敦煌艺术的重要场所。

除了中国，平山也在世界各地建立了大量的文物保护机构，来保护日本及亚洲古代艺术品，如在美国的弗利尔美术馆、芝加哥美术馆，英国的大英博物馆，法国的吉美博物馆，爱尔兰的凯勒朗利博物馆，荷兰阿姆斯特丹的国立博物馆等。此外，平山先生还一直资助丝绸之路青年学者的学习和成长。1990年联合国教科文组织进行五次丝绸之路考察时，平山先生资助了其中的青年学者参与考察，在敦煌研究院也资助了大量年轻学者赴日本留学进修，以学习文物保护、考古、美术等。

在参观、游历、临摹、写生丝绸之路沿线各地的同时，平山也开启了自己的收藏历程。进入20世纪80年代以后，平山夫妇二人能接触到的古代美术品和考古资料越来越多，因此他于1988年在镰仓设立了丝绸之路研究所，方便海内外的丝绸之路学者和美术行业人士进行资料的汇集和租借，为他们提供学术支持和协助。之后，平山先生得知世界各地的战乱地区有许多文物被盗或遭到掠夺，他就以个人的资金重新购回。最终所有藏品于2004年捐赠给平山郁夫丝绸之路美术馆。藏品以犍陀罗佛像、货币为代表，包括雕刻、绘画、金属加工品、玻璃器具、染织品、饰品、书籍等在内，共计一万多件，涵盖了丝绸之路相关的几乎所有领域、地区和时代。美术馆的馆长就由平山先生的妻子平山美知子和他女儿平山东子担任。

平山郁夫逝世于2009年，"取之丝绸之路，献给丝绸之路"不仅是他对自己的评价，更是其一生的写照。

平山郁夫生平年表

1930年6月15日	生于广岛县。
1945年	15岁的平山郁夫成为广岛"原子弹事件"的幸存者。
1952年	东京美术学校日本画科毕业（现东京艺术大学）。
1975年起	频繁访华和举办个人画展。
1984年	任日中文化交流协会副会长。
1986年	被中国中央美术学院聘为名誉教授。
1988年	任联合国教科文组织亲善大使，主要负责抢救世界文化遗产方面的工作。
1989年	任东京艺术大学第6任校长。
1990年	捐赠100万美元设立联合国教科文组织"丝绸之路基金"，资助敦煌学研究。
1992年	他被选为日中友好协会第4任会长。
1994年	捐赠2亿日元，成立中国敦煌石窟保护研究基金会。
1998年	被授予日本文化勋章。
2002年	被中国政府授予"文化交流贡献奖"。
2008年	平山郁夫就任日中友协名誉会长，继续从事日中友好活动。
2009年12月2日凌晨	因脑梗塞在东京去世，享年79岁。

第九章
UNESCO 的五次考察

丝绸之路，穿越陆地和海洋，狭义上讲是商业之路，这是从商贸的角度论；但在广义上看，则是传播和社会交流。这些古老的道路，穿过时间的薄雾，可上溯至三千年前，不仅输送过昂贵的货物，如丝绸、瓷器和香料，还承载过同样珍贵的非物质文化成果（intangible cultural products），如思想、神话和传说。这些有关早期的细微线程编织起人们日益复杂的交流网络，联结着我们自身的世界，并提供了如此令人惊叹的见证。因此，教科文组织给予这个项目的名称便是："丝绸之路：对话之路"（The Silk Roads: Roads of Dialogue）。

联合国教科文组织总干事
费德里科·马约尔（Federico Mayor）

第一节
对话之路:"丝绸之路"作为一种方法

巴莫曲布嫫

二十世纪八十至九十年代,联合国教科文组织以传统概念上的"丝绸之路"为起点,围绕"文化间对话"(intercultural dialogue)这一主题展开部门间行动,先后在其主管的教育、科学、文化、信息和传播领域组织跨学科智力资源,推动"对话之路"系列项目[1]。这一行动在联合国系统内外的国际社会和世界许多国家之间,成为促进文化多样性和建设人类持久和平的实践范式,值得钩沉稽索。

二十世纪五十年代,教科文组织实施了一项为期十年的强化方案——"东西方文化价值相互欣赏重大项目(1956—1965)",这一方案旨在应对整个世界有关东西方文化价值观之间的知识和认识的失衡,进而通过教育、科学、文化和传播领域的国际合作,促进不同文明、不同文化及各国人民之间的相互了解(MAPA/2AC/4)。1976年8月,教科文组织大会第十九届会议通过了1977—1982年中期战略(19 C/4 Approved)[2],其中已明确提出"文化间对话"和人类社会的发展问题。为推进该战略的实施,教科文组织还专门编印了《文化间研究导引:阐明和促进文化间交流的项目纲要》[3],并通过其文件系统向成员国分发。因此,该组织从文化政策研究层面致力于文化间对话的努力,通常被认为自1976年开始。

1986年12月,联合国大会通过了《世界文化发展十年行动计划1988—1997》(以下简称"十年行动"),其四个主要目标定位于:认识发展的文化维度,肯定并充实文化认同,扩大文化参与,以及促进国际文化交流(A/RES/41/187)。该计划于1988—1997年实施,在联合国系统中由教科文组织担纲牵头机构,下设一系列社会科学研究项目,其中就包括"丝绸之路整体研究:对话之路"。教科文组织在"十年行动"框架下实施的一整套文化间对话方案,特别纳入了以陆上丝绸之路和海上丝绸之路为双重导引的"文化道/路模型"(the modality of cultural roads/routes),为其后渐次展开的"对话之路"系列项目奠定了观念基石。

---

[1] UNESCO. Routes of Dialouge. http://www.unesco.org/new/en/culture/themes/dialogue/routes-of-dialogue/, 2018-10-02.

[2] UNESCO. Thinking Ahead: UNESCO and the Challenges of Today and Tomorrow[M]. Paris: UNESCO, 1977.

[3] UNESCO. Introduction to intercultural studies: Outline of a project for elucidating and promoting communication between cultures, 1976-1980[R]. Paris: UNESCO, 1983: 5.

"丝绸之路整体研究：对话之路（1988—1997）"项目（以下简称"丝路项目"）有双重目标。其一是学术和科学。尽管此前丝绸之路一直是考古学家、历史学家、地理学家、民族学家、社会学家和语言学家的研究对象，但直到当年尚未对这一浩瀚绵长的人类历史宝库开展过全面、系统的跨学科调查。而实施这样的研究无疑超出了任何个人乃至国家机构的能力。面对这一艰巨的任务，唯有组织和促进必要的国际合作，调动所需的大量资源，并需要国际组织的参与。正是教科文组织对这一需求做出了回应。其二在于促进世界各国人民之间的对话和理解，彰显丝绸之路的历史纽带作用。作为联合国系统"十年行动"的一个重大项目，该项目还有助于实现国际文化合作的目标。

在"丝路项目"的实施过程中，先后有来自包括中国在内的四十多个国家、两千多位专业人员参与其间，并从不同角度为丝绸之路的整体研究提供智力支持，组织了一系列项目和活动，成绩斐然。通过下面的一组数字，我们或许能够更为直观地了解"丝路项目"在十年间取得的丰硕成果及其背后的运作方式和基本思路：（1）5次国际科学考察：从1990年至1995年先后展开，依次是从西安到喀什的"沙漠丝绸之路"，从威尼斯到大阪的"海上丝绸之路"，中亚的"草原丝绸之路"，蒙古的"游牧之路"，以及尼泊尔的"佛教之路"。这些考察旨在通过重新发现丝绸之路文化交流的特殊活力，重建和更新相关区域和次区域的人文环境。来自47个国家的227位专家，加上地方学者，还有上百名世界各地的媒体代表参与了5次考察。（2）43场学术研讨会：在科学考察各个阶段组织了26次研讨会，在项目实施过程中或在"十年行动"的框架下举办了17次研讨会；共有27个成员国参与主办，总共宣读的论文超过700篇[①]。（3）5个研究项目：与科学考察同步展开，包括丝绸之路的语言和文字研究、驿站和邮政系统研究与保护、中亚岩画的留存与研究、利用遥感技术研究考古遗址以及沿丝绸之路的史诗。（4）6个研究中心和关联机构：考察活动本身带动沿线几个国家建立了研究机构或国际机构，包括海上丝绸之路研究中心（中国福州），丝绸之路研究中心（日本奈良），国际游牧文明研究所（蒙古国乌兰巴托），佛教信息与研究中心（斯里兰卡科伦坡），国际中亚研究所（乌兹别克斯坦撒马尔罕），以及国际文明比较研究所（巴基斯坦塔克西拉）。（5）"平山奖学金项目"：每年为丝绸之路研究领域设立10个奖学金名额，共有来自38个国家的90位学者受益。（6）68种出版物：由教科文组织或由该项目直接产出的学术成果，包括教科文组织出版物10种，研讨会论文集

① UNESCO. "Achivements of the Silk Roads Project." [A]//Integral study of the Silk Roads: roads of dialogue-a UNESCO intercultural project[R]. Paris:UNESCO, 1997:32.

② 同上

19 种，关联项目成果 22 种，其他成果 17 种。（7）若干音像资料：纪录片电影 4 部，视频 2 种，CD 音乐 2 种；国家电视台纪录片 41 种；影像资料约有 400 小时的胶片，还有难以计数的照片和幻灯片；见于各种报刊的文章超过 400 篇；还有未作统计的电台节目、展览（教科文组织总部和成员国）、海报及校园墙画。②

通过科学考察、建立机构、学术研讨、出版著述、开设展览、提供奖学金，以及新闻媒体集中推介等方式，"丝路项目"不但积累了数量可观的调查研究成果，还开创了多线并进的"国家—次区域—区域—国际"合作模式，直接或间接受益的人群超过百万，影响扩及全球。尽管"丝路项目"的双重目标集中体现在科学考察活动中，但这也构成其项目设计的主要特征和创新之处：一方面运用多学科方法，对科学、技术和文化沿着丝路通道在东西方之间发生的交流进行长时段的现场调研，以促进国际和国家层面的进一步研究，为文化研究和反思人类文明进程做出重大贡献；另一方面，通过大量的活动、展览、出版，以及广泛的媒体报道，吸引成员国的参与和广大公众的关注。媒体的参与，尤其是实地考察和报道，使该项目引人注目，重新唤起人们对丝绸之路的兴趣，并有许多国家要求再度开放这些古老的通路，尤其是开展文化旅游活动。回看"丝路项目"在

■ *Unesco Sources*，1990 年 9 月刊，总第 18 期。

这十年间取得的成就，在理论和方法论层面，以及在具体操作方面，都可以总结大量成功经验。就学术研究建设经验而言，至少有如下数点：以科学和学术作为牵引，从一开始就较好地消减了由于社会制度、学术传统、文化立场等的不同而可能出现的不同国家和地区的参与者之间发生颉颃的风险；以科学和学术作为前导，也容易推动各国政府和民众以不同的方式参与其间，发挥各自的能动作用。这种从不同端口发动、从不同层面同时推进计划的工作路线，较为容易形成互动和协作，达成最初设定的目标。而广泛的学者和机构网络则有助于确保这一合作机制在后续行动中继续保持良好态势。

"夫道古者稽之今，言远者合之近。"绵延千年的丝绸之路及其所承载的人类移徙史迹、文化多样性和文化创造力，俨然是今天无与伦比的对话资源。那些具有深刻意涵的"道路"或"路线"，在"丝路项目"的实际进程中或被当作"文化间对话的方法或路径"（the roads and routes approach to intercultural dialogue）本身，或被视为"文化间对话的观念基石"（the base of ideas for intercultural dialogue），或被确定为"文化道

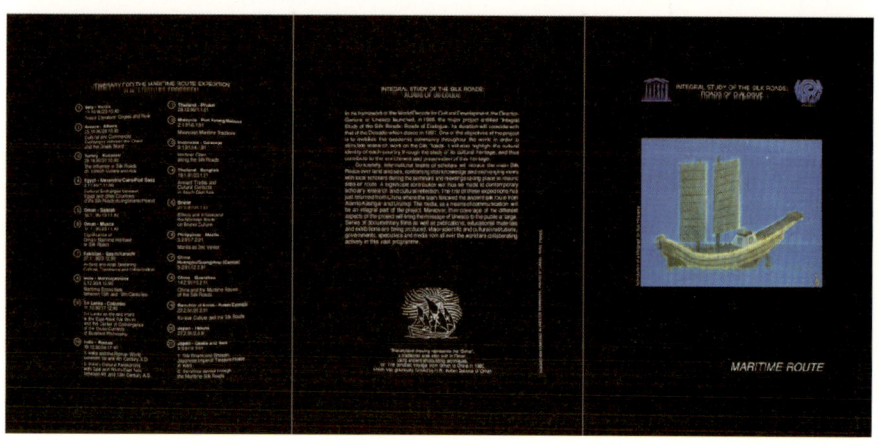

■ 刘迎胜参加海丝考察后收藏的资料

路和线路的模型"（the modality of cultural roads and routes）；而多向探究世界各国人民的"相遇"便直接促成了有关"文化间接触""文化间交流"及"文化间对话"的深刻认识和积极反思。尤其重要的是，推广"共同遗产与多重认同"的理念（the concept of "common heritage and plural identity"）[①]，则是教科文组织当时致力于开展文化间对话的导向性方针。正是设计者和执行者的良苦用心与诗意表达让古远而陌生的丝绸之路变得亲切和熟悉，那一条条亘古苍茫的陆路和水路也转换为人人皆可从自身的行走和与他者的遇见去感悟和观想的"对话之路"。在"丝路项目"的精心演证中，"丝绸之路"作为"对话之路"，赋予了人类最宝贵的共同遗产，即一种理念、一种胸怀。

[①] UNESCO. Integral Study of the Silk Roads: Roads of Dialogue, 1988–1997 [EB/OL]. http://unesdoc.unesco.org/images/0015/001591/159189E.pdf，[2018-10-03]

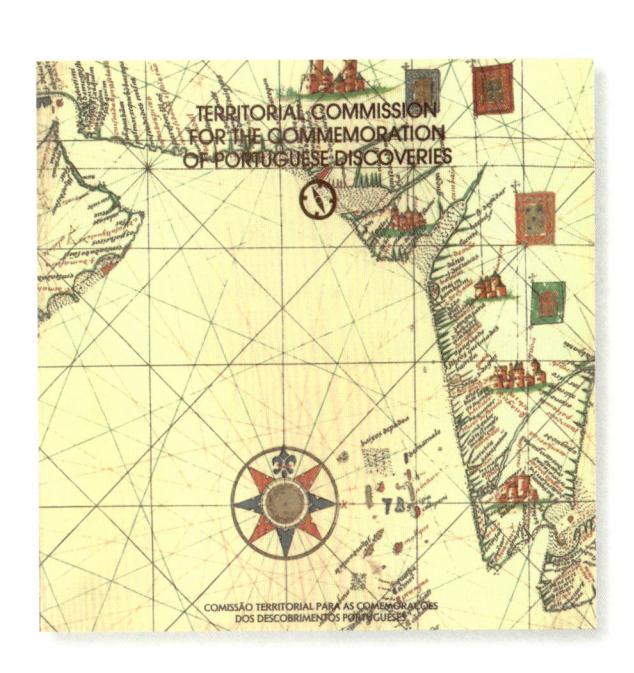

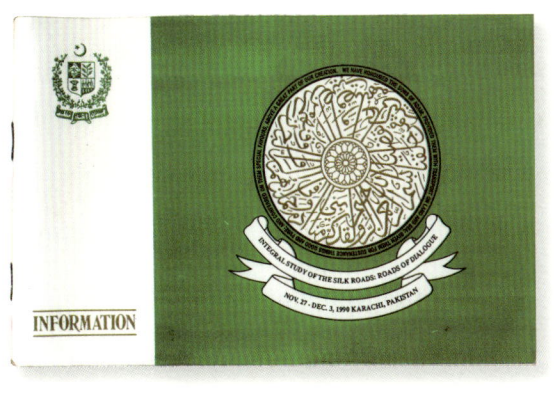

■ 刘迎胜参加海丝考察后收藏的资料

第二节
从西安到喀什的沙漠丝绸之路

徐苹芳　丹　尼（Ahmad Hasan Dani）

对丝绸之路的综合研究，需要由来自不同国家、不同专业的学者组成的研究小组，沿着丝绸之路的整个路线，获取有关国家的第一手资料。联合国教科文组织也认识到扩展人类知识的必要性，因此提出了"丝绸之路综合研究"的概念。这引领了东西方学者之间的对话。这种对话必然会成为理解人类文明创造不同的途径。为了发现这些新的学习方式，有必要由一个多学科性质的国际学者小组进行一次新的考察，与各国当地的学者密切合作，通过媒体传播新闻和观点，以供更广泛的公众使用。这次在中国境内的沙漠路线考察是在当地中国学者的帮助下进行的一次实况调查，目的不仅是为了拓宽人类对中国历史和文明的了解，也是为了拓宽人们交流概念、思想、哲学、技术和科技的途径。科学和宗教存在于东西方的各个时代，在丝绸之路的整体研究中具有象征意义；它

们是如何通过历史进程延续到现今时代，以及它们将如何为了人类的利益而在未来继续发展变化。

这次国际性考察集结了多个学科的方法，目的是在东西方学者和机构之间展开对话并建立长期联系。此次考察不是只限于陕西西安到新疆喀什这一联系国内中部和西部地区，而是根据当今世界的学术成果重新评估新发现的材料，并进一步进行国际协作和合作，以在今后的研究中调查那些仍然掩埋在未知之中的事物。保存这些材料与发现这些材料同样重要，在这方面需要迄今为止所有的技术援助，同时，这些研究有必要在适当的当地环境和人类社会发展的背景之下进行。毕竟，文明是人类社会赖以生存的土壤。因此，探险也关注社会的性质以及社会如何利用土地资源的问题。人类学家和国际研究小组的经济学家正是为了发现人类生活过程的连续性，才提出了他们的问题，希望能联系过去与现在，以及探索这些传统在未来将如何变化。总的来说，这次考察达成了主要目标，可以说是一次巨大的成功，因为参加国际考察队的每个学者都有了一些新发现，并为今后的研究搭建了桥梁。

考察队的成果大致可归为两类。

一、考察过程。实际旅行，认识有关地区的景观和自然环境；参观遗址、纪念碑和博物馆；通过在村庄、住宅、集市和文化活动中与人们会面，观察社会经济状况和历史

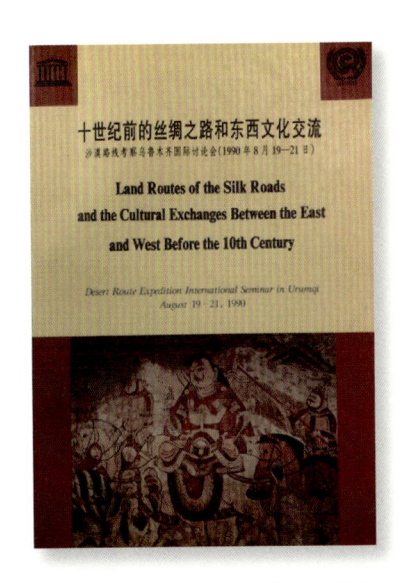

■ 联合国教科文组织、中国社会科学院考古研究所编：《十世纪前的丝绸之路和东西文化交流——沙漠路线考察乌鲁木齐国际讨论会（1990年8月19—21日）》，北京：新世界出版社，1996年。

■ 左一陕西省官员、左二联合国教科文组织丝绸之路项目总协调员迪安博士（D. Diene），左四巴基斯坦著名考古学家、沙漠路线考察科学领队丹尼教授（A. H. Dani），左七中国教科文全委会副秘书长贾学谦，左八伊朗历史学家哈马庸（T. Homayoun），右一前苏联考古学家胡德雅科夫教授（S. Hudyakov）

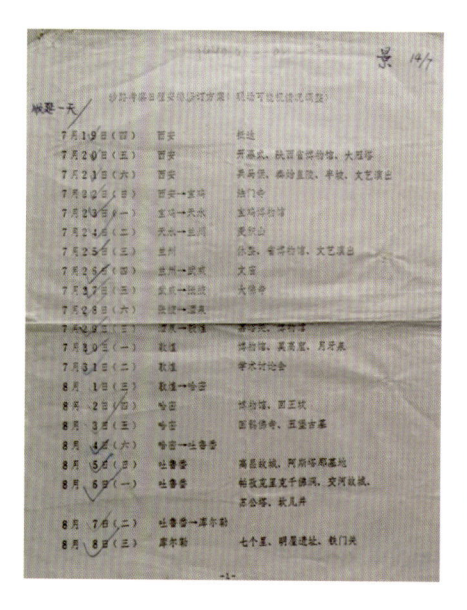

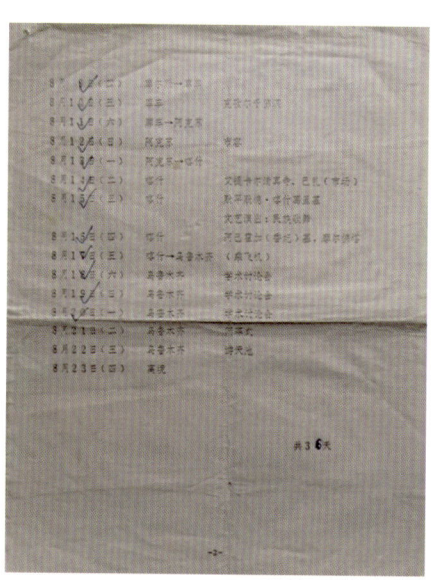

沙漠丝绸之路考察日程安排表

传统；参加宗教活动和仪式，如在农场、娱乐场所和其他公共场所举行的仪式。

1. 陕西省境内：陕西省历史博物馆，西安凤凰刺绣厂，兵马俑遗址，秦始皇陵，临潼县博物馆，汤泉宫的华清池，半坡新石器时代村落遗址，大雁塔，乾陵，西安清真寺、碑林、茂陵和茂陵博物馆、法门寺，以及邵辰（周田）村的博物馆，内藏有周聚落遗址的出土文物。

2. 甘肃：麦积山石窟、甘肃省博物馆、兰州的清真寺和市场、河西走廊和祁连山以北、蒙古沙漠以南的狭长通道，武威市孔庙。

3. 新疆：哈密——五堡古墓

参观哈密市副市长的私人宅邸；了解穆斯林的社交生活。

参观哈密市老穆斯林统治者的王室墓地、伊德加清真寺和哈兹拉·盖斯墓，并参观该市一座古老的贾米清真寺。

参观哈密市博物馆。

参观市场，与当地人民交流。

参观鄯善县，采样当地维吾尔族人由充沛的天山水浇灌而成的食物、水果和农产品。

参观曾为唐朝省会级城市的高昌市，了解城中的寺庙和其他遗迹。

参观阿斯塔那古墓群并了解其内部的壁画。

参观吐鲁番市场。

参观留存于吐鲁番的清真寺并与维吾尔族穆斯林会面。

参观苏公塔及其附属的清真寺。

参观火焰山和别兹克尔克山洞，并考察尚存的壁画。

沙漠路线考察启程纪念证书

参观分成两块的交河遗址：北半部的佛教寺院和南部的住宅区。

参观吐鲁番博物馆，内有一些新型的彩绘壶和两个典型的犍陀罗服饰的小佛像。博物馆的上层陈列着新出土的木乃伊，所有的毛发、血肉和骨骼都保存完好。

体验葡萄沟的聚会，坐在地毯上品尝典型的维吾尔风格食物。

参观当地村庄和私人住宅，与一个典型的维吾尔族家族成员交谈。

绕行因天山山脉的巨大水压而正在下沉的焉耆古城，并参观博斯腾湖。

参观七星石窟，欣赏壁画，随后参观距离焉耆古城不远的一处泉边佛教寺院。

参观铁门关和孔雀河谷，孔雀河实际上发源于博斯腾湖，在蜿蜒流经丘陵地形后，与罗布泊会合。

参观库尔勒博物馆，对公元前1000年至公元前500年轮台出土的墓葬材料进行了考证，发现有两处或多处墓葬可能属于乌孙部落。

在库尔勒体验蒙古生活，欣赏蒙古首府的舞蹈和音乐表演。

绕过轮台到达龟兹，参观文化事务局，考证洞窟壁画的复制品。

参观苏巴什的佛教遗址，考察古建筑群。

参观在龟兹因最近收到政府拨款而得到修复的贾米清真寺。

参观距龟兹约75千米的克孜勒洞穴，并考察壁画；参观克孜勒加哈洞穴。

在阿克苏参观多兰植物园，参观百货商场并与阿克苏新区人民交流。

在阿克苏观看维吾尔族婚礼。

参观阿克苏近郊农田。

参观距离阿克苏不远的塔克拉玛干沙漠，体验骆驼骑行，品尝烧烤晚餐。

参观喀什的伊德加清真寺，与伊玛目交谈；参加由队伍中的穆斯林成员在清真寺进行的星期五祷告。

参观卡西工坊和乐器制作厂。

沙漠路线考察新闻媒体总协调员、外交部国际司参赞郑韵女士和中国教科文全委会官员景峰

参观喀什幼儿园，考察孩子活动；在老城区的街道和屋宅中巡游。

参观在阿图斯的第一位信奉伊斯兰教的佛教喀喇汗领袖萨图克·布格拉汗（Satuk Bughra Khan）墓，体验柯尔克孜人的生活。

参观距喀什约45千米的武古村的喀什玛木墓。

参观墓葬群。

参观喀什市场并与当地人民交流。

参观距离喀什40千米左右的莫拉佛教遗址。

参观当地村庄的维吾尔族农民自建房屋。

参观11世纪的伟大诗人Yusuf Has Haji墓。

参观乌鲁木齐博物馆。

参观哈萨克游牧部落，体验帐篷生活。

二、学术研讨

在敦煌和乌鲁木齐举行了两次国际研讨会，并在旅途中的不同地点举行了12次学术会议。事先发出两次研讨会的通知，因此组织得很顺利，有诸多学者出席并提交准备好的论文。而学术会议的性质与研讨会不同，学术会议在需要时举行，评估旅行的经验，为下一段行程作计划，听取一位或多位专家关于一个问题的意见，更新关于探险活动主题的信息，最后提出问题并开展讨论，以实现探险的目的。具体如下：

B（1）学术会议

第一次学术会议于1990年7月20日下午举行，学者们在会上进行自我介绍，并就各自研究的专门领域发言。当地的中国学者谈到了最近在陕

■ 左起：郭旃、安家瑶、宿白、徐苹芳、吉埃斯（Jacques Gies，法国）、柳洪亮

■ 左起：林梅村、安家瑶、徐苹芳、汝信、俞伟超、李健超

■ 土耳其历史学家迪亚伯克利（N. Digarbekerli）和巴基斯坦考古学家达尼（A. H. Dani）

■ 左起：丝绸之路项目总协调员迪安博士（D. Diene）、UNESCO官员莫里诺女士（I. Moreno）、UNESCO副总干事沙曼（C. Sharma）和中国教科文全委会官员景峰在新疆天池。

西省的工作。

第二次学术会议于1990年7月20日晚餐后举行，徐苹芳教授邀请了10位当地学者参加，刘庆柱先生介绍了西安的历史和考古情况。

第三次学术会议于1990年7月22日晚餐后举行，讨论了博物馆内藏品的拍照和研究程序。成员们提议由吉美博物馆的Jacques Gies先生挑选拍摄物件。

第四次学术会议于1990年7月23日晚上举行，Jacques Gies先生在会上强调了法门博物馆中祭祀材料的重要性。随后，西北大学李建超教授介绍了宝鸡及其地理和地质情况。

第五次学术会议于1990年7月26日下午5点举行，讨论了大地湾文化，特别是彩陶传统的相关材料。

第六次学术会议于1990年7月27日晚餐后举行，对话围绕河西走廊的重要性和外国学者在研究中面临的困难展开，中国学者坚持要在国家法律法规的范围内限制遗址研究。这是第一次允许外国学者由公路穿越河西走廊。

第七次学术会议于1990年8月1日晚在兰州举行，中国长城研究会会长吴礽襄教授在会上讲述了甘肃丝绸之路的历史，甘肃省博物馆馆长张朋川先生补充了谈话内容。各方就敦煌研究方面的合作进行了讨论。

第八次学术会议于1990年8月5日举行，Gundar Frank教授和Shamir Amin博士在会上发表了他们对世界经济秩序的看法。

第九次学术会议于1990年8月6日举行，会上就Gundar Frank教授和Shamir Amin博士的发言进行讨论。

第十次学术会议于1990年8月11日举行，北京大学宿白教授就克孜尔和克孜尔迦哈洞穴壁画作了专题报告。

第十一次学术会议于1990年8月15日召开，乌鲁木齐市考古研究所王明哲教授汇报了新疆考古新发现。

第十二次学术会议于 1990 年 8 月 17 日举行，土耳其的 Togan 教授和韩国的金博士就新疆的伊斯兰化和哈密穆斯林统治者的历史发表了看法。

B（2）敦煌研讨会

1. 中国科学院地理科学与资源研究所张青松教授主讲"敦煌石窟环境概论"；

2. 敦煌研究院院长段文杰教授主讲"莫高窟的艺术"；

3. 敦煌研究院信息部资料中心主任史苇湘教授主讲"敦煌的历史"；

4. 哥本哈根大学讲师、研究员 H. Sorensen 博士主讲"唐朝与五代十国时期时的敦煌佛教观"；

5. 吉美博物馆的 Jacques Giess 教授主讲"预测命运，一例佛教的历史决定论"；

6. 伦敦大学亚非学院的 Christie Paula 女士主讲"敦煌飞天的起源和发展"。

在结束时，研讨会主席 A. H. Dani 教授以幻灯片的形式展示了一些来自吉尔吉特地区的佛教石刻，这些石刻曾影响敦煌艺术。所有的论文都试图阐明敦煌历史和艺术的某些方面。尽管敦煌研究院在保护和推广敦煌研究方面的工作可圈可点，但学者们仍然认为有必要在世界范围内开展保护敦煌的运动，并加深国际合作以实现进一步研究。

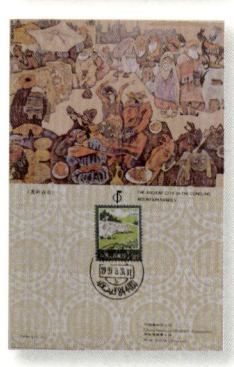

■ 沙漠丝绸之路考察的邮政纪念封

■ 刘文敏：《丝绸之路——通向中亚的历史古道》，中国三峡出版社，1993 年。

B(3)乌鲁木齐举办的国际研讨会 1990 年 8 月 19 日—21 日

研讨会共发表论文 42 篇。这些论文可归为以下七类：

1. 地理；2. 路网；3. 与西亚和南亚的文化交流；4. 对东方的影响；5. 新疆考古学及历史；6. 艺术与建筑；7. 文字与语言。

美国教授 R. B. Stamps 主讲的"变革中的连续性：保持文化特性"，展示了一张记录民族文化群体变量的图表。埃及的 Shamir Amin 博士试图将丝绸之路与世界经济体系联系起来。A. G. Frank 博士则对这一联系进行了五千年的追溯，强调了"中亚的中心地位"。林志纯教授等发表了关于丝绸之路的历史和路径变迁的论文，从论文中可以明显看出，路线网要比通常想象的复杂得多。丝绸之路向东北、东、东南的延伸段也得到了应有的重视。东西方文化交流十分重要，尤其是新疆在东西方文化交流中的作用和同周边国家的关系尤为重要。宿白教授、T. O. Hollmann、N. Diyarbakirli 和 T. Higuchi 详细介绍了这些路线上的贸易情况。根据考古证据，他们列举了如进出口、技术流通以及艺术家和学者的移动等例子。有两篇关于中国南方地区的环境、地质构造等方面的论文，考察了荒漠化问题。部分学者讨论了佛教、佛教艺术、景教和摩尼教的问题。Naser Takil Humayun 博士就丝绸之路沿线的伊朗和中国之间的文化关系发表了演讲。

总的来说，这次研讨会充分展示了中国丝绸之路的历史、艺术和考古方面的研究成果。会议还强调了文化和贸易交流。Ahmad H. Dani 教授和徐苹芳教授为研讨会作了总结。综上所述，沿途遗址和博物馆的考察、学术会议以及两次研讨会使探索取得了丰硕成果。

■ 李希光：《找回中国昨日辉煌》，国际文化出版公司，1996 年。

■ 贾学谦：《驼铃与古船：UNESCO 国际丝路考察纪实》，教育科学出版社，2004 年。

第三节
威尼斯到日本的海上丝绸之路

刘迎胜

教科文组织的丝绸之路第二次考察是对海上丝绸之路的考察，1990年10月23日从意大利威尼斯启航，直到1992年到日本大阪止。中国学者刘迎胜、俞伟超、陈达生等参与此次考察，其中历时最久的是刘迎胜。

一、海上丝绸之路的考察

海上丝绸之路的考察共计142天。分为4个阶段。

第一阶段：1990年10月23日自意大利威尼斯启程，纵穿位于意大利和南斯拉夫、阿尔巴尼亚之间的亚德里亚海，过奥斯特朗托海峡，绕伯罗奔尼撒半岛，抵雅典。渡爱琴海前往土耳其库萨达斯（Kusadasi）港，进入亚洲。再向南过东地中海，到埃及的古城亚历山大，进入非洲。考察船取道苏伊士运河，而考察队员则登岸，经尼罗河谷以西沙漠至开罗，再折向东，至位于红海与苏伊士运河相接处的苏伊士城登船，驶出亚、非两洲的界海红海后，向东沿阿拉伯半岛南岸航行，至阿曼佐法尔省首府萨拉莱（Salalah），重新进入亚洲；复东行，至阿拉伯半岛东南端后向北行至阿曼首都马斯喀特。第一阶段考察历意大利、希腊、土耳其、埃及和阿曼五国，穿越欧、亚、非三大洲，从大西洋水系进入印度洋水系，历时33天。考察队学术领队为瑞士籍英国女经济学家、记者格拉兹（Liesl Graz），副领队为印度尼西亚科学院历史学教授拉披颜（Adrian B. Lapian）。

第二阶段：1990年11月15日从马斯喀特出发，渡阿拉伯海北端波斯湾湾口，沿巴基斯坦俾路支斯坦省海岸航行，抵巴基斯坦首都卡拉奇以东40千米处的卡希姆港（Port Qasim），进入南亚次大陆。考察船复沿阿拉伯海东岸航行，

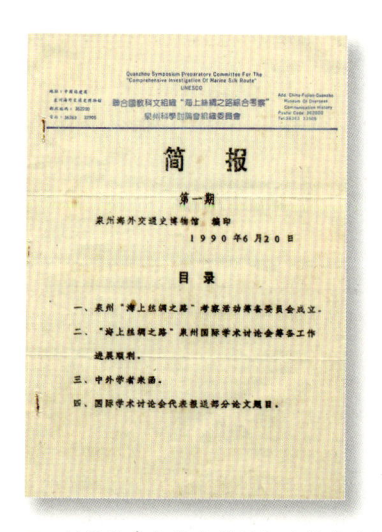

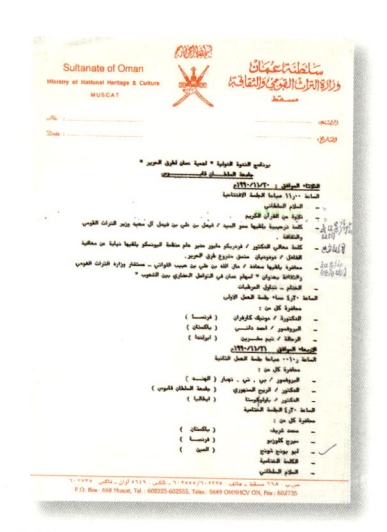

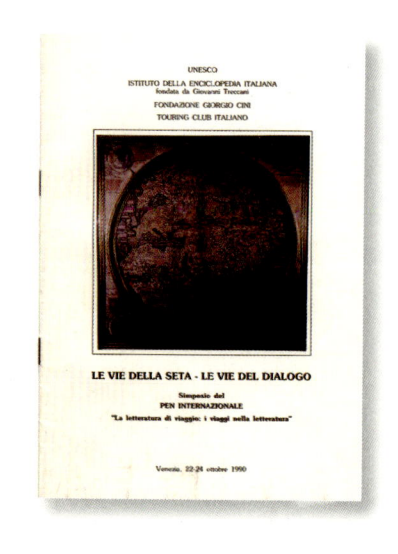

■ 刘迎胜参加海上丝绸之路考察的相关资料

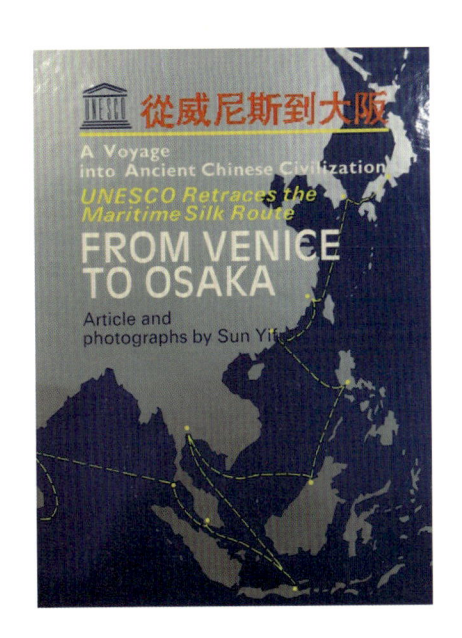

■ 孙毅夫编著摄影，《从威尼斯到大阪：一次发现中国古代文明的航行，联合国教科文组织的海上丝绸之路考察》，1992年

■ 考察队在雅典的露天剧场

至前葡属殖民地印度的果阿。继续向南，到斯里兰卡首都科伦坡；向南绕锡兰岛半周，再北上进入孟加拉湾，抵印度泰米尔那度州（Tamil Nadu）首府马德拉斯。第二阶段考察历巴基斯坦、印度、斯里兰卡三国，从阿拉伯海进入孟加拉湾，全部在印度洋水系中航行，历时30天。自马斯喀特至科伦坡学术领队为印度尼西亚教授拉披颜，副领队为刘迎胜。从科伦坡起由刘迎胜担任正领队，斯里兰卡考古学会主席普来马梯勒克（P. L. Prematilleke）教授增补为副领队。

第三阶段：1990年12月24日从马德拉斯东行，横越孟加拉湾，至安达曼群岛（我国明代称为安得蛮山），进入安达曼海。继续东行，抵泰国南部的普吉岛，东南行至马来西亚的巴生港（Port Klang），穿马六甲海峡，进入太平洋，因航道水浅，考察船先向东进入南海，再沿加里曼丹岛西侧驶向爪哇东部。穿过赤道，进入南半球，抵印度尼西亚东爪哇省首府苏腊巴亚（Surabaya），当地华人称之为泗水，即我国明代史籍中之"苏儿马尼"。考察船从泗水起锚，在南太平洋中向北航行，再过赤道重新进入北半球，于加里曼丹岛与马来半岛之间重新穿越南海，抵位于暹罗湾边的泰国首都曼谷。第三阶段考察加泰国、马来西亚、印度尼西亚三国，从印度洋进入太平洋，历时30天。学术领队为斯里兰卡教授普来马梯勒克，副领队为日本东京大学南亚史教授辛岛升。

第四阶段：1991年1月23日，考察船自曼谷起锚，第三次进入南海，抵文莱，泊毛文腊（Mauara）港。复启程经过巴拉望群岛，棉兰老岛等菲属诸岛后抵马尼拉。结束在菲律宾的考察后，考察船于2月9日驶入广州黄埔港。中国社会科学院的李德金研究员和青年学者余永炳接替了我们。考察船继续驶往泉州、韩国釜山、日本博多湾和大阪。本阶段学术领队为土耳其安卡拉大学东方语文系主任欧钢（Pulat Otkan）教授，副领队为巴基斯坦考古与博物馆部学者法鲁赫（Abdul Aziz Farooq）。

二、学术讨论会、考察与船上之活动

考察主要是实地踏勘古遗址、参观博物馆

土耳其古城埃菲斯的剧场

阿曼塞拉雷郊外的清真寺遗址

印度南部泰米尔地区的马哈巴利普兰

和观看文化遗产展示。除此以外，在考察船沿途停靠国家所组织学术讨论会。在四个月中我参加了16个讨论会。现分别简要介绍如下：

1. 威尼斯讨论会，1991年10月22日至10月24日于"契尼基基基金会"举行，主题：游记文学——起源及作用。由国际笔会主办。提交讨论会的共有18篇报告，作家是主角。考察队员们并没有参加全部讨论。他们的作品中有关丝绸之路的内容，对吸引公众关心丝绸之路学术研究，无疑有很大作用。

2. 雅典讨论会，1990年10月27日于新希腊研究中心举行。主题：东方与希腊世界的经济文化往来。提交的论文中有不少都和东西方的丝绸生产和贸易有关，还是值得一提：Anna Avramea《东方拜占庭帝国的纺织手工业和商业》；Nikos Oikonomidis《拜占庭的进出口》；Aspasia Louvi《565—1453年通过肖像的丝绸生产》；Christine Agriantoni《十九世纪丝绸的种类，从东方到西方，从天然到人造》；Stelios Papadoprlos《养蚕业传到舒夫里，一项永久的展示》等。

3. 伊兹密尔讨论会，1990年10月30日于土耳其伊兹密尔商会举行，由爱琴海大学主办。所提交的主要论文有：爱琴海大学历史系Tuncer Baykara教授《13—14世纪西部阿那托里亚人的商业》；爱琴海大学历史系Rahmi Huseyin Unal教授《丝绸之路对中古阿那托里亚建设的影响（塞勒柱商栈）》；爱琴海大学文学系主任Gonul Oney教授：《中国人对突厥装饰艺术的影响》；爱琴海大学历史系主任Ismail Aka教授《十三世纪至十五世纪伊朗人与中国人之关系》；"九月"（Dokuz Eylul）大学历史系Salih Ozbzran教授《奥斯曼帝国与香料之路，印度洋贸易》；爱琴海大学历史系

Necmi Ulker 博士《十七世纪至十八世纪伊兹密尔在丝绸贸易中的作用》；爱琴海大学历史系 Serap Yilmaz 博士《十八世纪法国人在伊兹密尔的丝绸贸易》。

4. 开罗讨论会，1990 年 11 月 4 日至 11 月 5 日在开罗大学举行，由开罗大学主办。主题：埃及与丝绸之路沿线国家的文化关系。在这次讨论会上提交的主要论文有：开罗大学考古系主任 Ali Radwan《亚历山大对斯瓦的远征》；日本近东文化研究中心高级研究员川床睦夫《埃及西奈图尔发现的阿拉伯文文献》；Said Ashur 教授《丝绸之路》；Sayed Abdel-Aziz Salem 教授《远东与欧洲之间的航行》；丝绸之路咨询委员会成员 HassanEL-Basha 教授《碑铭中非阿拉伯语称号所反映出来的埃及与丝绸之路沿线国家的关系》；Sayeda Kashif 教授《古代世界和中古时代的丝绸之路》；Muhammedal-Kahlawi 博士《安达鲁西亚的丝绸中心》。

5. 马斯喀特讨论会，1990 年 11 月 20 日至 11 月 21 日在阿曼首都马斯喀特的卡布斯苏丹大学举行，由该大学主办。主题：阿曼海上遗产对丝绸之路的重要性。在该学术讨论会上提交的主要论文有：意大利学者 Palol M. Costa 博士有关郑和时代佐法儿清真寺的发掘报告。法国学者 Monique Kervran 有关波斯湾地区古居民点的发掘情况介绍。刘迎胜在会上提交的论文是有关元代刘敏中《中庵集》所收《不阿里神道碑铭》及元朝与阿曼的关系。

6. 卡拉奇讨论会，1990 年 11 月 29 日至 11 月 30 日于巴基斯坦首都卡拉奇"泰姬·玛哈尔"旅馆举行，由巴方教科文全国委员会主办。主题：忻都与阿拉伯航海——文化、商业及都市化（Al-Sind and Arab Seafaring: Culture, Commerce and urbanization）。会上巴基斯坦学

■ 中爪哇的山西夫子庙

■ 泰国玉佛寺中的人首鸟身神

者介绍了信德省的伊斯兰时代考古，中国丝绸在信德等。伊朗学者胡马雍（Naseer Takmil Homoyoun）介绍了古波斯航海及其资料。我国学者陈达生应邀在会议上报告，题为《泉州发现的阿拉伯文碑铭》（Arabic Inscriptions found in Quanzhou）。其报告得到普遍好评。

7. 果阿讨论会，1990 年 12 月 6 日至 12 月 7 日于印度果阿州首府果阿（Goa）举行。

主题为：15世纪至19世纪东西海路交流。

8. 科伦坡讨论会，1990年12月12日至12月14日在斯里兰卡首都"美丽店"旅馆举行，由斯方教科文全国委员会主办。主题：作为东西丝绸之路的中点和佛教哲学潮流的交叉会聚中心的斯里兰卡。讨论会分为四个单元：（1）斯里兰卡与希腊、罗马的关系，（2）斯-中关系，（3）斯里兰卡在东、西航海中的作用，（4）斯里兰卡与阿拉伯世界的关系。

9. 马德拉斯讨论会，1990年12月20日至12月21日在印度泰米尔那度州首府马德拉斯举行，由印度教科文全国委员会主办。主题：公元1世纪至4世纪的印度和罗马世界。但实际上分为三个专题：（1）公元1世纪至4世纪的印度与罗马世界，（2）印度与中国交通，（3）印度与东南亚关系。

10. 马六甲讨论会，1991年1月4日在马来西亚马六甲州首府马六甲举行。提交这次讨论会的主要论文有：马来西亚国立大学副教授拉合曼《公元前1世纪—公元4世纪马来西亚之古代港口》；马来西亚国立博物馆雅提姆《古代马来西亚的贸易陶瓷》等，刘迎胜的报告题目是《中国近年来有关郑和航海的研究》。

11. 苏腊巴亚讨论会，于1991年1月10日至1月11日在印度尼西亚东爪哇省首府泗水（苏腊巴亚）举行，由印尼教科文全国委员会主办。主题：丝绸之路沿线的港口城市。

12. 曼谷讨论会，1991年1月21日至22日举行，主办者为泰国文化部。主题：古代东南亚的贸易和文化联系。提交会议的主要论文有：中国社会科学院考古研究所学者安家瑶提供了报告《东南亚的玻璃贸易》；日本学者三杉隆敏《中国瓷器出口之变化：从青瓷至青花瓷》等。自从考察船驶入东南亚以来，可以明显地感到中国的影响越来越大。不但学术讨论会上与中国有关的论文越来越多，考察中见到的中国文物也越来越多。在抵达马来西亚前，考察船曾在泰国南部的普吉岛停靠过一次，在当地考察时看到了一些珍贵的中国文物，其中包括两口铁钟。一口内部铸有"万历六年（1578年）吉日立"，另一口正面铸有"泉州同安县……敬铸此钟壹口……［康］熙三十四年（1699年）吉日……"，背面铭文为"风调雨顺，国泰民安"，这是明末以来中国华南移民在泰南辛勤开发的历史见证。在曼谷以北的华富里（Lop Buri）博物馆，我们看到许多写有各种汉字的白色小瓷片。从意义上看，这些汉字多为商号名称，例如："顺记""兴胜""庆利""明合""玉财"等。据介绍，这些石像产于中国南方。当古代中国海舶所载之物如茶叶、丝绸不足以平衡船舶时，商人们往往用这些石像作为压仓物。中国商人在泰国销完他们的货物后，往往把石像奉送给或卖给泰国当地的贵族。

13. 文莱讨论会，1991年1月29日在文莱首都斯里巴加湾举行，由文莱大学主办。这是一次小型学术讨论会。日本学者三杉隆敏介绍了青花瓷产生的历史。他的观点是：十世纪时大食人开始用氧化钴来装饰陶器的釉面，这种原料被回族人带入中国，中国人遂开始用氧化钴装饰瓷器。刘迎胜的论文是以与文莱博物馆研究员奥斯曼合作的形式提交的，题目为《关于明代两段对文莱的描述》，对《东西洋考》中的两段记载作了讨论。陈达生介绍了他对文莱伊斯兰墓葬形制与中国泉州伊斯兰墓葬之关系的看法。位于Ran Gas墓地之"有宋泉州判官蒲公之墓"，立于1264年，是迄今为止在海外所发现的最古老的汉文碑铭。

14. 马尼拉讨论会，1991年2月5日至2月6日举行，由菲律宾教科文全国委员会主办。主题：与跨太平洋商业的起点马尼拉的海上丝绸贸易。提交会议的主要学术论文有：菲律宾华裔学者Rita C. Tan《公元9世纪至16世纪菲律宾对南海贸易的参与》；菲律宾国家博物馆馆长Fr. Gavriel S. Casal, O. S. B.《当前的水下考古研究》；泰国国家文物部考古处水下考古学者Sayan Prichanchit《暹逻湾中的水下考古所反映出来的公元13世纪至16世纪的大帆船瓷器贸易研究》；北京大学教授陈炎《海上丝绸之路与中国与菲律宾和拉丁美洲文化联系》；葡萄牙学者Rui d'Avila Fontes Alfredo Lourido《16世纪至17世纪之澳门——马尼拉之海路：丝绸贸易的影响》等。

15. 广州讨论会，1991年2月10日举行，是一次小型讨论会，由广东省社会科学院主办。提交的论文已大部分收录在《广州与海上丝绸之路》一书中。在会上所作的报告主要有：张难生、叶显恩《海上丝绸之路与广州》；姜伯勤《广州与海上丝绸之路上的伊斯兰人：论遂溪的考古新发现》等。

16. 泉州讨论会，在泉州华侨大学举行，由华侨大学和泉州海外交通史博物馆主办。主题：中国与海上丝绸之路（China and the Maritime Routes of the Silk Roads）。

■ 广州镇海楼

■ 在泉州召开"中国与海上丝绸之路"国际学术讨论会

■ 泉州人民欢迎海上丝绸之路考察团

■ 在奈良召开国际学术讨论会

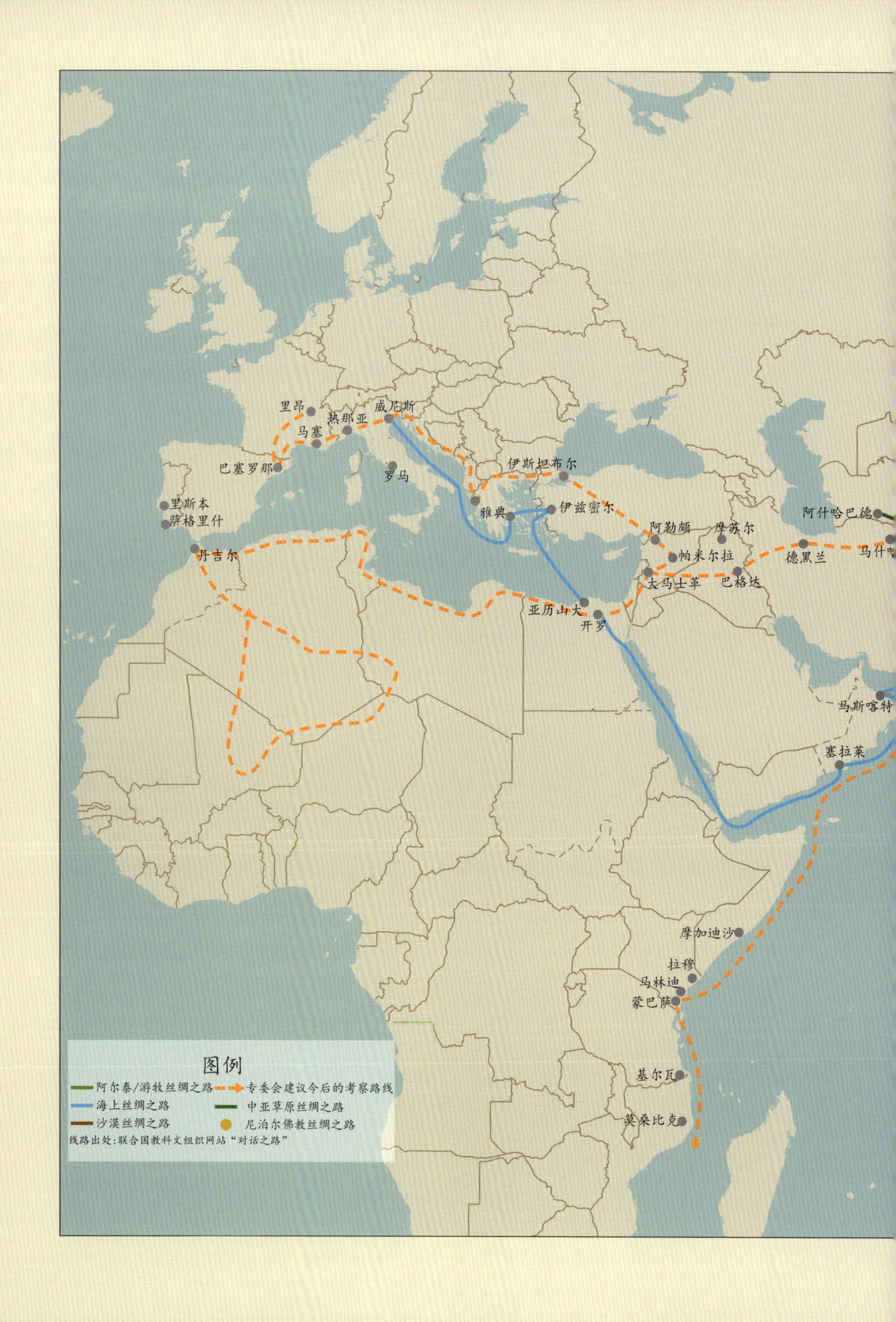

图例
— 阿尔泰/游牧丝绸之路　--▶ 专委会建议今后的考察路线
— 海上丝绸之路　— 中亚草原丝绸之路
— 沙漠丝绸之路　● 尼泊尔佛教丝绸之路
线路出处：联合国教科文组织网站"对话之路"

联合国教科文组织丝绸之路项目五次考察路线

第四节
中亚草原丝绸之路

刘迎胜

受中国联合国教科文全国委员会的委派，笔者于1991年春夏之际参加了举世瞩目的草原丝绸之路考察。历时两个月，行程1万3千千米。乘汽车穿越苏联土库曼斯坦、乌兹别克斯坦、塔吉克斯坦、吉尔吉斯斯坦和哈萨克斯坦五个中亚共和国，考察了古代文明中心呼罗珊、花剌子模、粟特、巴克特里亚、骨咄、苏对沙那、拔汗那（大宛）、察赤、讹打剌、塔剌思、碎叶、裴罗将军城、热海等地。

这次"草原之路"东段考察具体路线如下：

第一阶段，起点：土库曼斯坦共和国首都阿什哈巴德→谋夫（谋夫州首府）→查尔周（查尔州首府）→克尔基（查尔周州）→查尔周→塔沙乌兹（塔沙乌兹州首府）→进入乌兹别克斯坦共和国→努库斯（卡拉卡尔巴克自治共和国首府）→乌尔根奇（花剌子模州首府）→希瓦（花剌子模州）→布哈拉（布哈拉首府）→沙赫里·沙勃兹（卡什卡达里亚

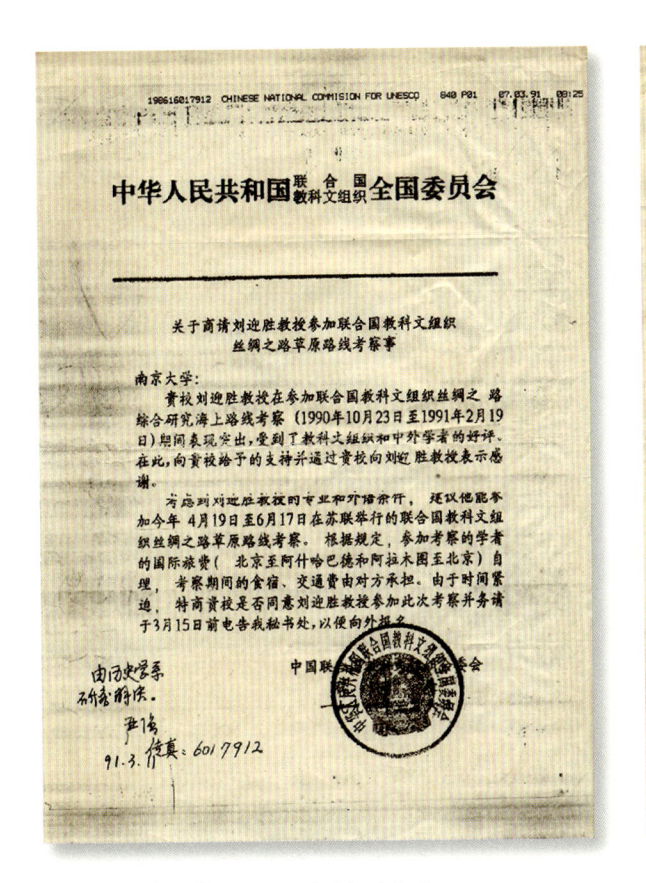

刘迎胜参加草原丝绸之路的相关信函

州）→捷尔梅兹（苏尔汉州首府）→进入塔吉克斯坦共和国→库尔干秋别（库尔干秋别州首府）→库里亚布（库里亚布州首府）→杜尚别（塔吉克斯坦共和国首都）→进入乌兹别克斯坦共和国→经捷脑（苏尔汉州）、捷尔梅兹、沙赫里·沙勃兹→撒马尔罕（撒马尔罕州首府）→进入塔吉克斯坦共和国→半制肯特（忽毡州，旧称列宁纳巴德）→回乌兹别克斯坦共和国→撒马尔罕→进入塔吉克斯坦共和国→乌拉秋别（忽毡州）→忽毡（忽毡州首府）→通过乌兹别克斯坦共和国费尔干那州→进入吉尔吉斯斯坦共和国→奥什（奥什州首府）→乌兹根（奥什州）→奥什→进入乌兹别克斯坦共和国→安集延（安集延州首府）→纳马干（纳马干州首府）→进入塔吉克斯坦共和国→经忽毡州→进入乌兹别克斯坦共和国→经撒尔达里尔州→塔什干（乌兹别克斯坦共和国首都）。

第二阶段，起点：塔什干→进入哈萨克斯坦共和国→奇姆肯特（奇姆肯特州首府）→坎陶（奇姆肯特州）→土尔其斯坦（奇姆肯特州）→讹提剌儿（奇姆肯特州）→奇姆肯特→江布尔（江布尔州首府）→麦尔基（江布尔州）→进入吉尔吉斯斯坦共和国→别什开克（吉尔吉斯斯坦共和国首都，旧名伏龙芝）→布拉纳（裴罗将军城，别什开克地区）→阿克贝希姆（碎叶，别什开克地区）→克拉斯那亚·列契卡（新城，别什开克地区）→米粮川（别什开克地区）→别什开克→乔尔潘阿塔（伊塞克湖州）→进入哈萨克斯坦共和国→克根（阿拉木图地区）→潘菲洛夫（塔勒达库尔干省）→霍尔果斯（塔尔达库干省）→阿拉木图（哈萨克斯坦共和国首都）→伊赛克·库尔

干阿拉木图地区）→阿拉木图→"圣山"（江布尔州）→阿拉木图。

1991年4月19日晚，在阿什哈巴德的全体考察队员大会上，各国学者和新闻媒体人员作了自我介绍，并选举巴基斯坦考古学家达尼教授为考察队科学领队，苏联五个中亚共和国各有一名代表性学者为副领队。副领队中主要负责的是乌兹别克斯坦共和国科学院院士考古学家阿斯卡洛夫，他参加了在我国举行的沙漠之路考察，其他副领队在考察队进入有关共和国时，负责安排活动。阿富汗、中国、埃及、法国、德国、印度、伊朗、以色列、意大利、日本、韩国、蒙古、巴基斯坦、菲律宾、波兰、瑞士、

土耳其、泰国、荷兰、英国、美国、加拿大、苏联等 20 余国的学者和新闻媒体人员参加了这次考察。学者以考古学家为主，还有历史学家、艺术史专家、佛学家、祆学家、农业史专家、地理学家、制图专家、突厥学学家、蒙古学学家、阿拉伯学学家、伊朗学学家、人类学家等。多数学者参加全程考察，但途中更换的也不少。中国学者参加全程考察的除了刘迎胜以外，还有中国社会科学院考古研究所副研究员孟凡人、北京大学考古系青年学者齐东方，中国社会科学院历史研究所青年学者吴玉贵参加了第二阶段考察。

第五节
阿尔泰游牧丝绸之路

刘迎胜

我们受中国联合国教科文组织全国委员会的委派，于1992年7月10日至8月5日参加了联合国教科文组织与蒙古国政府联合举行的"阿尔泰/游牧丝绸之路"的考察，起点为蒙古国西部重镇简直布多，终点为蒙古国首都乌兰巴托，历时近一月，行程四千余千米，穿越蒙古国西部和中部科布多省、戈壁阿尔泰省、扎布汗省、后杭爱省、前杭爱省、布尔根省和中央省七个省份。

参加考察的有来自阿塞拜疆、中国、埃及、芬兰、法国、德国、印度、伊朗、以色列、日本、吉尔吉斯斯坦、韩国、挪威、巴基斯坦、波兰、罗马尼亚、俄罗斯、瑞士、土耳其、英国、美国等20个国家共44名外国学者，以及蒙方学者10名。学者中包括历史学、考古学、语言学、地理学、人类学、经济学、社会学、医学史、艺术史、兵器史、博物馆学等专业的专家。南京大学刘迎胜教授、中国社会科学院历史研究所史卫民副教授、中国社会科学院民族研究所斯钦朝克图副教授等3位中国学者参加了考察。除此而外，随团考察的记者团队中还包括我国新华社、人民画报社、中央电视台的记者5名。考察队人员总共一百余名。

1992年7月12日晚，全体考察队员集会，选举德国波恩大学中亚研究所教授维洛妮卡·法爱特（Veronika Veit）为科学领队，我国蒙古族学者斯钦朝克图副教授为副领队。

本次考察的路线及日程大体如下：

1992年7月10日，我们分别乘火车、飞机抵乌兰巴托。全体考察队队员集中于距乌兰巴托35千米处的巴颜郭勒国际少年营。考察队在那里停留了三天，其间出席了蒙古国国庆阅兵典礼、成吉思汗诞辰820周年庆典及那达

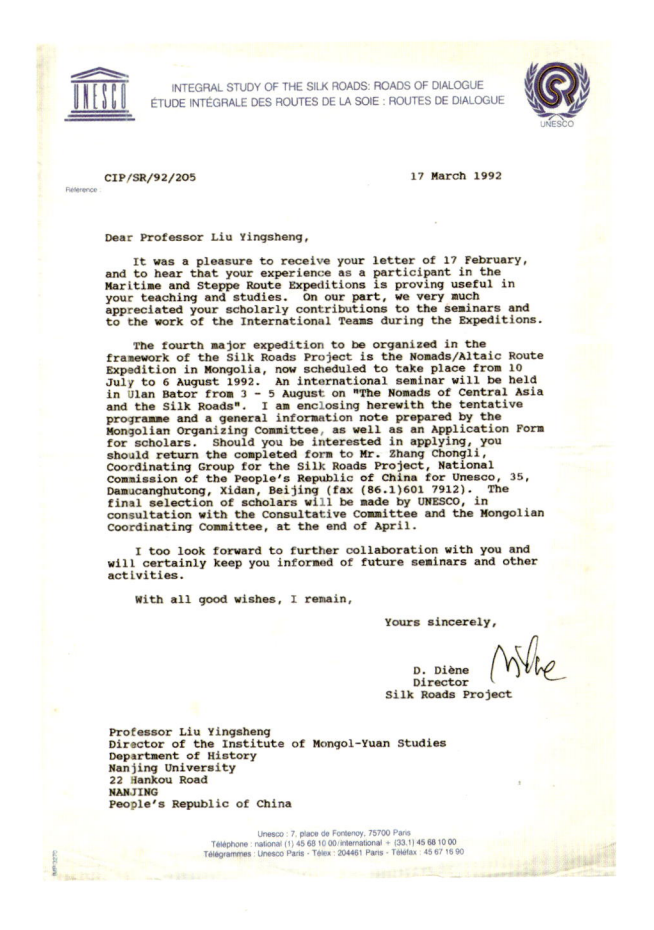

```
INTEGRAL STUDY OF THE SILK ROADS: ROADS OF DIALOGUE
ÉTUDE INTÉGRALE DES ROUTES DE LA SOIE : ROUTES DE DIALOGUE

CIP/SR/92/205                                    17 March 1992
Référence :

Dear Professor Liu Yingsheng,
    It was a pleasure to receive your letter of 17 February,
and to hear that your experience as a participant in the
Maritime and Steppe Route Expeditions is proving useful in
your teaching and studies. On our part, we very much
appreciated your scholarly contributions to the seminars and
to the work of the International Teams during the Expeditions.
    The fourth major expedition to be organized in the
framework of the Silk Roads Project is the Nomads/Altaic Route
Expedition in Mongolia, now scheduled to take place from 10
July to 6 August 1992. An international seminar will be held
in Ulan Bator from 3 - 5 August on "The Nomads of Central Asia
and the Silk Roads". I am enclosing herewith the tentative
programme and a general information note prepared by the
Mongolian Organizing Committee, as well as an Application Form
for scholars. Should you be interested in applying, you
should return the completed form to Mr. Zhang Chongli,
Coordinating Group for the Silk Roads Project, National
Commission of the People's Republic of China for Unesco, 35,
Damucanghutong, Xidan, Beijing (fax (86.1)601 7912). The
final selection of scholars will be made by UNESCO, in
consultation with the Consultative Committee and the Mongolian
Coordinating Committee, at the end of April.
    I too look forward to further collaboration with you and
will certainly keep you informed of future seminars and other
activities.
        With all good wishes, I remain,

                                     Yours sincerely,

                                     D. Diène
                                     Director
                                     Silk Roads Project

Professor Liu Yingsheng
Director of the Institute of Mongol-Yuan Studies
Department of History
Nanjing University
22 Hankou Road
NANJING
People's Republic of China
```

慕大会，参观了蒙古国国立艺术博物馆、历史博物馆和博格多汗夏宫。

7月13日晨，考察队乘苏联安-24型飞机从乌兰巴托机场起飞，抵达此次"阿尔泰/游牧丝绸之路考察"的起点，位于阿尔泰山东侧的科布多省首府科布多。当日下午参观科布多博物馆。

次日，东南行至哈腊乌斯淖尔（Khar Us Noor，黑水海子）西南端。史卫民在湖畔不远地方发现一处颓墙残迹，面积可观，疑为元代之称海城旧址。当日返回科布多。

7月15日—17日，在科布多省继续考察，路线为：南行至科布多省漫汗苏木（Mankhan Sum）之成海尔（Tsenkher）河畔，东北行经科布多省钱德马尼苏木（Thandmani Sum），复东南行至科布多省与戈壁阿尔泰省交界处的杜尔根淖尔（Dorgon Noor）。主要见闻为：距科布多10千米处的巴特尔·海尔汗（Batar Khairkhan）山岩画，温汗苏木以南5千米处之依希根·托勒果（Ishigen Tolgoy）岩画。此外，考察队还踏勘了成海尔河畔的史前人类居住的洞穴成海尔阿古依（Tsenkher Aguy）山洞。

7月18日—19日，在戈壁阿尔泰省考察。路线为，东南行经呼和末力特（Khukhmorit）、巴颜乌拉（Bayan Uul），复东行经札尔格兰苏木

（Jargalan Sum），至台希尔（Taishir）苏木之洪和尔（Khunkhair）疗养院。在蒙古国西部，我们看到当地民间流行一种特殊的民歌唱法，演唱者不用嗓子，而是用喉发声，蒙古语称为 hoomloh。

7月20日—22日，在札布汗省境内考察。路线为：北行，越扎布汗河（Zabkhan），进入扎布汗省之杭爱山区西麓，抵省府乌里雅苏台（Uliasutai），东行至青格尔泰（Chingertai）河谷，复东北行经托桑沁格勒（Tosonchegel），进入色楞格河上游支流依德尔河（Ider）流域，至扎布汗省东界之大乌拉（Ih Uul）苏木。所见主要文物有：乌里雅苏台东南约90千米处的依赫·博拉克（Ih Bolaq，突厥-蒙古合成词"大泉"）的两个突厥石人像和鹿石，还有乌里雅苏台东北30千米处策贵什廷（Tsiguiestin）河谷的突厥石人。

7月23日—26日，在后杭爱省境内考察。路线为：东南行进入后杭爱省。至和尔果苏木（Khorgo Sum）之西特尔辛·察罕海子（Terkhin Tchagan Noor），复东行至塔里雅特苏木（Tariat Sum），再东南行，经大塔米尔（Ih Tamir）苏木至杭爱山东麓之后杭爱省首府车车尔勒格（Tsetserleg），东行至后杭爱省东南界和屯特（Khotont）。所见主要古迹有：位于大乌拉苏木的策苏海（Tsesuukhei）河畔的古突厥墓地，位城达尔汗乌拉（Darhan Uul）的两个突厥石人和鹿石；最引人注目的是大塔米尔苏木东北约25千米处的一大片史前岩画区和古代墓葬区。

7月27日—7月30日，在前杭爱省的旅行是这次考察的高潮。考察路线为：东南行进入前杭爱省，至鄂尔浑河流域古回鹘城（Ordu Balïq），南行到达哈尔和林（Kharkhorin），在此处停留数日。其间北行复入后杭爱省，至硕柴达木（Khushuu Tsaidam），又南行至呼治尔图（Khujirt）。我们所见的古迹主要有：古回鹘城哈刺八剌合孙（Khar Balghas），此城保存相当完整，城垣残高约6米，周围有子城和延城，城西有粟特文石碑残块。

7月31日—8月2日，经布尔干与中央省抵乌兰巴托。路线为：东行，离杭爱山区，进入布尔干省，经额尔登·散特（Erdene Sant），抵呼肯罕（khugenkhan），复乐行进入中央省，抵考察终点乌兰巴托。所见主要有布尔干省塔尔奈（Tarnai）河沿岸1985年筑路时发现的突厥石人。

考察途中考察队举行了多次讨论会，主要内容为蒙古历史、古代蒙古对外交通、畜牧业、岩刻岩画、阿尔泰语言学、蒙古音乐、民俗等。史卫民作了有关元代岭北行省的发言，斯钦朝克图作了内外蒙古风俗现状区别的报告，刘迎胜谈了突厥汗国历史的几个问题。

第十章
丝绸之路走向世界遗产

　　丝绸之路是世界上最大的对话之路、和平之路、发展之路。本次联合申遗展现了这种精神。……我们对丝绸之路申遗成功深感荣耀，但也深深了解这对于我们来说更是重大责任。我们会进一步强化保护管理工作，同时，作为成立于2009年的丝绸之路跨国系列申遗协调委员会的成员之一，我们希望能够通过国家间合作，进一步为其他廊道的申遗做出贡献。欢迎大家来到连接东方与西方、过去与未来的丝绸之路。

童明康，UNESCO遗产大会上
申遗成功后的发言

第一节
丝绸之路跨境申遗的相关政策

景 峰

1972年11月16日,联合国教科文组织在巴黎通过了《保护世界文化和自然遗产公约》(以下简称《公约》),2012年,教科文组织隆重庆祝了《公约》诞生40周年。在过去40多年中,《公约》取得了巨大的成功,在世界范围内产生广泛巨大的影响。

然而,教科文组织的文化政策也在近年发生了较大的转变,主要表现在以下几个方面:一是从普遍价值到文化多样性,世界遗产一般要求有"突出的普遍价值",这是教科文组织的使命和宗旨所要求的,但也认识到人类经验多样化可能带来的冲突,因而提出实现"多样中的统一"。二是强调可持续发展,即"对于文化遗产的价值认知开始由相对单一的历史价值、艺术价值转变为综合性的文化遗产和社会价值"。从保护转向可持续发展,越来越多地与包括经济在内的社会生活的各个方面联系起来。三是倡导"全球战略",增强世界遗产的均衡性、代表性与可信力。在这样的背景下,世界遗产理念也出现了创新,一直影响到亚太地区世界遗产的申报,其中包括文化景观、文化线路与跨国系列申遗等概念。

1. 文化景观

文化景观的意思在《公约》中本已包含,但并没有独立出来成为专门概念,早期也不是遗产的项目类型。因为对城镇遗产类型的确认,使文化景观在1992年成为世界遗产项目的一个新类型。1994年文化遗产标准修订,世界遗产委员会实施全球战略,发布《奈良真实性文件》,文化景观的概念得以推广。

根据《公约》的界定,文化景观属于文化遗产,代表着"自然与人联合的工程"。它们反映了因物质条件的限制和/或自然环境带来的机遇,在一系列社会、经济和文化因素的内外作用下,人类社会和定居地的历史沿革。

2. 文化线路

世界遗产的概念拓展到文化景观后,文化线路也随之而生,1993年在有关文化景观的评价标准中就提出,文化景观"不应该排斥那些代表着对文化起重要作用的交通网络的直而长的线性区域"。1994年世界遗产专家会议在马德里召开,并成立国际古迹遗址理事会文化线路科学委员会,该委员会对文化线路进行了深入的研究,2005年《操作指南》中有"遗产运河""遗产线路",作为特殊类型的文化遗产。2008年国际古迹遗址理事会在加拿大魁北克通过了《文化线路宪章》。

3. 系列跨国遗产

随着教科文组织在世界遗产理念的发展,一系列跨国遗产的新类型也出现了,2008年版的《操作指南》中分别给出了跨国遗产和系列遗产的定义。特别值得一提的是,在世界遗产中心的指导和推动下，丝绸之路系列跨国申报世界遗产项目对系列跨国遗产概念和实践的完善做出了重要贡献。2010年2月，世界遗产专家会议在瑞士易廷根通过了《关于系列提名和系列遗产的结论和建议》，其中吸收了丝路申遗项目所面临的关键问题和挑战。在此基础上，2011年，世界遗产委员会修订了《操作指南》有关系列跨国遗产的定义并新增加了系列跨国遗产提交"预备清单"的标准格式。并随之在2012年对相关定义做了修订，使之更符合"突出的普遍价值"和申遗实践。由此可以看出，丝绸之路系列跨国申遗产生了巨大的国际影响，也对世界遗产体系的完善做出了贡献。

丝绸之路很早就进入教科文组织的视野。1990年，UNESCO启动了丝绸之路五次考察活动，我也有幸参加了第一次在中国开展的沙漠路线考察。自2003年起，借助在联合国教科文组织世界遗产中心工作的机会，我启动并协调、指导了丝绸之路文化线路系列跨国申遗项目，获得了亚洲国家尤其是中国和中亚五国的鼎力支持。正是在这样的情况下，首届国际磋商会议于2006年8月在中国新疆吐鲁番举办，丝路申遗征程正式开始。

2006年至2009年是丝路申遗的实施阶段。它通过一系列国际磋商会议，中国和中亚五国就系列跨国申遗进行探讨研究，取得了重要成果。其中包括：通过《丝绸之路申遗概念性文件》、确立"共同价值框架"、建立丝路申遗政府间协调委员会、开展《丝绸之路文化线路专题研究》、确定申遗方式和时间表等。其中，"共同价值框架"有关价值的认定和对比分析，由点到面，由面到线，全面归纳了丝绸之路系列跨国申遗及构建保护和管理机制，挖掘其文化影响和突出普遍价值，探求跨国界、区域性遗产的保护和管理、环境治理、旅游开发和经济发展的途径。这些国际合作活动提高了文化遗产所在地及当地社区的综合社会-经济

■ 沙漠丝绸之路考察期间，景峰在嘉峪关

■ 景峰：《丝绸之路文化线路系列跨境申遗研究》，北京：科学出版社，2015年。

实力，也大大提升了遗产管理人员的建设能力。

同时，丝绸之路申遗建章立制，为同类跨境系列申遗确立了样板。其中，丝绸之路跨国申遗协调委员会的建立，确认了跨国合作的方法，成为申遗成功的关键。这种国际合作的机制对文化遗产的保护和管理至关重要。有17个国家参加的政府间协调委员会不仅保证了首例申遗成功，也确保了对已列入《世界遗产名录》遗产地的有效监测。该模式值得各国及地区借鉴。目前，中国就是该委员会的联合主席。

2014年6月22日，在卡塔尔首都多哈召开的第38届世界遗产大会上，中国、哈萨克斯坦、吉尔吉斯斯坦联合申报的"丝绸之路：长安-天山廊道的路网"作为世界文化遗产被批准列入联合国教科文组织《世界遗产名录》。至此，丝绸之路申遗活动终于有了初步结果，这是亚太地域内跨国申报世界文化遗产的首个成功范例。

丝绸之路申遗具有很多创新点，在类型上它既是文化线路，又是系列和跨国的遗产，这在以前没有先例，因此，丝绸之路的申遗必然在世界遗产的理论和理念上要有突破和创新。同时跨境系列文化线路申遗在具体的操作上是一个充满挑战的复杂过程，既要基于现有《操作指南》，又必然会突破现有《操作指南》。目前，丝绸之路申遗仍在继续进行，关于其对世界遗产的意义，在理论和实践上的创新，仍需做理论上的进一步总结和反思。如何在世界遗产项目中既体现普遍价值，又体现文化的特殊性和多样性，是当前面临的重要的理论和实践课题。

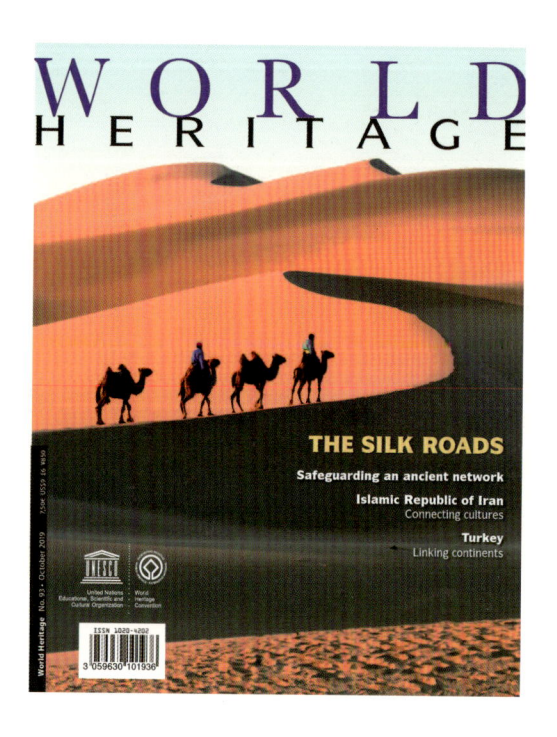

■ 联合国教科文组织出版刊物《世界遗产》丝绸之路特刊。

第二节
丝绸之路概念研究和主题研究

郭 旃

作为丝绸之路东方肇始之地的文明古国——中国，在二十世纪九十年代就将包括了诸多陆地丝绸之路和海上丝绸之路中国遗址遗迹的"丝绸之路中国段"纳入了本国的"世界遗产预备名单"。此后，在联合国教科文组织世界遗产委员会和世界遗产中心的协调推动下，本世纪初，中亚五国——哈萨克斯坦、吉尔吉斯斯坦、塔吉克斯坦、土库曼斯坦和乌兹别克斯坦，与中国达成了联合申遗的意向和协议，成立了6国联合推进审议的跨国协调委员会。随后，又有很多丝绸之路沿线国家加入这一空前的申遗国际联合项目。大家一致认可，这一预期长久的国际合作以中国和中亚5国的联合项目为前驱。

把历史记忆中色彩纷呈、古代与今人各有偏重与情感寄托的历史性线路落实为一条现代科学意义上的世界遗产文化线路现实项目，毫无疑问，有大量复杂甚至艰苦的协调统一工作要做。最要紧的，首先是清晰的概念和精准的定义，落实到具体明确的时空、要素和关联因素的界定；其次，要有特定的国际合作路径和方略，并争取到世界遗产委员会与国际社会的认可。

为此，受世界遗产中心委托和缔约国的联合邀请，世界遗产委员会咨询机构之一、国际古迹遗址理事会（ICOMOS）的代表和专家协同缔约国代表和专家，在对比分析和科学研究的基础上，汲取各国提供的专业研究成果和历史基础资料，首先开始了"丝绸之路申遗概念文件"的拟定工作。2007年4月，这一文件在丝绸之路跨国联合申遗协调委员会议塔吉克斯坦杜尚别会议上形成了初稿；在2008年7月中国西安会议上完善，获缔约国一致同意；并报送世界遗产委员会，被通报认可备案。

1. 时空界定：概念研究

时空界定和相应的要素辨识与选取，曾经是相关缔约国代表和专家讨论不休的关键问题。部分专家出于对世界遗产属性和规则的不同理解，也有新兴国家的一些专家出于提振本国人民民族自豪感、自信心和凝聚力的善良愿望，力主把本国分布于丝绸之路周边的历史文化遗存都纳入"丝绸之路"范畴，哪怕是石器时代的遗址。还有些国际学者纷纷提交了自己的研究成果，标示出多种时空线路图。这些固然都有一定的道理，因为丝绸之路是漫长历史演变中逐渐形成和持续的一个丰富复杂的存在。早期的起源可以无限追寻，后续发展也持续不断。但作为一条历史性线路，并以"丝绸"冠名而引发世界关注和认可，它应该拥有自身特定的历史标识、阶段和代表性元素。

在翔实、确凿的史实基础和代表性学术专著共识的基础上，"概念文件"最终认定，丝绸之路申报世界遗产项目，以19世纪德国地理、地质学家李希霍芬的"丝绸之路"这一诗意命名所体现的线路重要特征及相关时空范畴为基础框架。即，以公元前2世纪古代中国汉王朝派遣张骞出使西域，最早系统地沟通和整合这一交通线路的重大、标志性历史事件作为起始点；而以大航海时代开始、东西方陆路交通大通道的作用相对弱化之前的15—16世纪为结束。但不绝对排斥这一时代区段的重要前源和后续。这一界定合情合理，平息了相关的争论。

空间分布则认定为自中国平原，穿过中亚，南至印度河流域，北向阿姆河流域、咸海和里海，西达地中海沿岸，多重交叉，呈路网状的体系。

多年热衷于发现、研究和弘扬丝绸之路的日本对丝绸之路启动申遗给予了极大的关切，表达了应当把日本包括在"丝绸之路"线内的强烈诉求和国家意向。中国学者也同意，丝绸之路在后来的演变发展中，特别是在隋唐时期，向东延展到了包括日本在内的东北亚地区。因而，日本也被协商同意纳入了历史上的丝绸之路范畴。

国际古迹遗址理事会参与丝绸之路申遗"概念文件"起草工作的主要是英国专家苏珊·丹尼尔女士（Mrs. Susan Denyer）和亨利·克利尔博士（Dr. Henry Cleere），主笔是克利尔博士。丹尼尔女士至今仍担负国际古迹遗址理事会世界遗产顾问的工作。克利尔博士曾担任国际古迹遗址理事会世界遗产事务协调员长达11年，并多次访问中国和亚洲其他国家，贡献良多。

2. 框架构建：主题研究

丝绸之路的特性和时空概念被清晰界定之后，要素和关联因素的选取虽然依然复杂，但终究可以顺理成章。而相关缔约国和国际合作机构又面对的下一个史无前例的棘手问题，即，丝绸之路这样一个跨越欧亚（甚至还会延展到非洲和其他区域），东西长约上万千米、南北宽约三千千米却又反复往返交错，历千年变迁，途经千差万别的自然环境气候条件和多样文脉区域，呈路网状分布的超大型遗产，很难按照系列遗产的规则选取统一适用的价值标准和特征界定。此前和同时进行的国际文化线路申遗案例，都不能提供可以效仿的经验。

针对这一难点，世界遗产中心和国际古迹遗址理事会又同缔约国联合申遗协调委员会开展了丝绸之路跨国联合申报世界遗产的"主题研究"，专门厘清、设计和选定丝绸之路跨国联合申遗的路径、方式和要素认证。由国际古迹遗址理事会聘请，并由苏珊·丹尼尔女士协调指导的英国中亚考古专家蒂姆·威廉姆斯博士（Dr. Tim Williams）起草并主笔该文件。最后，于2011年形成了"丝路申遗主题研究"这份历史性文件。

这一文件为超大型文化线路——丝绸之路的申报设定了一个不同以往的路径和策略，史

■ 国际古迹遗址理事会西安国际保护中心项目部主任冯健陪同国际古迹遗址理事会副主席、国家文物局巡视员郭旃一行在陕西省内考察

无前例地创立了一个全新的系列遗产申报模式。这也进一步展现了丝绸之路作为最伟大的文化线路无与伦比的属性、特征和辉煌。

基于相互关联，但又具不同自然环境地理气候条件和区域文化脉络、族群差异的内在特性，"主题研究"把庞大的丝绸之路划分为同一框架体系内的 52 条文化廊道。建议以各个被认知的廊道，分别、陆续申报为"丝绸之路"总体名称之下各自的世界遗产组合。每个廊道都是一组以文化线路为特质的系列遗产。各自形成的世界遗产又共同归属于"丝绸之路"这一庞大的"系列遗产"组合中。这一构想使得丝绸之路难以统一标准的问题迎刃而解，被世界遗产委员会认可。

同时，中国专家提出，在文化廊道原则性划分中，不可排除基于可信的历史沿革依据，将两个或两个以上廊道重新设定为一组申报项目的可能性和可行性。这一原则实际上也修正了申报路径和策略，并为后来中国、哈萨克斯坦、吉尔吉斯斯坦 3 国"丝绸之路：长安-天山廊道路网"（囊括威廉姆斯博士原先建议的多个文化廊道的内容）世界遗产的成功申报所验证。

"主题研究"还明确丝路作为文化线路的要素组合特征及各自属性。明确这一贸易交流的线路具备 3 大基本要素，即，不同的特色产品，构成交流的需求和动力；运作交通交流的基础设施；历经世纪运转、线路交流所形成的社会、经济、文化、生活、建筑、思想、科技等方方面面的繁荣成果和结晶。威廉姆斯博士把相关联的自然环境气候地理条件归纳在基础设施类。笔者认为应该单独把这些关联条件，甚或是典型的地形地貌、创造者和衍生品如神话传说，单立为直接的关联要素。很多国际同行同意这一观点。丹尼尔女士认可说，这一类要素成立，是因为它们生成或限定了特定的线路。

■ "丝绸之路：长安—天山廊道的路网"申遗文本

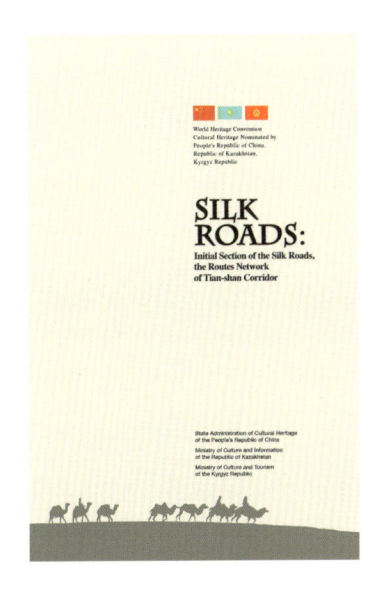

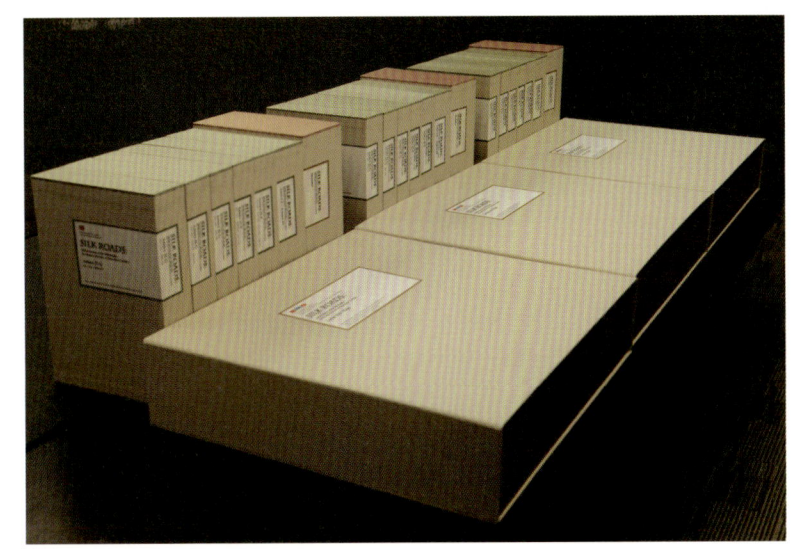

第三节
丝绸之路的跨国申遗

陈同滨

基于世界遗产保护的全球平衡战略考虑，联合国教科文组织希望通过国际间的交流与对话来鼓励和带动中亚地区的遗产保护工作。在开展了一系列国际考察和联合协商会议后，在世界遗产委员会的积极协调下，中国与哈萨克斯坦、吉尔吉斯斯坦、塔吉克斯坦、乌兹别克斯坦和土库曼斯坦中亚五国于2006年正式开启了丝绸之路跨国联合申报世界文化遗产的工作。所以，这个项目自国际遗产组织开始策划，随后一路推进、协调和支持，直至最后的成功，始终弥漫着真正的国际气息，或可谓是"丝绸之路"的精神遗产在当代的一次广泛传承。

中国建筑设计研究院建筑历史研究所参与丝路申遗是从编制《管理规划》切入的。2006年国家文物局公布了中国丝绸之路的预备名单，含陕西、河南、甘肃、青海、宁夏、新疆六省区的48个遗产点。2007年国家文物局在西安召开"丝绸之路申遗工作会"和"中国及中亚五国丝绸之路联合申报项目工作会"，笔者在会上结合长期以来承担的丝路沿线保护规划经验，提出了中国境内申报点的保护管理规划工作设想，以及中国段的《管理规划》框架体系。考虑到陕西省的专业技术力量较强，我们最终受理了其他五个省的36处申报点《管理规划》编制任务，于2008年全面开启申报工作。

接下来的两年，国际古迹遗址理事会开展了丝绸之路申遗的专项课题研究，我们自己也开始重新思考适用于我们的实际情况的丝路申遗策略。2011年5月，在土库曼斯坦召开的协调会议上，国际专家发布了研究成果，即《主题研究》，再次强调了2007年《概念研究》中提出的"这条路上的每个遗产保护点本身都不具备独立的世界遗产价值，只有将它们联系到一起，才能构成一个整体的价值"。这个基本概念给出了整个丝路遗产的结构形态——集成系列遗产，对指导其后丝路的遗产辨认和价值特征研究发挥了非常重要的作用。这一新理念也是基于此前《操作指南》有关"系列遗产"概念的一次深化，对今后的各类综合性大型文化线路遗产的辨认均具有指导意义，亦可谓是对世界遗产理论的一个重要贡献。

《主题研究》主要的贡献，则是引入了"廊道"（Corridor）的概念——把整个丝绸之路分解成若干路段（网）来申报，每一个路段（网）属于一个独立的遗产项目，这样就大大提升了丝路这一超大型文化线路申报、管理的可操作性。于是《主题研究》申报策略获得广泛认可，同时中国的建议也被接受——在不放弃"廊道"的称谓之后再缀一个"路网"。

■ 申遗会议相关材料：参会证、会议用笔和会议纪念章等。

■ 中国建筑设计研究院建筑历史研究所所长陈同滨在申遗考察现场

2011 年底，在国际组织的协调下，中国和中亚五国的联合申报进行了任务重组：由中国与哈萨克斯坦、吉尔吉斯斯坦三国联合申报一条廊道，简称"天山廊道"；由乌兹别克斯坦、塔吉克斯坦和土库曼斯坦联合申报另一条廊道，当时简称"阿姆河廊道"（后更名为 Silk Roads: Penjikent-Samarkand-Poykent Corridor）。

申报国重组之后，国家文物局委托我们承担起包括价值研究在内的申遗文本全部的编写任务。但难点是，作为其中组成部分的中国段，尤其是我国已遴选出的沿线各省数十个遗产点，单体价值各异、状况参差不齐，如何能以自己独特的价值体现出丝绸之路的整体价值？这是丝绸之路价值研究课题组遇到的最大难题。2011 年底，一个意外的消息传来：乌兹别克斯坦已经向联合国教科文组织世界遗产中心提交丝路申遗文本了！这一消息则促成了中、哈、吉三国联合申遗的实际进展。

2012年初，在国家文物局主持下，中国的跨国联合申遗项目"丝绸之路：起始段与天山廊道的路网"正式进入倒计时。自此，我们不断体会到，丝路跨国申遗能否成功，并非在于人人都知道的重要性，而是在于其独特的申报策略，特别是作为集合式的超大型系列遗产，在跨越东亚与中亚的跨国联合申遗框架下，如何进行遗产辨认（包括遗存分类与时空界定），如何提炼遗产的价值特征，如何鉴定其完整性与真实性，如何提供跨区域跨国家的、具有整体意义的遗产中长期保护与协调管理，这些都存在着前所未有的挑战。在国际遗产组织的全程参与和指导下，在国家文物局的通盘领导和国际协调下，在丝路沿线所有的利益相关者（包括各级政府、部门和遗产地居民）和多学科专家与技术团队之间的交流与对话中，一幅极为丰富多彩、动态流转的世界文明和文化的传播与传承图景展现在我们眼前，一些申报的概念越来越清晰。

1. 廊道

这是一个涉及超大型集成系列文化线路遗产的概念，属于遗产辨认的基本依据，也是《主题研究》的主要贡献。

《主题研究》提出的"廊道"概念把分布于亚欧大陆10000千米长、3000千米宽的整个丝绸之路路网切分成大大小小的52条/段廊道，这是一种化整为零的策略，明显增强了跨国申遗的可操作性。但其中中国境内的丝路路网被《主题研究》切分成了10段，其中最长的一段是从长安至玉门关。如果照此划定，这条廊道并不符合"跨国联合申遗"规范，不具备跨国的意义。最后大家一致同意：作为整个丝绸之路的起始段，这条廊道必须从长安一直向西穿出国界。鉴此，我们把中国境内的六条廊道连接起来，从而形成一条连贯的路网：廊道的东端界定在长安、洛阳，它们在公元前3世纪至公元10世纪一直是中华文明的政治、经济和文化中心，特别是发生在长安的汉武帝派张骞出使西域事件，已基本成为丝绸之路公认的起始标志；廊道的西端位于七河地区的塔拉斯河谷，这也是哈、吉两国申报点的最西位置。整个廊道跨度达5000千米，主路网长度达8700千米。

2. 地理-文化单元

丝绸之路的时空框架界定之后，其内在的组织结构，即存在于各个申报点之间的传播轨迹成为我们探讨的重点。从某种意义来看，长距离交通交流中内在的传播轨迹是有着层级之分的——太细则碎、太整无迹。这是一个非常关键的技术问题，是如何建立起申报单点与丝路整体关系的主要依据。我们在反复研究了丝路沿线遗产点背景之间的共性后，一种"地理-文化单元"的概念渐趋清晰。在丝路价值研究过程中，我们从生产方式、地理气候、住居方式以及民族、政权或地缘政治等方面的内在差异与关联角度，逐渐剥离出中原地区、河西走廊、天山南北和七河地区四个互为链接的地理-文化单元，借此构建起整个交通路网的基本结构。

在丝路遗产的价值研究中，我们探讨的又一重要问题是申报点的分类方法。国际专家曾在草案中提出过分类原则——将丝路遗产分为三类：第一类是基础设施，包括道路、驿站、桥梁、哨所以及水利灌溉设施等专用于支撑贸易和运输的遗存；第二类是产品和产地，包括交易货物本身和它的产地，例如丝路上具有商贸价值的采矿、金属加工基地以及丝绸、瓷器等货物的生产作坊遗址等；第三类是（交流的）产物，将未纳入前两类的所有城镇聚落、宗教遗址以及艺术、科学技术等非物质遗产全部归入此类。但这三种分类并不适用于中、哈、吉的丝路联合申报。我们不得不采取问题导向的策略，从已有的33个申报点自身对丝路价值的不同支撑方式进行遗存归类。依此方法，我们获得了五种主要类型：中心城镇遗迹、商贸聚落遗迹、交通和防御遗迹、宗教遗迹以及关联遗迹，然后按类分别阐述各类遗存对遗产整体价值的支撑方式，以及各类遗存内部的传播轨迹与关联程度。这一分类策略不仅符合实际情况，也意味着超大型文化线路在遗存分类上的开放性，可为今后丝绸之路的扩展项目以及新的廊道申遗提供示范。

2014年6月22日，在第38届世界遗产大会上，随着卡塔尔公主的小锤子敲下，"丝绸之路：长安-天山廊道的路网"获批正式列入《世界遗产名录》。至此，中国与吉尔吉斯斯坦、哈萨克斯坦联合提交的这一文化遗产项目成为"丝绸之路"第一项申遗成功的路段。国际古迹遗址理事会在评价其重要意义时指出，"三个缔约国进行跨国界提名是将丝绸之路列入世界遗产名录过程中的一个重要里程碑。这是七年多合作努力以及更多年调查研究所取得的成果"。

丝绸之路申遗大事记

冯 健

1988 年	联合国教科文组织启动了"对话之路：丝绸之路整体性研究"项目。
1998 年	国际古迹遗址理事会（ICOMOS）成立了文化线路科学委员会，标志着以"交流和对话"为特征的跨地区或跨国家的文化线路，作为新型遗产理念为国际文化遗产保护界所认同。
2001 年	联合国教科文组织发布《文化多样性宣言》。
2003 年	联合国教科文组织世界遗产中心对中国段丝绸之路进行申遗调研。
2003 年 3 月	世界遗产委员会委托国 ICOMOS 修订《实施保护世界文化与自然遗产公约操作指南》，加入了有关文化线路的内容。
2005 年 10 月	ICOMOS 第 15 届大会暨科学研讨会在中国西安召开，会议形成了国际文化遗产保护领域的共识性文件《西安宣言》。
2005 年 11 月	在哈萨克斯坦阿拉木图召开的联合国教科文组织中亚地区研讨会上，来自该地区的成员国会议代表，一致通过了将丝绸之路中亚段作为线性遗产申报的计划。

2006 年 8 月 3 日	联合国教科文组织世界遗产中心和中国国家文物局主持的丝绸之路申报世界文化遗产国际协商会在新疆吐鲁番召开，丝绸之路联合申遗开始进入实质性准备阶段。
2007 年 1 月	中国及哈萨克斯坦、乌兹别克斯坦、坦克吉斯坦、土库曼斯坦等中亚五国正式启动丝绸之路整体申报世界文化遗产工作。

2007年9月	在中国世界文化遗产专家委员会考察评估形成推荐意见的基础上，国家文物局确定了丝绸之路联合申报世界遗产第一批申报项目推荐名单。
2007年10月	中国与中亚五国的代表们在法国联合国教科文组织总部共同签署了关于丝路申报的《概念文件》，确认了丝绸之路的基本定义、范畴和框架，明确了申报策略和程序，强调丝绸之路沙漠线路的中国和中亚段作为第一阶段申报范围。
2008年1月	"丝绸之路申报世界文化遗产协调工作会议"在兰州召开，会上宣布了丝绸之路联合申遗中国段备选遗产名单和申遗工作时间表。

2009年5月	"联合国教科文组织第五次丝绸之路联合申遗分区研讨会"在哈萨克斯坦阿拉木图召开。

2009年11月3日至6日	丝绸之路跨国系列申遗协调委员会第一次会议在中国西安召开。
2010年8月	国际古迹遗址理事会西安国际保护中心发起"丝绸之路复兴之旅"大型采访考察团活动。

2011年10月29日　　中哈吉丝绸之路跨国联合考察活动——哈萨克斯坦段系列会议在哈萨克斯坦的奇姆肯特市召开。

2012年3月22至23日　　"丝绸之路跨国系列申遗协调委员会专家会议"在乌兹别克斯坦的塔什干召开。

2012年5月15日　　丝绸之路：起始段和天山廊道的路网中国—哈萨克斯坦—吉尔吉斯斯坦协调委员会第一次会议在北京召开，三国签署相关协议。

2012年7月8日至15日	"丝绸之路：起始段和天山廊道的路网"工作组第一次会议在北京召开。
2012年9月17日	丝绸之路跨国系列申遗协调委员会第三次会议在吉尔吉斯斯坦的比什凯克召开。
2013年1月28日	中国建筑设计院建筑历史研究所、国际古迹遗址理事会西安国际保护中心共同派遣工作人员赴巴黎联合国教科文组织总部，成功递交丝绸之路跨国系列申报世界文化遗产文本。
2013年2月28日	丝绸之路申遗工作推进会在西安召开。
2013年3月4日	国家文物局和河南省、陕西省、甘肃省、青海省、宁夏回族自治区、新疆维吾尔自治区人民政府在北京签署《关于保护丝绸之路遗产的联合协定》。
2013年5月3日	"丝绸之路申遗工作技术研讨会"在西安召开。

2013年10月	世界文化遗产国际评审专家狄丽玲（Lynne Distefano）博士对陕西、甘肃的丝绸之路申遗遗产点进行现场考察和评估。
2014年1月13日至17日	丝绸之路跨国系列申遗"丝绸之路：起始段与天山廊道的路网"中哈吉三国工作组第四次会议在北京召开
2014年6月22日	第38届世界遗产大会在卡塔尔多哈召开，中、哈、吉三国联合申报的"丝绸之路：长安——天山廊道路网"列入联合国教科文组织《世界遗产名录》。

结语：丝绸之路世界遗产的当代意义

吕 舟

2014年"丝绸之路：长安-天山廊道的路网"列入世界遗产名录，意味着丝绸之路项目进入一个新的时期，也意味着承载着古代文明交流的丝绸之路在当代人类社会的发展中可以发挥同样重要、甚至更为积极的作用。

促进文化对话和交流，建设和平，减轻贫困，促进可持续发展是教科文组织的战略目标，丝绸之路在实现这个战略目标方面能够发挥重要的作用。2015年教科文组织文化部门建立了丝绸之路网络平台，并在中国西安召开了"第一届丝绸之路网络平台大会"，来自16个国家的代表参加了会议。丝绸之路网络平台把促进和推动各国和地区之间的文化交流作为核心目标，通过教科文组织的网络平台把各种与丝绸之路相关的文化交流活动向世界推广。其领域已经涉及世界文化遗产、博物馆、可移动文物、丝绸之路沿线城市、丝绸之路沿线水下文化遗产、传统节日、文献、传统手工艺、非物质文化遗产、自然遗产、地质公园、人与生物圈等广泛的内容。丝绸之路网络平台也成为1988年"再次发现丝绸之路"项目以来全球相关研究的交流平台。丝绸之路网络平台也组织和参与了文化地图项目，召开了丝绸之路的宗教、文学、音乐、体育等多场国际研讨会。"年轻人眼中的丝绸之路"更是一个促进年轻人关注丝绸之路，关注丝绸之路带来的文化交流和文化发展的项目，通过摄影竞赛这样一个极易参与的形式，促使年轻一代关注丝绸之路带来的文化交流与对话。

世界遗产仍然是丝绸之路文化交流的基础。丝绸之路世界遗产申报、保护与管理是教科文组织培育的项目。2014年中国、哈萨克斯坦、吉尔吉斯斯坦联合申遗的成功只是丝绸之路申报世界遗产的第一步，2014年与中、哈、吉同时提出申报丝绸之路项目的还有乌兹别克斯坦和塔吉克斯坦的项目，尽管2014年这个项目被要求补充材料，但两国政府一直在努力当中。2014年之后，中国政府启动了海上丝绸之路申报世界遗产的准备工作，海上丝绸之路的研究与水下考古的相互促进，进一步带动了中国丝绸之路相关文化遗产的保护工作。泉州将在第44届世界遗产大会上以"宋元中国海洋商贸中心"为主题申报世界遗产，这一项目也是中国在国际古迹遗址理事会支持下组织的项目，它本身也体现了海上丝绸之路文化交流的价值和意义。

从2013年开始教科文组织世界遗产中心启动了支持南亚丝绸之路申遗的研究工作，中国、印度、尼泊尔、不丹等国家的代表及相关国家的专家参与了这一项目。2016年教科文组织在韩国政府的支持下，出版了《支持筹备南亚"丝绸之路"世界遗产系列提名的最终报告》(*Support for the preparation for the World Heritage Serial Nomination of The Silk Roads in*

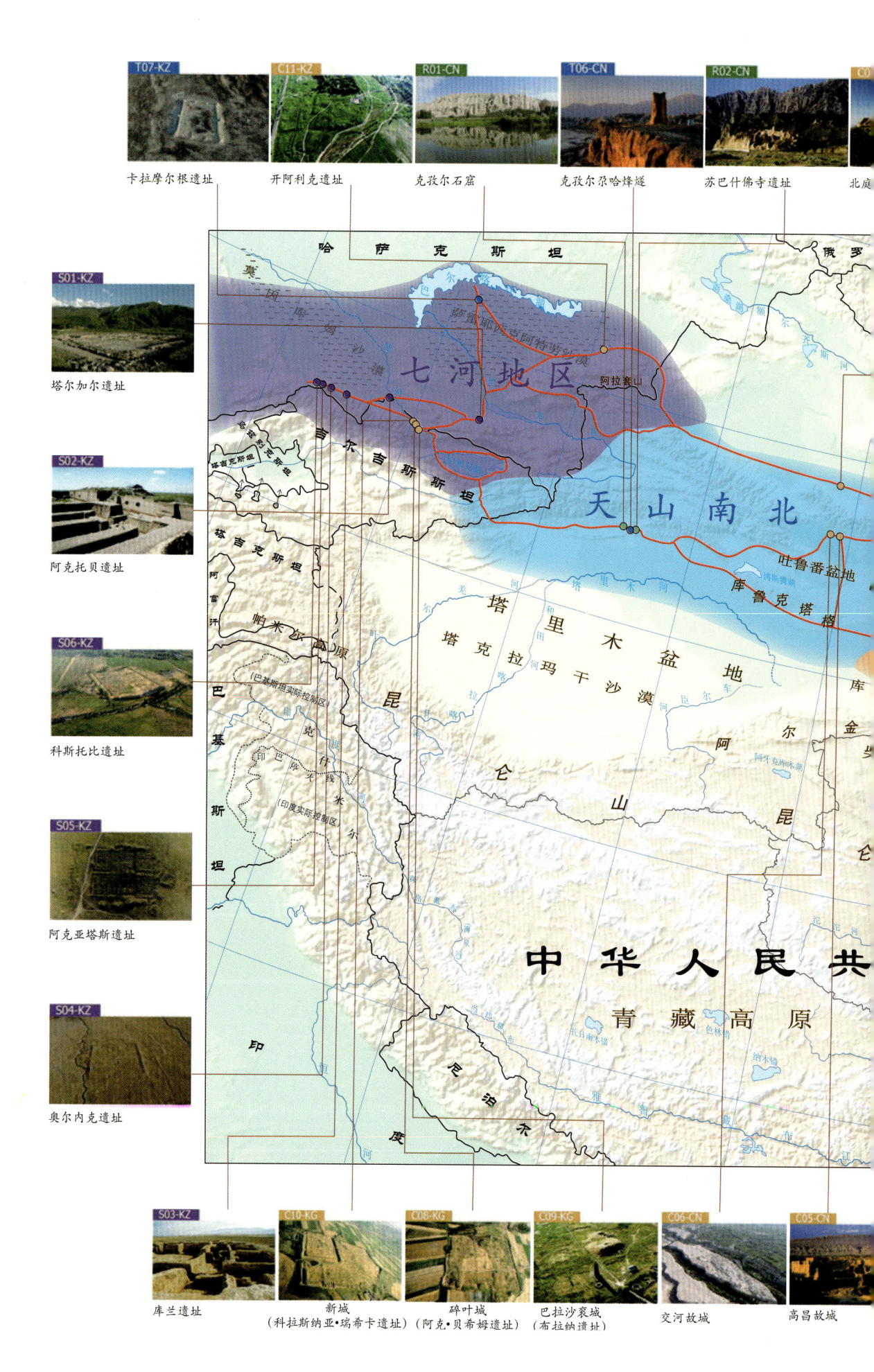

T07-KZ	卡拉摩尔根遗址
C11-KZ	开阿利克遗址
R01-CN	克孜尔石窟
T06-CN	克孜尔尕哈烽燧
R02-CN	苏巴什佛寺遗址
	北庭
S01-KZ	塔尔加尔遗址
S02-KZ	阿克托贝遗址
S06-KZ	科斯托比遗址
S05-KZ	阿克亚塔斯遗址
S04-KZ	奥尔内克遗址
S03-KZ	库兰遗址
C10-KG	新城（科拉斯纳亚·瑞希卡遗址）
C08-KG	碎叶城（阿克·贝希姆遗址）
C09-KG	巴拉沙衮城（布拉纳遗址）
C06-CN	交河故城
C05-CN	高昌故城

哈萨克斯坦　俄罗斯

七河地区

吐鲁番盆地

天山南北

塔里木盆地　塔克拉玛干沙漠

帕米尔高原　昆仑山　阿尔金山

巴基斯坦　印度

中华人民共和国

青藏高原

尼泊尔

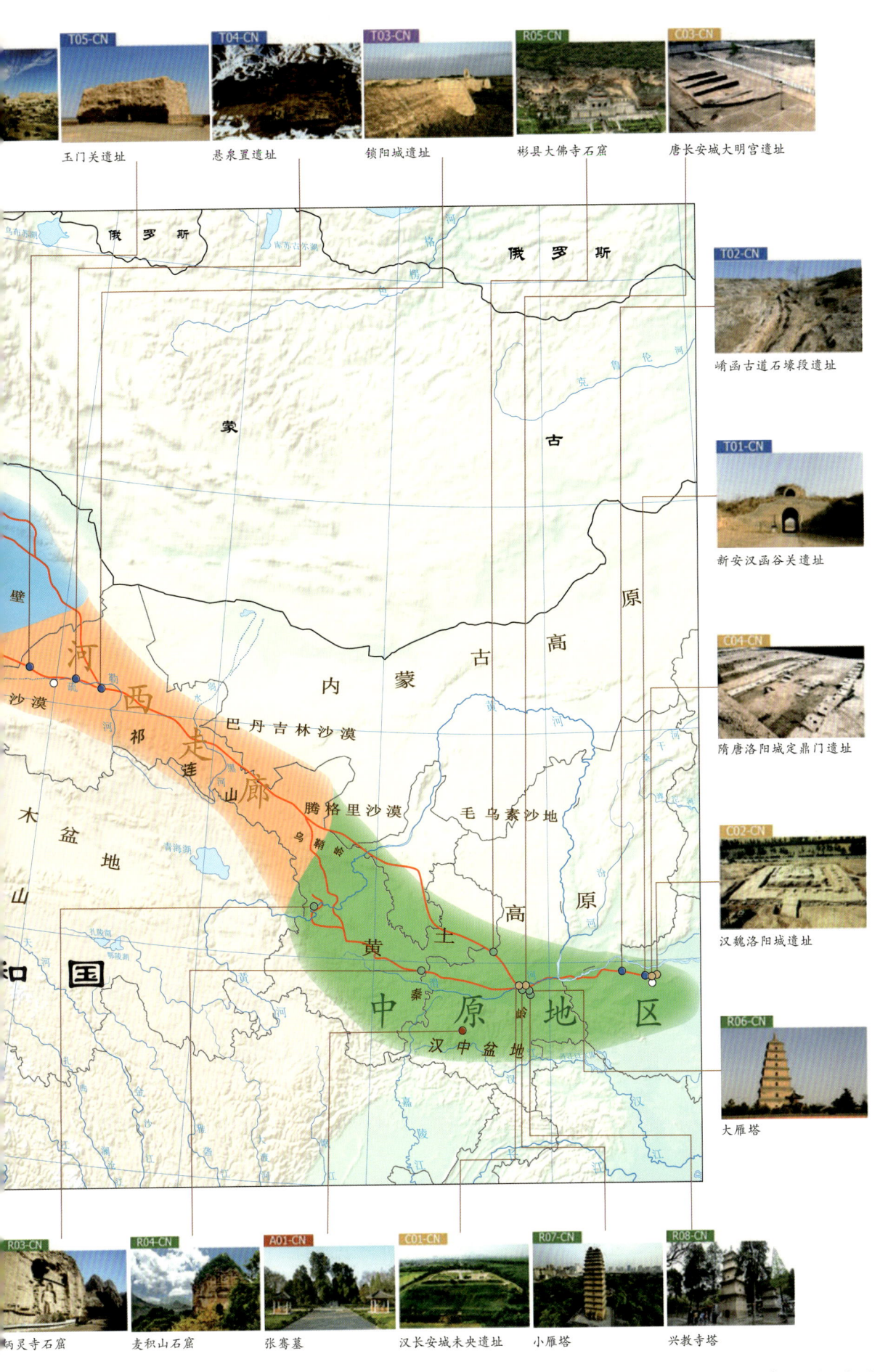

T05-CN	玉门关遗址
T04-CN	悬泉置遗址
T03-CN	锁阳城遗址
R05-CN	彬县大佛寺石窟
C03-CN	唐长安城大明宫遗址
T02-CN	崤函古道石壕段遗址
T01-CN	新安汉函谷关遗址
C04-CN	隋唐洛阳城定鼎门遗址
C02-CN	汉魏洛阳城遗址
R06-CN	大雁塔
R03-CN	炳灵寺石窟
R04-CN	麦积山石窟
A01-CN	张骞墓
C01-CN	汉长安城未央遗址
R07-CN	小雁塔
R08-CN	兴教寺塔

世界遗产"丝绸之路：长安－天山廊道的路网"图

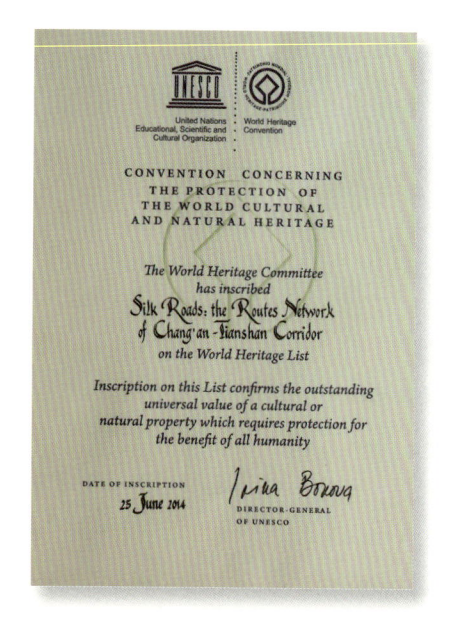

■ "丝绸之路：长安—天山廊道的路网"在第38届世界遗产大会上被正式列入联合国教科文组织世界遗产名录。

South Asia: final report)。2010年印度在世界遗产预备清单中列入了"印度的丝绸之路"项目，包括12个遗产构成要素；伊朗、哈萨克斯坦、吉尔吉斯斯坦、土库曼斯坦、塔吉克斯坦、乌兹别克斯坦等国家把丝绸之路列在了自己的预备清单中，而土耳其、西班牙、俄罗斯、阿塞拜疆、日本等国家也对丝绸之路项目表达了强烈的参与意向。在"丝绸之路"继续申报的过程中，丝绸之路跨国申报世界遗产协调委员会作为政府间机构仍然发挥着重要的作用，已有14个国家加入了协调委员会。

世界遗产的保护和管理是列入世界遗产名录之后更为重要的工作，2016年哈萨克斯坦的建设项目影响到了丝绸之路的保护，世界遗产中心组织了反应性监测，针对这一状况，哈萨克斯坦、吉尔吉斯斯坦、中国在丝绸之路跨国申报世界遗产协调委员会的框架下，在国际古迹遗址理事会西安中心的支持下进行了在遗产保护管理方面的合作，共同完成了丝绸之路——长安-天山廊道的保护状况报告，通过三国之间的合作共同促进保护、管理水平的提高。

教科文组织的丝绸之路申报世界遗产项目和丝绸之路网络平台项目，都极大地促进了相关国家之间的文化交流与对话，这种对话与交流不断在政府和民间的层面扩展。

丝绸之路作为一个古代重要文明间的交流通道，促进人类文明的整体发展。通过文化间的对话和相互尊重，弥合分歧，建设人类命运共同体，共同面对人类面临的挑战，丝绸之路在此具有重要的价值，教科文组织及其成员国近30多年的努力，也清楚地证明了这一点。

丝绸之路大事年表

黄时鉴　编撰
罗　帅　摘编和增补

1	公元前 623 年	秦国讨伐西戎，"益国十二，开地千里，遂霸西戎"。
2	前 550—520 年	波斯阿契美尼德王朝居鲁士、冈比西斯、大流士东征西讨，开疆拓土，建成第一个横跨欧亚非三大洲的庞大国家。大流士修建了四通八达的驿道系统，促进了东西方交通的发展。
3	前 334—324 年	马其顿国王亚历山大东征，灭波斯，势力远及中亚和印度河流域。中亚自此进入长达两百年的希腊化时代。
4	前 265 年	印度孔雀王朝阿育王召集第三次佛教结集，积极弘扬佛法，向域外派遣多批佛教使团，最远者到达了地中海世界多个地区。
5	约前 175 年	月氏为匈奴所破，从敦煌、祁连间西迁，引起中亚民族连环大迁徙。月氏人先击败伊犁河、楚河流域的塞人，后在乌孙的追击下再度南迁，征服大夏。
6	前 138 和前 119 年	张骞两次奉汉武帝之命出使西域，史称"张骞凿空"，为丝绸之路正式开通之标志。张骞因通西域和军功，被封为博望侯。
7	前 111 年	汉武帝平南越，置九郡。随后遣使者携带黄金和丝绸，自日南障塞、徐闻、合浦船行，经东南亚前往黄支国（一说即今斯里兰卡）求购奇珍异宝。海上丝绸之路因此正式开通。
8	前 108 年	汉宗室女细君公主远嫁乌孙；前 103 年，细君死，复以解忧公主嫁与乌孙王和亲。
9	前 60 年	匈奴日逐王率众降汉。汉始置西域都护府，并护丝绸之路南北道。
10	前 1 世纪中期	希腊水手希帕罗斯（Hippalus）成功利用季风规律从红海航行至印度。罗马和印度之间的海上贸易日益繁荣。
11	前 33 年	王昭君出塞，嫁与匈奴呼韩邪单于，号为宁胡阏氏。
12	前 2 年	汉博士弟子景卢受大月氏王使者伊存口授《浮屠经》，佛教传入中原。
13	约公元 45 年	一位佚名希腊水手写成《厄立特里亚海航行记》，全面记录了红海至波斯湾、印度等地的航线、港口、进出口物产情况。
14	73 年	班超投笔从戎，经营西域三十载，恢复了汉朝对西域的控制。95 年，以定西域之功被封为定远侯。
15	97 年	西域都护班超遣甘英出使大秦（罗马），甘英抵波斯湾头条支国而还。
16	100 年	西域远国蒙奇（马其顿）、兜勒（地中海东岸城市推罗）使者经陆上丝绸之路前往中国，受到班超接见。
17	102 年	希腊作家克里索斯托姆（Dio Chrysostom）在埃及亚历山大城发表演讲，称观众中有

		巴克特里亚人、斯基泰人、波斯人和印度人。
18	127年	贵霜王朝迦腻色迦建元。迦腻色迦在位期间，贵霜势力达到鼎盛，疆域包括中亚大部和印度北部。贵霜在丝绸之路交往中起到重要中介作用。
19	148年	安世高入华，揭开西域佛僧东来弘法与译经之序幕。
20	166年	大秦安敦（安敦尼王朝）使者经海路入洛阳朝贡。其为商人冒充的使者。
21	226年	大秦商人秦论自海路入吴，得到孙权召见。
22	229年	贵霜使者入魏，明帝授予贵霜王波调"亲魏大月氏王"称号。
23	244—251年间	孙吴使者朱应、康泰从广州出发，宣化南海诸国，所经及传闻百数十国。归国后，朱应撰《扶南异物志》，康泰撰《吴时外国传》。
24	260年	朱士行西行前往于阗，开中土佛教僧侣西行求法之先风。
25	311年	匈奴人刘聪率军攻破洛阳，城中经商的印度人和粟特人死于饥荒甚众。此事被粟特文古信札记载，古信札还表明西晋时期粟特商人在河西走廊、长安、洛阳、邺城等地建有贸易据点。
26	366年	沙门乐僔于敦煌始开莫高窟。
27	385年	鸠摩罗什随吕光至姑臧（今武威）。401年，罗什至长安。
28	399年	法显西行印度求法，后撰《佛国记》。
29	436年	北魏遣董琬、高明携带金帛出使西域，招抚乌孙、破落那（即大宛）、者舌、焉耆、车师、疏勒等九国。
30	439年	北魏破北凉都城姑臧，俘虏在凉土贩货之粟特商人。457年，粟特王遣使北魏请赎之，诏许。
31	424—452年间	有大月氏商人至北魏都城平城（今大同），传授铸造五色琉璃之法。
32	518年	北魏遣宋云、惠生、道荣等西行北印度求法。三人分别撰有《宋云家纪》《惠生行纪》和《道荣传》。
33	527年	菩提达摩自海路至萧梁都城建康。南朝时，海上丝绸之路交通兴起。《梁书》记载，南海顿逊国（今马来半岛）与扶南、交州、天竺、安息往还交易，东西交会日有万余人，珍宝货物，无所不有。
34	533年	拜占庭皇帝查士丁尼向波斯纳黄金11000磅，作为恢复东西贸易之条件。
35	540年	萧绎作《职贡图》，画25国使者图像，并配题记讲述各国情况及其与南朝交往历史。此图是当时海陆丝绸之路各国与南朝交往的真实反映。
36	约549年	拜占庭设立皇家丝织场，仿造中国丝绸。普罗科普（Procopius）《哥特战纪》载，6世纪上半叶有僧侣将蚕种秘密携入拜占庭，献给查士丁尼皇帝。
37	约550年	拜占庭基督徒科斯马斯（Cosmas）根据个人旅行经历撰成《基督教世界风土志》。科斯马斯曾数次旅行前往波斯、印度、锡兰（今斯里兰卡）等地。
38	553年	西魏凉州刺史史宁袭击吐谷浑遣往北齐的使团，获商胡240人，驼骡600头，杂彩丝绢以万计。此事反映了当时吐谷浑、粟特与北朝通使与贸易之盛况。
39	567年	突厥室点密可汗遣粟特商人马尼亚克（Maniach）出使拜占庭，欲结盟夹击萨珊波斯。569年，拜占庭皇帝查士丁尼二世遣蔡马库斯（Zemarchus）使团随马尼亚克回访突厥。

40	581—600 年	入华粟特人后裔何稠任太府丞,奉诏仿造波斯金绵锦袍和西域琉璃,皆成。
41	605—618 年	炀帝致力于丝绸之路交往。605 年,遣韦节、杜行满出使西域粟特、罽宾、王舍城等地,韦节后撰《西蕃记》;607 年,遣裴矩至张掖掌管西域诸蕃交易,裴矩后撰《西域图记》,同年,遣常骏、王君政自广州乘船出使赤土国(今苏门答腊);609 年,炀帝西巡张掖,西域 27 国来朝。
42	627 年	玄奘自长安出发,西行求法,后撰《大唐西域记》。
43	630 年	四夷君长入长安,表请唐太宗为天可汗。
44	631 年	祆教传法穆护何禄入长安觐见太宗。敕令长安崇化坊立祆寺,号大秦寺。
45	632 年	伊斯兰教徒至广州传教。
46	635 年	景教僧阿罗本入长安觐见太宗。后三年,敕令长安义宁坊建寺一所,度僧二十一人。
47	640 年	唐将侯君集平高昌,始于交河城置安西都护府。
48	641 年	文成公主入藏和亲。同年,粟特何国遣使入唐。《新唐书》载,何国城左有重楼,北绘中华古帝,东绘突厥、婆罗门,西绘波斯、拂菻等国君王。
49	643—661 年	王玄策三次奉使天竺,将玄奘所译梵文《道德经》携入印度。撰有《中天竺国行记》,已佚。
50	651 年	阿拉伯帝国(大食)灭萨珊波斯。
51	658 年	唐灭西突厥,在原地设置一系列羁縻州府,西域各国与唐朝往来愈加密切。同年,唐遣使臣董寄生前往加封粟特国王拂呼缦为康居都督府都督。撒马尔罕古城阿夫拉西阿卜(Afrasiab)遗址的拂呼缦宫殿大使厅壁画,为拂呼缦受封后不久所作,其南墙为粟特王波斯新年出行图,北墙为唐高宗猎豹和武则天龙舟图,西墙为突厥武士和各国使臣宴饮图,东墙为印度场景图。
52	671 年	义净自广州沿海路西行印度求法。
53	675 年	达奚弘通自海路出使大食,凡经 36 国,后撰《海南诸蕃行记》。
54	694 年	波斯人拂多诞持摩尼教《二宗经》入长安觐见武则天。
55	714 年	周庆立任岭南市舶使,为唐朝设市舶使之最早记录。
56	727 年	慧超自印度求法归来,行抵安西(今库车)。后撰《往五天竺国传》。
57	750 年	鉴真途经广州,见到广州江中"有婆罗门、波斯、昆仑等舶,不知其数。并载香药、珍宝,积载如山。其舶深六七丈。狮子国、大石国、骨唐国、白蛮、赤蛮等往来居住,种类极多"。
58	751 年	唐、大食之间发生怛逻斯之战。唐军败绩,大批士兵和工匠被俘,造纸术随之西传。杜环在此役中被俘,得以游历西亚、北非,后撰《经行记》。
59	758 年	大食、波斯商人寇广州,刺史韦利见弃城西遁。大食、波斯掠仓库、焚庐舍浮海而去。
60	762 年	黑衣大食(阿拉伯帝国阿拔斯王朝)哈里发曼苏尔迁都巴格达,积极发展同中国、印度等东方国家之间的海上贸易。
61	781 年	景教僧众于长安大秦寺立《大秦景教流行中国碑》,记述景教教仪及在华传教史。
62	785 年	唐德宗遣杨良瑶自广州经海路出使黑衣大食。
63	787 年	唐宰相李泌检括长安胡客久居四十年者四千余人,欲自回纥道、海道遣归,胡客在长安皆有田宅妻子,不愿归,令分隶神策军。

64	834 年	唐文宗下诏,令岭南、福建、扬州官员慰问蕃客,规定除舶脚、收市、进奉外,任其往来流通,自为交易,不得重加率税。
65	851 年	佚名阿拉伯语著作《中国印度见闻录》撰成,记载穆斯林商人苏莱曼经海路东游中国、印度之见闻。
66	878 年	黄巢陷广州。穆斯林商人阿布·赛义德所撰《中国印度见闻录续编》记载,广州城中回教徒、基督教徒、祆教徒及犹太人殁于此役者达 12 万人。
67	925 年	于阗王李圣天遣使沙州归义军政权,佚名使者用于阗文写成西域地名表一份,今称钢和泰藏卷"于阗使者行记"。
68	938 年	后晋高祖封李圣天为大宝于阗国王,遣张匡邺、高居诲使于阗册封。高居诲后撰《高居诲行纪》。
69	966 年	宋太祖遣僧行勤、继业三藏等沙门 157 人经陆路赴天竺求法。僧团行程载于敦煌地理文书《西天路竟》以及《宋史》《吴船录》中。
70	971 年	宋太祖置市舶司于广州。
71	981 年	王延德奉命使高昌,后撰《西域使程记》(又称《王延德使高昌记》)。
72	999 年	宋真宗命杭州、明州各置市舶司。自此,广州、杭州、明州三市舶司并称"三司"。
73	1022 年	党项首领李德明上表宋廷,请令大食国贡使取道夏境,宋不许。自此,大食国贡使改行海道至宋。
74	1027 年	契丹、回鹘使团抵达中亚哥疾宁王朝都城。
75	1072 年	宋收复熙、河、洮、岷、叠宕诸州,开青唐道。
76	1080 年	宋神宗颁行《广州市舶条法》,为我国最早的海上贸易管理法规。
77	1082 年	威尼斯取得在拜占庭帝国各地自由贸易的商业特权,期限为一百年。
78	1087 年	宋增置泉州市舶司,泉州逐渐成为宋元时期世界性的贸易大港。
79	1124 年	耶律大石西行,建立西辽。1141 年,西辽于卡特万之战大败塞尔柱,遂称雄中亚。
80	1160 年	图德拉的便雅悯(Benjamin of Tudela)从西班牙出发,游历欧亚非三洲,足迹远至波斯、中亚及中国边境,历 13 年返国,撰有《图德拉的便雅悯旅行记》。
81	1218 年	成吉思汗西征。1235 年,长子西征。1256 年,旭烈兀西征。蒙古三次西征,在欧亚大陆建立空前庞大之帝国,并兴修驿站体系,推动了东西方文化交流。
82	1245 年	罗马天主教方济各会士柏朗嘉宾受教皇英诺森四世之命,携函出使哈剌和林,参加贵由汗登基典礼。撰有《柏朗嘉宾蒙古行纪》。
83	1253 年	方济各会士鲁布鲁克的威廉奉法国路易九世密令出使蒙古,于哈剌和林觐见蒙哥汗。撰有《鲁布鲁克东行纪》。
84	1254 年	小亚美尼亚国王海屯出发,经中亚前往哈剌和林觐见蒙哥汗。撰有《海屯行记》。
85	1259 年	常德奉蒙哥汗之命前往西亚觐见旭烈兀,归来后由刘郁笔录其西行见闻,成《西使记》。
86	1271 年	威尼斯商人马可·波罗出发,由陆路入华,后于 1291 年从泉州经海路返欧。撰有《马可·波罗行纪》。
87	1275 年	景教僧拉班·扫马与弟子马可从元大都(今北京)出发,经陆路前往耶路撒冷朝觐。1281 年,马可在巴格达被推为东方教会大总管,称马·雅巴拉哈三世。有《拉

		班·扫马和马克西行记》存世。
88	1279—1283 年	杨庭璧奉忽必烈之命四次下西洋,出使印度西海岸的俱蓝与马八儿,并于沿途招谕各国。
89	1289 年	方济各会士孟高维诺奉教皇尼古拉四世之命,前往元大都觐见忽必烈,获准在华传教。1299 年在大都建立天主教堂。1307 年被教皇任命为大都主教。
90	1318 年	方济各会士鄂多立克启程东游,1321 年抵达西印度,并由此从海路到中国。撰有《鄂多立克东游录》。
91	1336 年	教皇本笃十二世遣方济各会士马黎诺里出使元朝。有《马黎诺里游记》存世。
92	1342 年	摩洛哥旅行家伊本·白图泰充任德里苏丹国使者,前往中国。撰有《伊本·白图泰游记》。
93	1395 年	傅安率一千五百人使团出使帖木儿王朝,为帖木儿扣留,游历西域诸地,十三年后放还。撰有《西游胜览》,已佚。
94	1403 年	西班牙卡斯蒂利亚王国亨利三世遣克拉维约出使帖木儿王朝,于撒马儿罕觐见帖木儿。
95	1405—1433 年	郑和七次下西洋。
96	1413—1420 年	陈诚奉明成祖之命四次出使帖木儿王朝。撰有《西域行程记》和《西域番国志》。
97	1419 年	帖木儿王朝算端沙哈鲁遣盖耶速丁等人出使明朝。有《沙哈鲁遣使中国记》存世。
98	1424 年	明成祖崩。仁宗继位,诏下西洋诸番国宝船及往迤西撒马儿罕、失剌思等处买马等项悉皆停止。大规模中西海陆交往自此趋于低潮。
99	1542 年	天主教耶稣会士沙勿略抵达印度果阿,后长期在东亚日本等国传教,是最早赴东方传教的耶稣会士。
100	1583 年	耶稣会士利玛窦入华传教。

图书在版编目(CIP)数据

众望同归:丝绸之路的前世今生/赵丰主编.—北京:商务印书馆,2022(2022.10重印)
ISBN 978-7-100-19972-8

Ⅰ.①众… Ⅱ.①赵… Ⅲ.①丝绸之路—历史 Ⅳ.①K928.6

中国版本图书馆CIP数据核字(2021)第098596号

权利保留,侵权必究。

审图号:GS(2022)2943号

众望同归
丝绸之路的前世今生
赵 丰 主编

商 务 印 书 馆 出 版
(北京王府井大街36号 邮政编码100710)
商 务 印 书 馆 发 行
南京迅驰彩色印刷有限公司印刷
ISBN 978-7-100-19972-8

2022年6月第1版	开本889×1194 1/16
2022年10月第2次印刷	印张18¾ 插页2

定价:168.00元